*Manual de etiqueta y protocolo en la mesa*

YONEL GÓMEZ BENITEZ

# Manual de etiqueta y protocolo en la mesa

Directora editorial: Isabel Blasco
Edición al cuidado de Rosa García Perea
Correcctor: Antonio García Rodríguez

Imprime: Black Print
ISBN: 978-84-17057-45-9
Depósito Legal: CO-949-2019
Hecho e impreso en España - *Made and printed in Spain*

*A Lidia y a Elías, padres interminables que me legaron la pasión y la curiosidad por la vida.*

# ÍNDICE

# PRÓLOGO

«Apuntes muy necesarios...»

Siempre entraña un compromiso muy grande esgrimir criterios sobre la obra realizada por un autor... más aún, cuando este ha logrado sobre la base de muchas ganas, talento y saber hacer, un resultado final como este... Un libro que nos sumerge en un camino, donde llegamos a experimentar una sensación «Gastromágica».

Transitar por este libro nos permite reconocer que este mundo del buen comer y el mejor beber, como me gusta llamarlo, es el más atrayente, plástico y necesario, con el que tenemos relación, cuando practicamos y disfrutamos el acto consciente de comer y beber, porque sin un buen código y una guía para sentarnos a la mesa nunca llegaremos al éxtasis del placer.

El autor nos recrea y nos hace recordar detalles de la buena mesa y su protocolo adecuado, según la ocasión y el menester de cumplirlo, convirtiendo este, en un gran acto de justicia... con los que como yo (y somos millones), nos afanamos por llegar a conocer, la refinada metodología de los detalles Gourmets.

También nos gustaría resaltar la pericia de Yonel, su gran oficio, para contarnos verdades, historias y anécdotas regadas por el buen gusto y sus evidentes virtudes profesionales.

El libro posee, quizás sin proponérselo, ese toque de lamento sintético que llevan las cosas grandes... Los muchos pasajes del libro me hicieron recordar que hace unos meses me detuve ante un cartel, ubicado en un lugar de los que visito, donde se leía: «El amor espera, el hambre no»... Sin dudas en la simpleza del mensaje está su profundidad, y después de leer este libro, yo añadiría: Y si aprendemos a definir qué hambres tenemos, respetando sus códigos y maneras, el hambre lo podemos convertir en expresión o inquietud cultural pues lo humilde nunca va reñido con lo exquisito; calidad de vida es una cosa y nivel de vida, es otra... Pero ambas necesitan del buen comer y el buen beber, y para eso recomiendo este libro.

Es este un libro para beberlo, con la paciencia propia de los grandes momentos, al igual que los grandes vinos y las mejores cenas maridajes, ¡esas que se convierten en verdaderas experiencias de vida...!

Que más decir. La mayor razón de la existencia humana es el placer y este libro nos muestra cómo llegar a este desde la gastronomía. Leamos las muchas enseñanzas de este libro refinado, culto y necesario.

¡Santé!

*Dr. Yamir Pelegrino Rodríguez*
*(Aprendiz eterno de Gourmet)*

# INTRODUCCIÓN

*«Las buenas maneras son más importantes que las leyes. Sobre éstas, en gran parte, se basan las leyes. Nosotros venimos en contacto con la ley aquí y allá, de tanto en tanto. Son las buenas maneras las que nos irritan o nos calman, nos corrompen o nos purifican, nos magnifican o nos vuelven viles, nos hacen bárbaros o nos refinan, con una acción constante, regular, uniforme, imperceptible como el aire que respiramos. Dan forma y color a nuestras vidas. Y atendiendo a su naturaleza, sostienen la moralidad, la procuran, o la destruyen completamente».*
Edmund Burke
*(Letters on a Regicide Peace, 1796)*

«¿Un libro sobre aprender a comer?». «¿Estás seguro?». «¿Con todos los problemas que hay en el mundo tú quieres escribir sobre el comportamiento a la mesa?». «¿Por qué no te aventuras mejor con una novelita erótica de esas que tanto se venden?». «¡Gourmand, se come para vivir y no para hacer metafísica!», «Buena suerte con el librito, la necesitarás». Eran las jocosas palabras de algunos de mis desconfiados amigos cuando les comenté mi intención de escribir sobre buenos modales a la mesa y a quienes agradecí por sus estimulantes mensajes de aliento. Sin embargo, no les faltaba razón…, en parte. Nuestro mundo es un lugar colmado de preocupaciones y tristezas, saturado de interrogantes sobre las que la humanidad se debate apasionada y también indiferente, uno donde quizás la supervivencia impone ciertas prioridades en la búsqueda de conocimiento. Pero también es cierto que, aun en medio de tanta incertidumbre, en cada geografía se advierte un modelo de educación formal gastronómica que viene practicado con constancia, como condición inherente al ser humano. Si los buenos modales nos humanizan, si nos ayudan a conocer mejor a quién es diverso a nosotros y, en consecuencia, a respetarlo motivados por la intención de convivir en armonía, ¿por qué no escribir sobre los buenos modales a la mesa?, especialmente cuando el comer en compañía es una de las formalidades más placenteras y antiguas que practica el hombre como manifestación de su cultura. Estaba decidido, una noche encendí la computadora, me serví una copa de Chianti y comencé a escribir.

Quisiera contar con lógico orden todas las ideas que desde hace tiempo fielmente me acompañan, así que lo mejor será iniciar con una vieja anécdota escogida entre los anales de la historia que refleja, en un modo en el que soy incapaz de emular, la intención que acompaña a mis insuficientes palabras. Ferdinand Foch (1851-1929), mariscal francés y comandante en Jefe de los ejércitos aliados durante la Primera Guerra Mundial, reputado además como un auténtico caballero, en una ocasión fue interpelado por un ciudadano norteamericano de la siguiente manera: «Ustedes los franceses, con sus modales fluctuantes, no me impresionan en lo más mínimo. Me parece como si estuvieran rellenos de aire caliente». Estas incitadoras palabras meritaron una respuesta que invoco constantemente en mi memoria y que me ha servido bien en momentos de duda y debilidad: «Tal vez sea así, pero usted habrá observado que los neumáticos a pesar de no estar llenos nada más que de aire, pueden pasar, sin embargo, por los caminos más quebrados con relativa facilidad. Lo mismo pasa con los buenos modales; no son más que aire caliente, como usted ha dicho, pero nos ayudan a pasar sobre las circunstancias escabrosas de la vida sin saltar demasiado».

Hablar de buenos modales en la gastronomía puede parecer anticuado y hasta snob, especialmente cuando no es una prioridad de aprendizaje de la actual civilización; quizás el tema se piensa con particular constancia cuando se ha alcanzado determinada edad y se valoran más las cosas como deberían ser y no como el mundo las concibe. Pensé escribir solo algunas notas de las experiencias que he ido acumulando en el tiempo, hacer algo provechoso con mi querida y fiel ignorancia e intentar seguir los pasos de lo escrito por expertos antiguos y modernos sobre la evolución de la etiqueta a la mesa y la urbanidad que la acompaña. Comencé entonces a trazar estas letras sobre buenos modales al comer por pura compensación a lo que de mí ha hecho la sociedad, a los esfuerzos de aquellos hombres de bien que me enseñaron el camino y para honrar la profesión del hostelero/restaurador. Hoy puedo confesar que fueron esa misma ignorancia y la capacidad de asombro las que me convencieron a escribir y aun son estas las que me mantienen motivado.

No creo que defender las antiguas enseñanzas familiares carezca de sentido en este expoliado y afligido siglo XXI, que a nadie importe ni que quizás, ahora mismo, escriba solo para mí. Cuando pienso que para muchos invertir en la propia educación gastronómica ha dejado de ser atractivo me doy cuenta de que el tiempo que nos tocó vivir tiene el rostro de la ignorancia vestida de Prada, es un tiempo en el que se vive *on line* sustituyendo libros y experiencias por aplicaciones y redes sociales, es un tiempo de vulgaridad travestida. Pero aun cuando es cosa juzgada el divorcio entre lo que somos y lo que aparentamos ser, saber conducirse aplicando las reglas sociales que definen la cultura de un pueblo nos invita a encontrar un mayor placer hasta en las cosas más corrientes y, lo más importante, nos permite coexistir en concordia y mutua aceptación con nuestros semejantes, lo que es cada vez más una imposición y necesidad de la civilización que una opción de la que podamos libremente disponer.

Nací y afortunadamente fui educado en Cuba; crecí lleno de estimulados sueños y curiosidad, con la siempre creciente convicción de que para hacer bien cualquier cosa en la vida —incluso el alimentarnos— se requiere un mínimo de cultura y de educación del instinto, de que para saber conducirse con acierto entre los hombres se requiere conocer, al menos básicamente, unas reglas que nos permiten sobrellevar complejas o inesperadas situaciones y disfrutar la convivencia en sociedad, estar listos cuando en el eterno intercambio a la mesa se espera de nosotros un determinado comportamiento, una palabra, un gesto. No es tarea fácil corregir y moldear la propia conducta, limar asperezas y superar las carencias culturales que pudiésemos haber heredado en nuestro proceso formativo; es una dicha entonces que la insuficiente educación sea como la juventud: un defecto que se corrige todos los días. Quizás un hombre que se autodefina mediadamente instruido nos dirá, por ejemplo, que resultó un privilegio haber podido conocer las obras de los grandes filósofos griegos o deleitarse con la enseñanza de las instituciones heredadas del Derecho Romano y haber podido analizar la moralidad cristiana que condiciona la percepción del mundo en los últimos dos mil años; nos podrá hablar de los clásicos del Renacimiento, de los grandes acontecimientos que han conmocionado al planeta, de movimientos artísticos y Premios Nobel, y hasta encontrará oportunidad para exponer las ideas de Marx, Nietzsche o Freud, o los sentimientos que le inspiran las obras de Wagner o Puccini. Sin embargo, toda su sapiencia puede oscurecerse o minimizarse si se demuestra incapaz de conducirse con buenos modales cuando se socializa el acto de alimentarnos. La educación genérica doméstica debe ser uno de los pilares de la cultura de un individuo, en tanto de un modo u otro viene condicionada y a su vez condiciona el intercambio social entre los hombres. Dicho esto, debo afirmar que en mi caso e independientemente de cualquier escenario, la gastronomía ha sido —y es— con severa constancia uno de mis grandes maestros.

En mi edad adulta pocas cosas me impresionan como el ver a una persona que se conduce con dominio y galanura cuando de comer se trata, que dispone con natural belleza de cada elemento inanimado que a la mesa se convierte en algo útil y placentero, exentamente de las circunstancias o del criterio que nos hayamos construido sobre el prójimo debido a su carácter o apariencia física. Decía Thomas Mann de su protagonista en la *Montaña Encantada*:

«*Cuando estaba en pie o caminaba empujaba la barriga un poco hacia adelante, y esto no le confería en realidad un aire marcial; pero su comportamiento a la mesa era distinto. Giraba el busto con elegancia hacia*

*el vecino con quien conversaba (con inteligencia e inflexión dialectal),*
*y retiraba ligeramente hacia sí mismo los codos cuando despojaba de*
*carne el hueso del pollo o extraía hábilmente con el oportuno cubierto*
*la rosada pulpa de una pinza de bogavante».*

A pesar de que serios estudios han revelado una triste tendencia a comer mientras hacemos contemporáneamente otras actividades[1], lo que ha sido bautizado como «alimentación secundaria» —difícilmente conciliable con la práctica de buenos modales y la saludable aproximación a la gastronomía—, alrededor de la mesa transcurre considerable parte de nuestras vidas, pasamos aproximadamente seis años comiendo de manera regular, lo que nos conduce a que mientras lo hemos hecho nos ha ocurrido de todo un poco, de que en algún momento de la convivencia gastronómica nos hemos visto en situaciones que exigen una particular conducta o preciso conocimiento y en las cuales no hemos sabido absolutamente qué hacer o nos hemos conducido con torpeza e ignorancia sin siquiera darnos cuenta, en el mejor de los casos. Los ejemplos son infinitos y desde ahora declaro francamente que, a diferencia de otros críticos gastronómicos que han escrito sobre buenos modales en la convivialidad, he gozado de dos privilegios: el primero, he podido observar el comportamiento humano a la mesa en primera fila en el desempeño de mis funciones como maître; el segundo, a lo largo de mi vida he cometido el noventa por ciento de los corrientes errores de los que les hablaré en estas páginas, quizás por ello me siento cómodo escribiendo sobre estos y mis desventuras; al lector tempranamente pido paciencia, sentido del humor y alguna benevolencia.

Como aprendiz de escritor mi primera tarea fue investigar y poner en orden mental cada particular recuerdo relacionado aquel cliente foráneo con costumbres al comer distanciadas de aquellas del patio. Luego, a los pocos meses de leer maratónicamente todo lo que tuve al alcance de la

---

1    Estudio: *How Much Time Do The Americans Spend on Food?*, EIB-86, noviembre de 2011; http://www.ers.usda.gov/publications/eib-economic-information-bulletin/eib86.aspx.

mano y meter la nariz en cada recoveco que me pareció interesante, llegué a la convicción de que cualquier libro sobre la educación del comportamiento a la mesa debe reconocer que en la enseñanza de los buenos modales en la gastronomía la humanidad ha realizado grandes esfuerzos desde tiempos inmemorables, que existen cientos de textos formativos, cursos especializados en etiqueta y protocolo, infinidad de artículos en internet, blogs, documentales educativos, videos tutoriales, en fin...de todo un poco en el que se pueden individualizar criterios diversos entre sí que defienden atrincherados su propia verdad. Cuando comienzas a investigar el tema lo normal es descubrir que has tocado solo la punta del iceberg con inacabables trozos de información que vienen y van; así un libro te lleva siempre a otro más antiguo en lecturas donde se confunden lo culto y lo popular, te conduces entre links que nunca terminan y solo con beata paciencia vas aprendiendo a discernir atisbos de verdad en los datos espurios y en los falsos profetas. He encontrado muchas respuestas todavía insuficientes y a veces contradictorias pero todas legítimas en su tiempo de gloria, aun cuando no estaba seguro de haber hecho las preguntas correctas. Una idea común, sin embargo, encontré dispersa entre tanto desconcierto: la religión, el arte, la antropología y la historia de la gastronomía te muestran que la civilización se mide también a través de lo que el hombre en cada época ha entendido como el «saber vivir la experiencia de alimentarnos».

Mi aproximación a la antigüedad me convenció de que los buenos modales distinguían a los miembros de la sociedad y, de alguna manera, fueron en sus orígenes asociados a la belleza y a la religión como elementos que conformaban una misma estructura conceptual, y aunque ambas ideas han sido superadas es interesante como sobrevive una conexión filosófica que no es posible desdeñar. Para los antiguos griegos la belleza física era tan importante como la belleza del comportamiento. Para estos, la forma era la *caris* (la gracia), un regalo divino, un estilo de vida de grande dignidad, una definición que unía la forma física con la forma de los gestos, con el actuar del individuo, por lo tanto anunciaban una muy íntima relación entre belleza y bondad (*kalòs kai agathòs*): «se es hermoso y en consecuencia se es bueno». Esto es, no solo se referían a la belleza de la figura, sino también a la belleza de quien sabe comportarse y por ello entre lo que proclamaban como virtudes morales encontramos lo que hoy son ejemplos de buenos modales (Ronchi della Rocca, 2008). A propósito, decía Andrónico de Rodas que la compostura era la ciencia de lo que se dice bien en el movimiento y las costumbres, mientras Aristóteles afirmaba que la afabilidad trata sobre lo que resulta agradable o desagradable en los dichos y hechos de los hombres con quienes se convive. Una idea espontánea surge de estos pensamientos, una idea marmórea, bella, altruista: vivir para dar placer a los demás más allá de un practicado hedonismo.

Los antiguos romanos, con su agudeza interminable, a su vez entendían que vivir en sociedad arrojaba sobre el individuo un resultado positivo, el *Civis Romanus Sum* era un concepto en el que el ciudadano, venía mejorado por aquella y en compensación éste le entregaba algo a cambio en forma de buenos modales para con sus congéneres. En la filosofía oriental se profesaba que cultivarse a sí mismo era la clave para la obtención de la dignidad y la paz entre los pueblos. El cristianismo, por su parte, aportó el concepto «buenas maneras» pues mientras que en un principio histórico de la sociedad de clases los que hacían con las manos eran los esclavos, en un nuevo modo de producción en el que el trabajo adquiere carácter general, poseían buenas maneras aquellos que con las manos eran capaces de realizar buenas acciones y se extiende el concepto del cristiano como hombre educado; por el contrario, las malas acciones, que en su momento histórico fueron tratadas como pecados, fueron identificadas con lo que hoy podemos llamar gestos de mala educación para con nuestros semejantes. En la religión cristiana las buenas maneras venían equiparadas con las acciones de servir al prójimo, de asistirlo, de ayudarlo con el trato a que su vida fuese más apacible y digna, especialmente con el más necesitado, lo que se pudiera resumir en una frase del beato Giovanni María Boccardo (1848-1913): «Hasta un vaso de agua viene servido sobre una bandeja por delicadeza para con los pobres»; aun cuando un gran teólogo y pedagogo como lo fue el padre La Salle (1651-1719) escribió en su tiempo una interesante observación: «Es sorprendente que la mayoría de los cristianos no consideran a la educación y a la urbanidad más que como una cualidad puramente humana y mundana; no piensan en que elevará un poco más su espíritu, si las consideras como virtudes que se relacionan con Dios, con el prójimo y con nosotros mismos».

Las instituciones eclesiásticas, las monarquías y sus cortes se encargaron durante siglos de utilizar la enseñanza de los buenos modales y los secretos de sartenes y fogones como signo de distinción social hasta la ocurrencia de las revoluciones sociales de los siglos XVIII y XIX, que trajeron como consecuencia adicional la popular democracia de la cocina burguesa en tanto que muchos de los cocineros de la aristocracia quedaron desempleados y debieron modificar su cocina para poder abrir espacios gastronómicos accesibles para el pueblo llano. Naturalmente, participar de esta nueva gastronomía fusionada implicaba una formación más sofisticada en términos de comportamiento civil y conocimientos sobre cocina, platos, bebidas y sus maridajes. Como consecuencia del desarrollo de una sociedad con ideales de igualdad, la retención de los buenos modales a la mesa fue entonces paulatinamente desapareciendo como un privilegio de clase.

Con la evolución de las reglas de cortesía no es necesario ser un erudito para reconocer que los seres humanos poseemos muchas cosas en común más allá de las diferencias que nos distinguen, más allá del tiempo y de la estructura social de una nación. Uno de esos lazos que nos mantienen unidos es el hecho de que cada cultura civilizada que ha llegado hasta nuestros días posee ciertas normas sociales de convivencia que uniforman la vida en sociedad, entendiendo como un precepto de inmarcesible validez que los buenos modales son una de las claves de acceso a la felicidad comunitaria.

Desde que nos alzamos de la cama y sentimos la necesidad de alimentarnos venimos obligados a la ejecución de una infinidad de acciones de civilización y buenas maneras, ya sea que disfrutemos de la privacidad de nuestra casa, condicionada por la posible presencia de familiares y amigos, o ya cuando abandonamos nuestro elemento para practicar el diario intercambio con la sociedad. Hay usos de cuestionable educación a la mesa que nos permitimos por comodidad o confianza, pero se ha de tener cuidado con esta seducción pues comportarse adecuadamente ante la particular exigencia de cada socialización gastronómica es tan importante como saber leer, escribir o dominar con destreza un oficio. No es admisible que en la mesa digamos o hagamos aquello que se nos antoja, no si vivimos en sociedad y no como misántropos en voluntario ostracismo. Vivir en sociedad debe comportar la aspiración humana de ser reconocidos por nuestros semejantes. Lograr la aceptación social y el respeto recíproco con nuestros pares obliga a practicar algunas reglas que actúan como plomados maestros que nos indican que en la convivialidad hemos hecho la cosa justa, en el momento justo, para bienestar de otro ser humano; recuerde que en la mesa, en general, somos juzgados más por nuestra educación que por cualquier otra condición que nos sea inherente y que esta es una verdad tan sólida como la muerte y los impuestos.

De este grande, antiguo y reinventado universo me he apropiado de un espacio demasiado pequeño pero suficiente para mostrarlo a quien desee conocer. Diré entonces que este es un libro sobre etiqueta y protocolo en la gastronomía, estaremos pues conversando sobre normas de etiqueta a la mesa desde una concepción genérica que puede ser interpretada y aplicada en cualquier parte del mundo. En términos metodológicos el escrito desglosa la etiqueta en dos manifestaciones, la primera, aquella que demostramos cuando estamos disfrutando de la mesa ajena en una casa y la segunda, la que acompañando al correspondiente protocolo practicamos cuando nos encontramos en un restaurante, independientemente de la existencia o no de rigores de oficialidad. La didáctica practicada ha sido recrear un acercamiento entre el lector y los productos gourmet y tradicionales a través del análisis y definición del modo más apropiado de disfrutarlos, expresando así lo mejor de sus cualidades culturales, nutritivas y organolépticas. El lector encontrará abundantes analogías, extendidas fundamentaciones verificadas empíricamente y el resultado de la constante observación que me han permitido valorar, describir y definir las normas de etiqueta en ambos casos con criterios que puedan ser manejados con éxito en mesas protocolarmente exigentes. Mi intención, sin embargo, no fue escribir un manual de buenas maneras gastronómicas y no me pareció adecuado expresarme exponiendo sin nervios, a modo de farragosa normativa, lo que se debe o no se debe hacer, como suele realizarse en este tipo de literatura, he preferido usar la lengua vernácula para explicar el por qué en la mesa debemos comportarnos en un sentido y no de distinta manera y usted podrá entonces discernir sus propias conclusiones. He intentado exponer mis ideas sin ocultar que cada comida que realizamos socialmente pone a prueba nuestra educación en relación con otras personas, que los buenos modales en la mesa no solo se refieren al modo de presentar, servir y comer los alimentos o al protocolo en momentos de oficialidad, sino además a nuestra filosofía alimentaria y a los valores éticos y culturales que le acompañan, así como a nuestro rol en el eterno intercambio con la naturaleza, que el protocolo es siempre un fiel aliado y que la figura del anfitrión es el horizonte que distingue las normas de etiqueta en la convivialidad pública y privada.

No pretendo afirmar verdades absolutas pues hoy todo en la restauración ha sido puesto en discusión, incluso los clásicos modales que por siglos han reglado el humano comportamiento a la mesa y sí me he permitido definir algún tipo de conocimiento lo he hecho sabiendo de antemano que es una definición incompleta. Tampoco pretendo saber todas las respuestas sino ayudar a comprender las preguntas: ¿Se puede degustar con las manos la alta cocina? ¿Cómo el ejercicio de la etiqueta le asegura al comensal un mayor disfrute de una experiencia gastronómica gourmet? ¿Se puede lograr el éxito de la convivialidad prescindiendo de una adecuada escogencia de bebidas para el ofrecimiento del maridaje? ¿El conocimiento y práctica de la etiqueta y el protocolo en la gastronomía puede mejorar el prestigio de un restaurante? ¿Una placentera experiencia gastronómica se resume en el paladeo de un plato bien logrado? ¿Será posible armonizar la educación del comensal con las condiciones colaterales de tendencia en la mesa del siglo XXI? Las preguntas son muchas y las respuestas otras tantas. Como Sócrates, creo que el principio de la sabiduría radica en saber que no se sabe nada y quiero pensar que me he equivocado en número superior a mis fugaces aciertos. Dicho esto, confío que este libro no sea sino un motivo más de evolutiva discusión y constante cuestionamiento.

Aun como aprendiz siento el deber ético de abrazar un argumento y defenderlo de forma acerada, por lo tanto, afirmo abiertamente que las normas de etiqueta y protocolo a la mesa anteceden con vasta ventaja al momento en que nos sentamos a la misma, razón por la que en la primera parte de este escrito tuve a bien realizar un merecido repaso sobre las reglas de presentación social y las del *dress code* cuando hablamos de convivialidad, así como de los conocimientos sobre el mobiliario, el material necesario, la *mise en place* y los estilos de servicio que un buen anfitrión debe conocer para garantizar el éxito de cualquier gastroevento, y que estimo pueden resultar de utilidad a quien gusta de reunir en casa a los amigos para agasajarlos con líricas seducciones de cocina, a quien debido a su cargo se ocupa del protocolo en eventos oficiales, a quien ha hecho de la hostelería un bienaventurado oficio, o a quien por vocación o tradición ha tomado una de esas decisiones que literalmente te cambia la vida: abrir su propio restaurante. El saber comer y beber entonces se nos muestra no solo como afirmación cultural de la propia personalidad que cultivamos para el placer propio y ajeno, sino además como legítima herramienta para el profesional de la gastronomía en cualquiera de sus manifestaciones. No se puede ser un buen hostelero/restaurador o un buen anfitrión si no dominamos los buenos modales a la mesa, lo demás es retórica.

En la búsqueda de la coherencia entre mis ideas sobre la etiqueta en la restauración he decidido inclinar la balanza buscando cierto equilibrio y reorientar toda mi curiosidad desde el personal de sala y cocina de un restaurante hacia el comensal. Son sabidas las características que deben acompañar a un buen camarero, éste puede ser la estrella que camina sobre la alfombra roja o la mosca en el vaso con leche según la valoración y juicio que el cliente exprese del mismo. Pero ¿qué sucede cuando el centro de nuestra atención es el propio juez? ¿Acaso estamos listos para dictar un oportuno juicio sobre el cliente/comensal? ¿De qué específicos conocimientos y competencias nos debemos valer en tal empresa? Ya orientado hacia la comida en casa o en un restaurante, encontrará el lector en estas páginas lo que necesita saber razonadamente sobre los buenos modales antes, durante y después de cualquier evento social que prevé un momento de degustación culinaria, algo más complicado que el sencillo acto de alimentarnos en tanto venimos vinculados socialmente de forma previa, estimula la práctica de los conocimientos que hemos adquirido sobre gastronomía y servicios y afecta la manera de comportarnos mientras estamos a la mesa, extendiéndose hasta todo momento después que nos alzamos para proseguir con los empeños de nuestra vida cotidiana.

Obedeciendo a estas premisas, saludar correctamente y presentarnos con acierto en distintos entornos sociales, conocer lo que debemos hacer o evitar cuando cenamos socialmente en un intercambio con diversas culturas o en una comida de negocios, aprender a vestirnos apropiadamente según el tipo de encuentro gastronómico y a realizar el regalo justo para el anfitrión, redescubrir los deberes para con el prójimo y para con nosotros mismos en materia de buenos modales a la mesa, saber interpretar en la cena con gracia y dignidad el rol de la dama y del caballero, aprender a confeccionar un menú y a preparar una mesa acogedora y adecuada según la etiqueta y el protocolo, aprender a identificar las relaciones de poder que se establecen en la convivialidad a través del protocolización de la mesa, realizar una aproximación al vino y a su protagonismo en el ejercicio de los buenos modales a la mesa, de una guía de comportamiento en un restaurante y de subjetivos consejos sobre maridajes entre comidas y bebidas son los principales argumentos de este transitado recorrido que haremos juntos por las siguientes páginas escritas desde mis dudas y convicciones, acompañadas de curiosos relatos sobre hechos, cosas y personalidades del interminable mundo de la gastronomía, salpicados de mi vieja pasión por la historia y la antigüedad romana y que ahora también son suyos para que continúen su *iter* infinito.

# 1. TODO EMPEZÓ...
# CON UN LIBRO

Recuerdo que mis primeras lecciones de educación formal a la mesa las recibí en familia entre las aleccionadoras palabras de mi sabio padre y las instructivas chancletas de mi amorosa madre; luego la entrañable escuela, el acertado rigor de los maestros de la generación Makárenko y de los egresados de la prestigiosa Escuela Normal de Maestros Primarios, mis creencias y los dulce amargos altibajos de la vida hicieron —y hacen— su parte. Sin embargo, fue la literatura la que comenzó a dar forma escrita a mis insuficientes conocimientos sobre el arte de saber disfrutar la gastronomía más allá del natural acto de alimentarnos.

Hace ya muchos años cayó en mis manos un libro que revisa y corrige dos anteriores ediciones (1976 y 1978) publicadas todas por el Ministerio de Educación de Cuba. Me refiero al *Manual de Educación Formal* (edición de 1983), un libro de pensada didáctica, discreto pero virtuoso, que intenta cubrir con grandes aciertos toda la educación cívica de marcada ideología socialista conocida hasta entonces. Un libro preclaro que representó un formidable esfuerzo por mostrar a los cubanos las maneras correctas de convivencia, hoy tan actuales como en la temprana fecha de su publicación. En esta obra se dedicó un completo apartado a los buenos modales a la mesa, que si bien hace hincapié en el comportamiento en los comedores estudiantiles, podemos encontrar normas de etiqueta gastronómica aceptadas internacionalmente, lo que demuestra una vez más que la presencia de ciertas lagunas culturales en las actuales generaciones no debe su existencia a la falta de recursos para aprender sino quizás a una temporal ausencia de interés que eventualmente debemos llevar a su final. Muchas de las reglas de buenas maneras a la mesa que comentaré en este libro, aun en modo diverso, ya fueron escritas en Cuba hace más de cuarenta años, por ello y con constancia preconizo la idea de que valdría la pena repensar y retomar algunos instrumentos pedagógicos de nuestro pasado educacional.

Algunos años después me obsequiaron un libro de un autor hoy poco conocido. Me refiero al clásico hispanoamericano *Manual de urbanidad y buenas maneras para uso de la juventud de ambos sexos*, del pedagogo venezolano Manuel Antonio Carreño (1812-1874), un libro que recrea con exactitud la moralidad y la educación de su época. Escrita en forma de normas prohibitivas hace más de ciento sesenta años es una obra que, para mi sorpresa, fue texto oficial de educación primaria en España, Venezuela y México y es conservada como referencia y consulta histórica en varios países de Iberoamérica aun cuando la mayoría de las ideas que contiene han sido largamente superadas. En este libro, escrito para ateos y creyentes, se nos habla de los deberes para con Dios, para con nuestros padres y semejantes, deberes con la Patria y con nosotros mismos, de todas las reglas de urbanidad conocidas hasta entonces por el mundo civilizado en minuciosa narración, tanto en el ámbito privado como en sociedad; se disponen reglas de conducta en reuniones, ceremonias civiles y religiosas, se nos enseña sobre el comportamiento a la mesa, de la suprema cortesía en todo momento. Un libro que si bien nos lleva prontamente al desacuerdo en virtud del tiempo que ha pasado desde que vio la luz y con este a la evolución de las reglas de urbanidad, a la aproximación y reinterpretación de la religión y al reconocimiento y desarrollo de los derechos humanos, es también un libro que encierra una gran cultura, una sólida fe y una enorme motivación pedagógica, elementos suficientes para recomendar fervientemente su lectura.

Pronto me di cuenta de que conformarse era imposible, que necesitaba mirar hacia el remoto pasado, a muchos siglos atrás si quería comprender el origen y la evolución de todo esto que hoy llamamos comúnmente buenos modales. Aprendí que bajo una inspiración paternal un visir de Egipto escribió un código de conducta dos mil de años antes de nuestra era («*Instrucciones de Ptahhotep*») y que el filósofo chino Confucio trató en varios de sus libros las reglas sobre el comer y el hablar; supe del noble *courtier* italiano Baldassar Castiglione (1478-1529) y su mítico «*Cortesano*» (1528); aprendí que el término etiqueta en su acepción moderna fue inventado por un conde inglés a mediados del siglo XVIII y que la palabra cortesía y las normas de etiqueta y protocolo que se expandieron por el mundo provienen de la evolución de las Cortes medievales en las que la etiqueta fue en ocasiones llevada a absurdos extremos, como en Versalles en tiempos del Rey Sol. Me sorprendió además que, a pesar de su corta edad, uno de los padres fundadores de los Estados Unidos de Norteamérica hubiese compilado un código de conducta para los jóvenes de su época[2]; supe por vez primera de la influencia de la etiqueta inglesa en el mundo bajo el intolerante periodo victoriano y conocí las publicaciones *Debrett*, árbitro indiscutible de las buenas maneras en el Reino Unido, no sin descuidar en mi recorrido el legado de la pionera obra de la escritora estadounidense Emily Post (1872-1960).

Una pausa en el Medievo[3] me mostró que en fechas tan lejanas como el 1494 existía un gran interés por difundir no solo lo que eran considerados los buenos modales de la época en Europa, sino además por demostrar que el estudio

---

2    George Washington, primer Presidente de los Estados Unidos de América, a la corta edad de quince años compiló las 110 Reglas de buena educación y decencia en el comportamiento en compañía y en la conversación (*110 Rules of Civility and Decent Behaviour in Company and Conversation*) que fueron publicadas después de su fallecimiento convirtiéndose en un best seller.

3    En tiempos medievales en el que vieron la luz los primeros manuales de buenas maneras, el comer con cubiertos diferentes de la cuchara era un privilegio al alcance de las bolsas más generosas, la servilleta era usada en modo muy distinto a como lo hacemos hoy, las iglesias cristiana y ortodoxa condenaron el consumo de determinados alimentos y los extremistas protestaron contra la costumbre del desayuno visto que lo habitual era realizar dos comidas al día, la ingestión de determinadas bebidas como el agua o la leche eran consideradas propias de los enfermos y neonatos debido a las cuestionables practicas higiénicas de la época, existiendo abierta preferencia por las bebidas fermentadas, la participación de la mujer en los actos de protocolo a la mesa era ínfima por considerarse incompatible su presencia en actos sociales y la conservación de su castidad, era habitual compartir copas y recipientes donde se bebía como manifestación de refinada etiqueta y se instauró la práctica del uso de aguamaniles para el aseo de manos antes de las comidas

del humanismo podía mejorar considerablemente la convivencia en sociedad. Las obras de los humanistas Sebastian Brant (1457-1721), con su inapreciable *Nave de los Necios* y Erasmo de Rotterdam (1466-1536) con su inmensa obra *De Civilitate Morum Puerilium* (1530), nos describen una Europa de hace más de quinientos años en la que, al margen de las ciencias y las letras, la educación del comportamiento en la búsqueda de la civilidad fue un empeño constante de los hombres con inquietudes filosóficas que pensaban que la cultura universal eliminaría las desigualdades, una idea sin duda revolucionaria si tenemos en cuenta que en el Renacimiento la enseñanza y difusión de los buenos modales nace y se consolida como manifestación de la presión social en la que se desarrolla la nueva aristocracia. Las fuentes bibliográficas históricas nos relatan que el proceso civilizador que configuró la cultura de las más influyentes cortes europeas se construyó, en gran medida, a partir del estudio y difusión de los manuales de civilidad de Erasmo de Rotterdam y de Baldassar de Castiglione.

En la conciencia popular la idea de los buenos modales como signo de progresiva madurez en la formación del hombre como individuo también es muy antigua, tanto es así que casi veinte años antes, en 1512, William Horman (1440-1535) escribió una famosa colección de dichos en inglés antiguo y sus traducciones latinas (*Vulgaria*) que reserva una frase de inmortal sapiencia contentiva de la memoria histórica y la sabiduría popular de muchos siglos de evolución social y que trasciende hasta nuestros días como una verdad incontestable: «*Manners maketh man*»[4] («Los modales hacen al hombre»).

Pero todavía una revisión de la literatura de los buenos modales del Renacimiento nos habla de la existencia de un libro que resalta por su detenimiento y narración en ocasiones descarnada, un texto del siglo XVI que fue llamado por su autor *Il Galateo o vero de´costumi*, escrito por el florentino

---

4  Antigua frase medieval lanzada a la popularidad internacional en el 2014 con el estreno del film británico «kingsman: servicio secreto» y que no demoró en hacerse viral en las redes sociales por su extensa interpretación más allá de la gran pantalla.

Monseñor Giovanni Della Casa (1503-1556) y que, junto a los textos antes mencionados, es importante fuente histórica de toda la literatura sobre la civilización del hombre producida en Europa, mereciendo desde entonces los más abundantes panegíricos. Editado en el año 1558, es un breve tratado de lecciones de la más encumbrada cortesía y buenos modales para los hombres de alta sociedad de la época. Fue dedicado por su autor al obispo Galeazzo Florimonte (1484-1565), cuyo nombre da título a la obra pues *Galatheus* es la forma latina del nombre Galeazzo

*«La elegancia del comportamiento es consecuencia de un sereno dominio de las inclinaciones naturales»*, decía Monseñor Della Casa en este libro que se propuso guiar a los caballeros a través de las reglas y precedentes del buen comportamiento que eran obligatorias en la cotidianidad, se nos habla entonces del comportamiento más que de su motivación. Della Casa enseñaba ya entonces cómo sentarse a la mesa, cómo se debía comer, cómo vestirse en las ocasiones de importancia, cómo saludar en sociedad, etc. La antigüedad de esta obra sin embargo no debe, en modo alguno, llevarnos a confusión pues es un texto de extraordinaria vigencia, tanto que en su relectura encontramos constantemente la descripción de comportamientos de reinante cotidianidad. En palabras de la periodista, crítico enogastronómica y estudiosa italiana de buenos modales Roberta Schira: *«Este texto no es un punto de referencia absoluto, simplemente nos permite notar como los seres humanos tienden en los siglos a perseverar en los defectos del convivir»*. En su momento Della Casa arremetió contra los deplorables modales y la ausencia de cortesía y respeto que dominaban al hombre europeo de la época. Como Schira, también pienso que a distancia de casi cinco siglos hoy observamos esos mismos defectos en los hombres de cualquier geografía.

Para defender la continuidad del *Galateo* de Giovanni Della Casa valdría solo realizar una alusión a sus enseñanzas y en su paciente lectura pido al lector que las someta a valoración junto con sus experiencias personales y la propia educación. Yo hice lo mismo a su debido tiempo y debo decir que, aun salvando las distancias temporales y culturales, fue un intercambio muy interesante en el que el maestro mantuvo siempre el dominio de la palabra.

Della Casa afirmaba, por ejemplo, que a la persona que deseaba vivir dentro de un grupo social con otras personas y no como un eremita retirado en una caverna, le sería útil atender su apariencia y modales pues el comportamiento humano debía ser conducido no por el arbitrio sino por el acto de causar placer a los demás como resultado del uso del propio arbitrio, un medio para alcanzar un fin, porque quien no vivía con la distinción de causar placer o agravio a los demás sería considerado siempre grosero e ignorante. Para el autor dar placer no era otra cosa que el acto de ser cortés, agradable y respetuoso con los demás. Por ese motivo —que pudiera parecer elemental— el hombre, en su intercambio social, debía poner atención a su higiene personal y a dejar en la intimidad todo tipo de soez comportamiento, por ejemplo, colocar las manos en cualquier parte del cuerpo, según le diera placer. Hablar, toser o estornudar sin causar malestar a los demás, nunca bostezar sin ocultar la boca y menos pronunciar palabra alguna mientras lo hacemos eran los consejos de Monseñor siglos atrás en un contexto social muy distinto al del siglo XXI a pesar de las muchas semejanzas que no suelen ser meras coincidencias.

Cronos nunca duerme, sin embargo, invito al lector a comprobar que encontraremos, aun y en abundante presencia, quien a la mesa no conoce la palabra moderación en su hablar, quien rasca o limpia partes de su cuerpo en público como si nadie estuviese mirando, quien a la mesa eructa (*miserere nobis*) y comparte a gusto otros comportamientos indecorosos y... Mejor me detengo aquí antes de que los ejemplos se formen en fila en mi memoria.

SABÍA QUE...

 Eructar es uno de esos comportamientos a la mesa que será correcto o no dependiendo del país en que nos encontremos y, por supuesto, de la cultura y la religión de los comensales a la mesa. Por solo citar algunos de los ejemplos más conocidos, en China eructar es un tipo de halago al cocinero, mientras que en la India significa satisfacción con la comida. En Arabia Saudí cuando el anfitrión eructa está autorizando e invitando al resto de los comensales a hacer lo mismo y este gesto completa la plena saciedad de la comida; los esquimales eructan como manifestación de cortesía hacia el anfitrión.

«Hay personas que no saben convivir y que actúan de maneras desprovistas de gracia, garbo y postura», decía Della Casa con palabras carentes de adornos de aquellos que comían ininterrumpidamente sin alzar los dedos y los ojos del alimento, personas que no masticaban sino tragaban a trozos, dejando restos de comida por doquier; personas que utilizaban la servilleta para secarse el sudor o soplar la nariz, que se enjuagaban la boca con el agua o el vino servidos, que no respetaban los espacios ajenos ni tomaban en cuenta sus propios olores:

*«Qué creéis que hubieran dicho el obispo y su noble compañía a estos que vemos ahora comportarse como cerdos, con el hocico metido en la sopa; que no levantan la cara, ni la mirada, ni mucho menos separan las manos de la comida; que inflan las dos mejillas como si fueran a tocar la trompeta o quisieran animar un fuego; que no comen, sino que devoran y engullen glotonamente los manjares; que se ensucian las manos casi hasta los codos y dejan luego tales servilletas que, a su lado, los trapos de cocina y de fregar parecen mucho más limpios (…) Y, con todo, estos cochinos no se avergüenzan de secarse sin descanso con tales servilletas el sudor (que a causa de su glotonería sin pausa ni medida, les baja desde la cabeza, por la frente y la cara, hasta el cuello) y, además, se suenan en ellas las narices siempre que les viene en gana».*

En el libro, el autor dice a sus lectores que es inútil cuestionar los escenarios en los que había sido testigo de semejantes costumbres, afirmaba que sus comensales fueron variados, como la humanidad, y que había visto de todo tanto en mesas humildes y bohemias como en mesas de gran linaje. En todas había confirmado que la adecuación de los tonos y las conversaciones que tiene lugar a la mesa es algo que va mucho más allá de la comprensión de los hombres de su época, y podríamos decir, también de los de la nuestra. Al respecto decía Monseñor que las conversaciones no deberían aburrir, ni ofender ni marginar, ni ser frívolas ni exquisitas, esto es, adecuar los argumentos de la conversación a los invitados a nuestra mesa. ¿A quién se le ocurre aprovechar la cena para hablar de temas particularmente sensibles entre las personas reunidas? ¿De política o religión con personas de convicción irreconciliable mientras degustamos un suculento plato de comida criolla? Solo a un alma que sufre de triste ignorancia o de malsana premeditación y frivolidad.

Todas las personas son diferentes entre sí, se distinguen fundamentalmente por su condición social, su intelecto y su educación; pues bien, a la mesa no haremos jamás ostentación de poseer en demasía alguna de estas características o de dominar un campo del conocimiento que los demás desconocen o poseen ciertas carencias. El médico, el empresario, el periodista, el militar o el pastor se comportarán como si no lo fuesen, se hará gala del ser humano y no de lo que se hace como profesión en la vida sin tomar ventaja por encima del resto de los comensales debido a su particular condición[5].

Con el mismo propósito de no molestar a los invitados los anfitriones nunca darán muestras de agotamiento por los preparativos del encuentro ni llamarán la atención sobre el sacrificio personal o material empeñado. Es innecesario, por ejemplo, hacerles saber a sus invitados —con marcada intención— que a la mesa podrán disponer de sal del Himalaya, que el vino espumante es aquel *Bollinger* preferido por los reyes de Inglaterra, que emplearon muchas horas para la organización de la cena o que el *Manchego* que degustarán ha sido el vencedor del premio al mejor queso de España y que fue adquirido por un alto valor. Algo más debemos dejar en claro de las palabras de enseñanza

---

5  Dos mil años antes del inicio del a. C., el Visir Ptahhotep (2380-2342) escribió para su hijo la siguiente máxima sobre la humildad y el descubrimiento de la palabra perfecta: «No te vanaglories de tu conocimiento ni te enorgullezcas porque eres un sabio. Toma consejo del ignorante de la misma forma que del sabio pues no se ha alcanzado límite del arte ni hay artesano que haya adquirido su perfección».

de Monseñor Della Casa: para el mundo civilizado es un principio inviolable no colocar jamás en embarazo a quienes comparten nuestra mesa y para ello debemos mostrar respeto y decoro siempre, *et pereat mundus* (aunque perezca el mundo).

Varios siglos de repetir las mismas cosas no han sido suficientes, el hombre moderno común no ha dejado de ser primitivo para vergüenza de Darwin a pesar de que hoy la humanidad cuenta con recursos inimaginables para educarse cada vez mejor. Un lector crítico pudiera pensar que la posibilidad de una depurada y encumbrada educación va estrechamente ligada a la estable posesión de recursos económicos, pero esta es solo una verdad a medias. La realidad nos enseña que aun disponiendo de determinados recursos es la voluntad y el interés lo que determina la educación de un individuo.

El hecho de que mucho se haya dicho y escrito sobre educación formal y los buenos hábitos al comer hoy me parece tan remoto y olvidado que he llegado a pensar con tristeza que en algún momento de transición educacional entre generaciones se perdió el concepto de la educación como la mejor inversión que pueda ser jamás satisfecha. Se han multiplicado los bienes materiales susceptibles de adquisición y se han obtenido grandes progresos en el acceso a la información, pero de manera absurda hemos disminuido sensiblemente nuestro saber cívico general en la misma medida que hemos aumentado las pulgadas de nuestro televisor. Hacemos uso de Internet para acceder fundamentalmente a las páginas sociales desconociendo su infinito potencial educativo y menospreciamos las bibliotecas y librerías, en ocasiones despojadas de vida, pero afortunadamente siempre abiertas, leales y hospitalarias en el mundo de Sofía aun cuando la conexión esté ausente.

Nos hemos olvidado de que la educación y humanidad se miden por nuestro comportamiento y como tratamos a los demás y en este olvido se fueron también de la mano el uso de la servilleta, los centros de mesas, candelabros y candeleros, los cubiertos y las copas, la cortesía, la higiene, la galantería y el respeto a la coherencia y a los límites lógicos que el comer impone. Las experiencias de mesa que serán descritas no son fruto de mi creación, aun cuando me gusta dar color a los acontecimientos de vida, han estado ahí siempre, simplemente se les ha restado la apropiada importancia, quizás desvalorando que son los pequeños gestos de generosidad, gentileza y cultura los que constantemente construyen la armónica relación entre individuo y sociedad.

En fin, la historia del arte de alimentarnos es muy antigua, trasciende el poder sobre el uso del fuego —o del calor, propiamente dicho—, la invención de la olla o la distinción entre lo crudo y lo cocido y el dominio de técnicas de elaboración de los alimentos y la transformación de la materia; viene además ligada a la «evolución» de la sociedad, o más apropiado, de los estamentos y las clases sociales en tanto los buenos modales a la mesa y el acceso a esa peculiar instrucción nacieron como parte de los nobles privilegios de poderosas familias, con una importante prosapia y un rol histórico sociocultural que representar. Las buenas maneras entonces no eran concebidas como una virtud sino como un particular sistema que demostraba la propia superioridad.

En el tiempo que nos ha tocado vivir en el que la práctica de la etiqueta gastronómica favorece la igualdad agradezco que la realidad sea muy distinta y, salvo todavía tristes excepciones, insisto en que en una sociedad civilizada ser un hombre instruido y educado o al menos conocedor de ciertas reglas de urbanidad y cortesía en la convivialidad es una cuestión de curiosidad, voluntad y respeto, no de recursos económicos. De manera particular, construir y cuidar la placentera imagen que a la mesa damos a nuestros semejantes, decir gracias o por favor, comportarse con decoro, ser cortés y atento al respeto de los derechos ajenos puede hacer una gran diferencia en nuestras vidas; comportarnos así a la mesa no cuesta nada, aprender a comportarnos así cuesta solo empeño.

# 2. COMER EN COMPAÑÍA ES UN ACTO DE INTIMIDAD

Muchos pudieran preguntarse qué de particular importancia tiene aprender a disfrutar la gastronomía y a comer de manera correcta si al hacerlo básicamente estamos satisfaciendo una necesidad fisiológica; se come para vivir y basta. Sin embargo, nada tan peregrino pues la admisión de esta lógica sería como refrendar las ideas de que el ser humano se acopia con el único fin de procrear, que la bárbara promiscuidad entre alimentos y bebidas carece de importancia o que la decoración de un plato es menos importante que el plato en sí mismo.

Recuerdo, con singular comicidad, una conversación con Milton O'Reilly, un experimentado director de sala, en la que intercambiamos algunos pasajes personales y que él concluyó con esta frase: «*Si quieres conocer verdaderamente a una chica entonces invítala a comer*». Esta teoría desborda una telúrica lógica y es de una inaudita eficacia. ¿Hemos pensado alguna vez en el hecho de que cuando conocemos a una persona —o la deseamos conocer— lo más común en nuestro comportamiento es invitarla a compartir un momento de vida en el que estará presente la comida? Ya sea a una cena o a un simple aperitivo automáticamente nos aprovechamos de la relación existente entre el compartir el alimento y conocerse. Cenas de negocios, cenas de familia con la presencia de huéspedes, aperitivos románticos, etc., todos tienen algo en común: nos ayudan a conocer mejor a la persona con la estamos valorando tener una relación. La razón consiste en que las personas al comer suelen mostrarse de manera muy parecida a como son en realidad. Al alimentarnos descuidamos nuestra capacidad de camuflaje, desaparece el actor. Comer en compañía es un acto de intimidad. Puede ser que en la vida cotidiana seamos como un personaje que va de un lado a otro con un discurso preconcebido, pero a la mesa, mi desprejuiciado lector, estamos todos indefensos. No afirmo que no seamos capaces de dar una imagen inexacta de nuestra personalidad engañando a los demás comensales, pero se requiere mucha práctica antes de lograrlo porque existe una monolítica relación entre el comer y nuestro comportamiento mientras lo hacemos; un comportamiento que se inicia desde que se nos invita a cenar y que nos mantiene sujetos a ciertas formas de autolimitación social incluso después de concluido el encuentro.

La mesa es el escenario perfecto para evaluar desde nuestro candidato a pareja hasta nuestro potencial socio de negocios pues comer con alguien equivale a exponernos públicamente. Se ha afirmado con grande virtud que es imprudente, sin importar su naturaleza, comenzar seriamente una relación con una persona sin haber compartido antes un aperitivo, un almuerzo o una cena, al menos en una ocasión. Es en estos encuentros gastronómicos donde nuestro comportamiento, nuestro lenguaje corporal o de palabra viene siendo estudiado y comparado con particular interés. Teóricamente, una persona que a la mesa se muestra conocedora de los buenos modales que le acompañan, respetuosa y gentil para con los demás comensales, es una persona que se mostrará en correspondencia en la atención de sus relaciones sociales y profesionales en otros escenarios. El empresario que en una cena de negocios alza el codo inmoderadamente o insiste en seguir hablando de trabajo cuando el resto de los comensales solo desea comer en paz o disfrutar de otros argumentos; el caballero que no se alza cuando la dama se excusa para ir al baño o que escoge al *reggaetón* como música de fondo en la que debió ser una cena romántica; la dama que en el restaurante o en casa ajena no agradece el gesto de que alguien le ha versado el vino, que absorbe y tritura los huesos del pollo o que atiende todas las llamadas que entran a su teléfono; el caballero que mete el dedo pulgar en el plato para acomodar el alimento o que mastica con la gracia de los cerdos, que acumula sobre la mesa las latas o botellas de cerveza vacías o que hace una penosa escena ante el camarero que le trae la cuenta, por solo citar algunos ejemplos, son cuestionables casos que confirman una granítica fórmula de pre socialización: «*te invito a comer y de tal suerte dependerá el inicio y la naturaleza de nuestra relación*». Pudiera resumir estas ideas en un estupendo pensamiento de la profesora de la Universidad de Córdoba y eminente estudiosa de la historia de la gastronomía, Almudena Villegas cuando afirma:

«*En la mesa, el momento convivial por excelencia, se manifiestan las relaciones sociales, la identidad del individuo, su cultura, capacidad económica, habilidades sociales... Frente al alimento nos mostramos inevitablemente como somos, en un acto necesario, personal y básico para la vida. Compartir ese momento de intimidad con otros manifiesta la cercanía buscada —o fingida— que explica la importancia del hombre en relación con el alimento y con otros hombres*»

Griegos y romanos fueron los primeros en transformar la simplicidad de alimentarse en un acto de socialización. Los griegos, quienes heredaron al mundo romano las más refinadas costumbres culinarias, fueron los responsables de la invención del simposio («reunión de bebedores»), prolongadas cenas que eran aprovechadas para intercambiar pareceres de política, de filosofía, festejar acontecimientos de vida y manifestar el arte y la gracia de cada comensal. Los romanos, más dados al placer físico que al intelectual, a su vez convirtieron el comer en una experiencia hedonista nunca antes conocida y el simposio se convirtió en el *convivium* en el que la cena era el escenario propicio para la prolongada satisfacción de las necesidades del cuerpo, comprendiendo aquellas no relacionadas con la alimentación, a menudo condimentadas con sexo, violencia y sangre. Según Cicerón la vida y la mesa estaban, en cierto modo, confundidas en la palabra *convivium* en tanto comer era una actividad a la que se le dedicaba un considerable tiempo. No obstante, el disfrute romano por la comida y el vino brindó importantes aportes a la evolución de los utensilios de cocina y de mesa y a los usos relacionados con las buenas maneras. Desde entonces el comer no ha sido nunca más solo una necesidad de vida. Es además un medio, un punto de partida, un instrumento social.

Según Northrop Frye, en su *Anatomía de la crítica,* la cena afirma los lazos comunitarios, fortalece lo que los comensales tienen en común. Comer es mucho más que la acción de nutrirse, es una oportunidad de reunión entre los hombres, es un momento de extraordinaria intimidad y racionalidad al que recurrimos una parte considerable de nuestras vidas. En cualquier lugar del mundo donde nos encontremos comer es siempre sinónimo de encuentro, de compartir con el prójimo no solo el alimento sino el delicioso acto de celebrar la vida, la amistad, el amor, los grandes acontecimientos que condicionan nuestra existencia, de ahí la peculiar relación entre el comer y las relaciones humanas. Cuando se comparte a la mesa no es el alimento el verdadero protagonista, este es solo una común justificación para disfrutar de la presencia de quien nos acompaña, para sentirse y hacer sentir a gusto a los demás, para crear o fortalecer un lazo de complicidad. Disfrutar de la compañía de los otros viene a su vez condicionado por el respeto de las buenas costumbres atendiendo, claro está, a las exigencias del lugar y del tiempo en que nos encontremos, en otras palabras, disfrutar de la gastronomía y de la compañía de los otros depende además de nuestra cultura al comer, de nuestros modales a la mesa.

## SABÍA QUÉ...

 Desde la antigüedad el comer, como muchas actividades de la vida cotidiana, venía acompañado de determinados ritos de rigor, por ejemplo, los antiguos romanos, herederos de las costumbres helénicas, comían inclinados en una especie de sofá cama al que llamaban triclinium (figura 1), que rodeando a una mesa por tres de sus cuatro lados, dejaba libre este último para facilitar el trasiego de alimentos; pues bien, en muchos lugares públicos y visto que al recostarse unos frente a otros los pies estaban en primer plano, era frecuente ver un cartel que exhortaba a «lavarse los pies antes de comer»; era una exigencia de la etiqueta de la época. El número social aceptado era nueve comensales pues un número mayor era considerado pretencioso mientras que un número menor tachaba de tacaño o pobre al anfitrión. Tres comensales se acomodaban en el Lectus Imus (izquierda), otros tres en el Lectus Medius (centro) y los restantes en el Lectus Summus (derecha). En la época imperial el triclinium fue reemplazado con el sigma, un único lecho semicircular, llamado así por su semejanza en su forma con la letra del mismo nombre del alfabeto antiguo de los griegos.

En la literatura clásica Homero nos refiere la tradición de procurar el lavado de los pies a los forasteros que llegaban a un hogar griego, antes de ser bendecidos con comida y reposo, a través de la anagnórisis de Euriclea cuando reconoce a su *dominus* Odiseo; pasajes similares nos los describe Virgilio en *La Eneida* cuando su protagonista es recibido como huésped en las ocasiones que se presentan en el viaje que emprende al finalizar la guerra de Troya. Se entendía que alimentarse debía ser precedido de actos de adecentamiento en tanto dar de comer a un extraño era un acto generoso, pero fundamentalmente era un gesto de compartir la mesa en condiciones de dignidad, perteneciendo estas reglas al concepto griego de Xenia, es decir, lo que hoy conocemos como hospitalidad, un concepto que encarnaba en paridad un deber social y religioso. Resulta curioso que solo después de haber ofrecido bebidas y alimentos, así como la oportunidad de lavarse y usar vestimentas limpias, el anfitrión podía realizar alguna pregunta luego de haberse cerciorado que su huésped estaba dispuesto a recibirla y a ofrecer respuestas.

Posteriormente mucho se ha escrito sobre el ceremonial del lavatorio de pies, pero debemos hacer distinción entre el perteneciente a la espiritualidad griega y aquel que posee una diversa simbología religiosa[6] abundantemente referida en la literatura que nace con la cristiandad.

---

6    No debemos confundir esta práctica de invitar a lavarse las manos y pies antes de comer que practicaban los griegos y romanos y la de los antiguos habitantes del Oriente Medio, poniendo agua, esencias y perfumes a disposición del visitante en señal de bienvenida y hospitalidad, con el lavatorio de pies de connotación puramente religiosa aludido varias veces en la Biblia (Je 19:21)

En el Medievo se practicó entre parientes y amigos beber de recipientes comunes, y la intimidad del gesto venía propiciada precisamente por los lazos de afinidad o parentesco que unía a los comensales, asimismo cada uno llevaba a la mesa su propio cuchillo y se comía fundamentalmente con las manos tomando las piezas de bandejas comunes, mientras el pan era mojado en recipientes con salsa y carne y luego pasado de un comensal a aquel que se encontraba a su lado.

En la actualidad las exigencias de hospitalidad son muy distintas y están en constante evolución a pesar de sobrevivir el ánimo de respeto, dignidad y fraternidad que rige a la mesa, conocerlas confiere una gran diferencia cuando practicamos la convivialidad con personas de diferentes culturas. Debemos distinguir la convivialidad desde dos criterios: el primero que nos refiere al momento de encuentro voluntario entre seres humanos que poseen sentimientos, pensamientos, pasiones u objetivos afines; el segundo criterio nos afirma que siempre que existe convivialidad estará presente la comida, independientemente que nos alimentemos o hagamos gastronomía. Atendiendo entonces a que la convivialidad es un potente instrumento de comunicación (Villegas, 2008), saber conducirse entonces cuando vamos a un restaurante o se nos acoge en la privacidad de una casa, preparar una placentera mesa e interpretar adecuadamente los roles de anfitrión e invitado, brindar un digno momento de degustación culinaria a través del buen gusto, la cortesía y, especialmente la cultura, son hechos que inmaculadamente nos acercan, como ocurre con las grandes pasiones compartidas, nos garantizan un espacio de reconocimiento social y, efectivamente, reafirma los puntos en común que tenemos con otros seres humanos.

---

siendo la referencia más significativa la cena más conocida de todos los tiempos, aquella última celebrada entre Jesús y sus discípulos (Jn 13:1-16).

Figura 1. Cena romana en el triclinium. Imagen con Licencia CC0.

A lo largo de mi vida adulta he tenido la oportunidad de sentarme a la mesa con muchas personas para compartir un almuerzo, una cena o un simple aperitivo y les aseguro que comer con alguien es un acto tan íntimo como entregar una copia de la llave de nuestra casa, intercambiar números telefónicos o realizar un acto de confesión. Cuando lo has hecho al menos dos veces con las mismas personas la natural tensión inicial desaparece; cuando estas entre familiares y amigos la cena es el vodevil donde casi todo es permitido, cuando lo haces con completos desconocidos o acompañantes ocasionales, la cultura de los comensales es puesta a la prueba; conocer entonces las normas de etiqueta a la mesa es tu carta de triunfo. Cuando se come por primera vez en compañía de una persona desconocida es casi instintivo que nos fijemos en los modales de la misma, nos convertimos en espontáneos sujetos de estudio y juicio para las partes involucradas. A diferencia del protocolo, la etiqueta en la gastronomía no conoce de dignidades, la mesa es pues el contexto ideal para conocerse entre quienes se sientan a ella, la razón es muy simple: a la mesa no valen los títulos ni honores, ya seas Gerente o Doctor en Ciencias, político o sacerdote, un simple funcionario, un obrero o un personaje público, todos vienen comandados por las mismas reglas, todos deben seguir los mismos buenos modales.

Comenzaré con una premisa: los cubanos no amamos la formalidad gastronómica, no estamos acostumbrados a ella, las llamadas cenas formales son casi inexistentes en nuestra vida cotidiana a menos que sean organizadas por especialistas de protocolo del sector hotelero o en funciones oficiales del Gobierno o del Estado, es decir, a menos que debamos organizarlas como parte de nuestro desempeño laboral. Subestimando con frecuencia la diferencia entre alimentación y gastronomía, creemos ciegamente que mientras se coma bien y abundante todo el resto es secundario y debo decir que nuestra idiosincrasia favorece este comportamiento. El cubano es un individuo simple que prefiere los platos únicos y que se siente complacido con poco, no ama las extravagancias, no le agradan las cosas complejas, encuentra placer en lo que sea más fácil y esto es parte importante de su grande y reconocido encanto. No afirmo que sea una filosofía incorrecta sino expreso solo una realidad que, personalmente, entiendo pudiera ser moldeada para el cumplimiento de crecientes exigencias protocolares que hoy son muy comunes en el mundo moderno, especialmente en un momento histórico en el que por doquier afloran nuevos espacios gastronómicos y el cubano ha retomado con estable regodeo la costumbre de cenar fuera del hogar con la feliz asociación al criterio calidad de vida. Aprovecho entonces para exponer la que será una de las principales ideas conductoras que armonizan este escrito: salir a comer fuera de los protegidos y condescendientes contornos de casa implica exponer públicamente nuestros modales a la mesa y la integralidad de nuestra cultura.

De un lado está la cuestión de la educación creciente y constante del paladar, del otro, la idea del conocimiento y práctica adecuados de las reglas que uniforman el disfrute de la gastronomía en su connotación social. Por supuesto, tampoco afirmo que debemos ser entrenados para los rigores de un almuerzo lezamiano[7], o para participar de la mesa real, preconizo sin embargo que, por ejemplo, no hace daño recordar qué debemos comer utilizando tenedor y no cuchara, que contados son los casos en los que nos es permitido comer con las manos, que vestirse adecuadamente para cada ocasión gastronómica no es un convencionalismo burgués, que el cubierto viene a la boca y no la boca al plato, que la ingestión de té o infusiones no es sinónimo de malestar físico, que los aperitivos y el uso de servilletas y candelabros nunca pasan de moda o que quizás, aun en presencia de la cerveza y espirituosos, el vino es la bebida que nos ofrece el más completo cuadro de maridajes.

---

7    Es conocido como almuerzo lezamiano aquel de lujo ofrecido por el personaje Doña Augusta en el capítulo VII de una de las más importantes obras de la literatura cubana, la novela *Paradiso*, fruto de la imaginación de José Lezama Lima, considerado uno de los autores más trascendentales e influyentes de Cuba y de la literatura hispanoamericana. Su *Paradiso* fue distinguida como una de las cien mejores novelas del siglo XX y el almuerzo lezamiano inspiró varias escenas de la histórica película cubana *Fresa y Chocolate*, ganadora, entre otros muchos reconocimientos, de un Premio Goya y candidata al Premio Oscar como mejor film de habla no inglesa en el año 1995.

# 3. *MANNERS MATTER*

Obviando nombres, relación o lugar por razones de protegida privacidad, les relataré una historia que recuerdo con particular delicia. En una ocasión fui invitado a una cena formal organizada para ocho personas. Los ingredientes principales del menú nos eran conocidos ya que debimos antes informar a los anfitriones sobre las eventuales intolerancias o alergias que nos pudieran afectar. La cena tendría lugar en su casa y se propuso las ocho y treinta de la noche como hora de llegada con el fin de realizar cómodamente un pequeño aperitivo y las debidas presentaciones. Por aquel tiempo estaba evaluando la validez de una hipótesis: aun en las mejores mesas es posible encontrar algunas pecas en el cumplimiento de los buenos modales. La cena me daba entonces la oportunidad de conjugar una exquisita degustación con un óptimo estudio de campo. Para mi fortuna los actos probatorios no se hicieron esperar.

Una pareja de invitados arribó con veinticinco minutos de retraso alegando que habían tropezado con un tráfico monumental, cosa posible y muy probable en las grandes ciudades, pero estimo que debieron y pudieron haber hecho, al menos, una rápida llamada para avisar. Al llegar, no obstante, solicitaron disculpas a todos los presentes en tanto el retraso en estas ocasiones afecta la general organización de la cena que no habrá inicio hasta que se encuentren sentados a la mesa todos los invitados, condición que solo podrá ser suspendida por la anfitriona de casa.

Los anfitriones vestían con una exquisita moderación, un punto medio entre la elegancia y el ambiente familiar que les pertenecía. En modo general los invitados se engalanaron de manera apropiada para la ocasión, con colores y piezas a tono con el horario de la cena, sin extravagancias ni excesos. La sobriedad era un gusto compartido. Los caballeros llevaban regios trajes oscuros de dos piezas y las damas habían hecho gala de vestidos y conjuntos de noche. Solo dos faltas llamaron mi atención, la de una díscola señorita que decidió usar un jeggins negro efecto piel que, no obstante hacerle gala a sus simétricas formas era quizás perfecto para una ocasión menos ceremoniosa; y la segunda, la de un caballero que, al sentarse, dejó al descubierto unas medias demasiado cortas a pesar de su patricia figura y de unos correctísimos zapatos oxford de corte inglés.

Después de realizadas las obligadas presentaciones e intercambiar palabras de sana cortesía fuimos invitados a pasar al comedor. Se encontraba situado en una amplia habitación amueblada al estilo colonial y en la que en medio se lucía una formidable mesa de ocho sillas vestidas de un placentero damasco, cubierta con un mantel blanco de bordes burdeos en cuyo centro había un adorno floral que desprendía un aroma casi imperceptible. Tres imponentes ventanas barrocas custodiaban el paso del dialecto nocturno de la ciudad que nos llegaba desde lejos. De las paredes nacían unas tenues luces en estudiada complicidad que no litigaban con el protagonismo de las réplicas de dos cuadros del artista milanés Giuseppe Arcimboldo, perteneciente a aquella colección que representa las clásicas imágenes humanas reconstruidas íntegramente con alimentos. Me sentí como Heisenberg transformando la realidad mientras observaba; luego tuve la sensación de estar en un lugar del que no querría salir.

Cada puesto a ocupar estaba dotado de los correspondientes platos bajos y de presentación de color ahuesado, imponentes cubiertos, servilletas de lino dobladas en triángulo, platillos para el pan, copas tipo Riesling para el servicio de vino blanco y otras para cava que me recordaron a las de la línea *Prestige* de la casa productora Luigi Bormioli. En el fondo nos cantaba Louis Armstrong con su inmortal «*What a wonderful world*», al que siguieron a lo largo de la velada Sinatra, Aznavour, Aretha Franklin, Lucio Dalla, Bocelli, César Portillo, James Brown, entre otros inolvidables clásicos. Instantes después se nos invitó a ocupar puestos, pero a pesar de las recomendaciones de los anfitriones uno de los invitados insistió en sentarse al lado de su pareja y ello obligó a una rápida e improvisada reorganización sin otras consecuencias. Tomé nota mental y me dejé seducir por el placer del momento mientras confirmaba que recientes investigaciones de la percepción han apoyado que el ambiente o el contexto que rodea a los alimentos han demostrado ser un modulador significativo de la percepción del gusto[8]. Recordé entonces que las variables contextuales más importantes incluyen la música de fondo, el tamaño, peso y composición de los cubiertos, el embalaje de un producto, el color de la iluminación y los nombres de los elementos de un menú.

Una vez sentados, cinco de los ocho invitados extrajeron sus teléfonos y los colocaron sobre la mesa, ahí permanecieron durante toda la velada y en varias ocasiones fueron utilizados para revisar Facebook, el correo electrónico, intercambiar y comentar fotos y, por supuesto, no faltaron los omnipresentes *selfies* que fueron publicados al instante (tristemente hoy todo lo que hacemos durante el día no adquiere realidad y belleza si no lo convertimos en pública información). Este episodio me devolvió a todas las veces que he revivido la misma escena en un restaurante, demasiadas como para olvidar.

El descorche de una botella de cava[9] inició la cena y en automático uno de los invitados colgó la servilleta de su cue-

---

8   Contrastadas investigaciones han demostrado que los factores ambientales, los colores del entorno y de los alimentos, los sonidos, los aromas, la iluminación y la temperatura de los alimentos influyen en nuestra percepción sobre los mismos, así como en su elección y en la cantidad que viene consumida.

9   Vino espumante producido fundamentalmente en los territorios catalanes de Barcelona y Tarragona, centrándose su producción en la región del Penedès, donde se elabora el 95 % del cava que se consume. Se produce cava además en La Rioja, Lérida, Gerona, Álava, Zaragoza, Navarra, Badajoz y Valencia. Es un vino protegido por denominación de origen (DO), es decir, que se califican como cavas solo aquellos vinos espumantes producidos en esta región del mundo. Nace de un vino blanco al que se le ha añadido levadura y azúcar disueltas en un vino más viejo que el de base. Una vez en botella se almacena horizontalmente y se espera a que la levadura ataque a los fermentos, produciéndose entonces lo que se conoce como segunda fermentación proporcionado al vino el gas carbónico necesario. Si está protegido por la DO en la etiqueta aparecerá la palabra cava, de lo contrario dirá espumoso, además en el tapón aparecerá una estrella de cuatro puntas, lo que significa que el vino se ha producido siguiendo el método tradicional, implicando que la segunda fermentación en botella ha durado un mínimo de nueve meses.

llo y se llevó a la boca un trozo de pan sin esperar a que la anfitriona concediera el permiso para comenzar a comer. Los anfitriones son los responsables de marcar el ritmo de la comida, valorando en cada caso las circunstancias de la misma. Una lección básica de buenos modales nos enseña que tradicionalmente el inicio de una cena en presencia de un anfitrión se produce cuando este despliega la servilleta sobre las piernas, toma los cubiertos y realiza el primer bocado. Hoy nos es suficiente que el anfitrión protagonice un simple gesto de invitación a comer para dar inicio al convite.

Finalizado el inicial brindis surgieron progresivamente varios temas de conversación. Algunos elogiaron la exquisita presentación de la mesa y la belleza de la casa en general, otros intercambiaron opiniones sobre el incremento de la calidad del cava español y su relación con las características de los viñedos catalanes, ocasión aprovechada por el anfitrión para referirnos tres famosos procesos judiciales que crearon jurisprudencia acontecidos en Inglaterra entre 1958 y 1960, en los que doce reconocidas marcas francesas de champagne y ochenta productores galos demandaron a la empresa catalana Costa Brava Wine Co. Ltd. que comercializaba la marca *Spanish Champagne Perelada*, y en el que Francia estuvo a punto de perder el privilegio de poder llamar Champagne solo a los vinos cultivados y criados en esa peculiar zona de su geografía. Desafortunadamente, una señorita sentada a mi izquierda insistió en querer conversar con otra sentada a mi derecha y así me vi forzado a estar en medio de un empalagoso intercambio de ajenas experiencias vividas en el gimnasio y la peor parte fue que de vez en cuando pedían mi desautorizada opinión. Su inmadurez terminó por causarme un cierto paternalismo, al final, *natura non facit saltus* («la naturaleza no da saltos»), les quedaba aún mucho por vivir, corrijo, por aprender.

Pero sigamos adelante con la cena. Comenzamos con un aperitivo que agradecí particularmente: *Sopa de cebolla*[10], de

---

10    Alexandre Dumas, en su libro *Le Grand Dictionnaire di Cuisine* (1873) escribió que la sopa de cebollas era "una sopa muy querida de los cazadores, gente de mala vida y venerada por los borrachos", frase que siempre me ha gustado por referir adecuadamente el contexto histórico en el que fue escrita. Actual-

gusto decidido y muy adecuado para entonar al estómago. Disfrutaba infinitamente de mi plato cuando noté que la joven dama a mi derecha comenzó a soplar su sopa, a removerla enérgicamente y luego la tomaba acercando sus labios a una cuchara que apenas alzaba del tazón mientras con la otra mano mantenía su cabello alejado del mismo; no pude dejar de observarla con inocente gracia mientras ella me devolvía sonrisas y me decía en susurros: «*me encanta la cebolla, pero no puedo con las sopas muy calientes*».

Nuestros anfitriones nos habían preparado como primer plato un osado *Spaguetti alla Bolognese* que me dio la oportunidad de ver como una invitada comía su pasta tomándola por un extremo mientras la hacía ascender lentamente hacia la boca, como el cabello de Rapunzel entrando por la ventana de la torre. Las pastas largas al jugo constituyen un reto para evitar ensuciar mantel, ropas y servilletas, razón por la cual las pastas cortas y secas suelen ser una mejor elección para las cenas de cierta formalidad. Las porciones eran abundantes, demasiado debería decir, y por ello y para mi propio desagrado pues no deseaba dar la impresión de no agradecerlo, me vi obligado a dejar parte del alimento en el plato y traté de no pensar en la labor que la leptina estaba ejecutando en mi organismo, visto que aún estaba en la mitad del recorrido de la cena.

Uno de los invitados, que a todas luces era un gran bebedor de vino, había dejado las huellas de sus labios salpicados de salsa en los vasos, sin mencionar el color de la que en su momento fue una servilleta blanca. Del otro lado de la mesa, un señor que había pedido a los anfitriones un mondadientes inició un discutible discurso sobre la importancia de las dietas bajas en calorías, las ventajas de poseer un *personal trainer* y lo desaconsejable que era comer pasta en horario de cena, especialmente aquellas al ragú, como la que integraba el menú de nuestra cena.

Mientras los anfitriones se lanzaban miradas *zen* de sana y divertida tolerancia y tras cualquier minuto de compartido

---

mente la sopa de cebollas es un plato emblemático de la cocina francesa, de larga elaboración y muy apreciado por nacionales y extranjeros.

halago a la cocina mediterránea y de saborear un fronterizo sorbete de mandarina al cava, llegaba a nosotros el plato principal como confirmación de la promesa de una cena generosa en proteína de origen animal. Nos sorprendió entonces la hermosa decoración de un *Pollo al Curry* que, como es conocido, viene servido con una salsa de particular gusto a base de esta tan recurrida mezcla de especias típica de la cocina india, aunque hoy es sabido que sus orígenes están relacionados con la influencia de la gastronomía inglesa durante la colonización del país asiático.

Al plato se unió en matrimonio un vino Gewürztraminer, semi seco, aromático y con un agradable carácter. Confieso que un primitivo instinto me impulsaba a no dejar ni una gota de salsa en el plato con el auxilio de un trozo de pan que aún me quedaba —lo que los italianos llaman hacer *la scarpetta*— y busqué inútilmente a un cómplice con el rabillo del ojo. Al mismo tiempo que batallaba contra mis deseos vi que uno de los comensales limpiaba la punta del cuchillo llevándolo constantemente a la boca. En ese momento pensé que después de todo mis deseos no estaban tan fuera de lugar en justa comparación, pero terminé por contenerme y entregué mi plato con sumisa conformidad recordando aliviado que, en China, Corea o Egipto, por ejemplo, dejar restos de comida en el plato es un gesto cultural muy apreciado.

Finalmente, llegó el momento del *comfort food*, en este caso el postre, un refrescante flan de leche casero como deberían ser todos los flanes de leche del mundo, compacto, homogéneo y de sabor equilibrado e intenso en boca que con nostalgia me recordó enseguida aquel que surge de las experimentadas manos de mi madre y que me transportó a mis más dulces remembranzas de infancia. Luego, el tiempo de la sobremesa transcurrió en relativa calma acariciados todos por el inconfundible aroma de un buen café arábico, aunque ya se advertían indicios de que a más de una persona le sería retirada la licencia de conducción si era sometida a un test de alcoholemia.

## SABÍA QUÉ...

 A pesar de que la idea de ingerir un alimento dulce para «silenciar el estómago después de una comida» goza de una inmaculada antigüedad referida en escritos gastronómicos del siglo XV y de que hoy es generalmente aceptado que los postres vienen propuestos al final de la cena, los historiadores afirman que hasta el siglo XVI en los banquetes de la época aquellos venían servidos indistintamente antes o después de los platos salados, costumbre que fue practicada hasta el siglo XVIII, a partir del cual y debido a la presión de dietistas y cocineros, el curso de una cena adquirió la coherencia como la conocemos en la actualidad, finalizando con los platos dulces.

Media hora más tarde asistimos desde la distancia a una anunciada discusión entre dos muchachas que en su momento me fueron presentadas como hermanas. Sin importar las mediadoras palabras de sus acompañantes *Adela* y *Angustias* embistieron de palabra, la una contra la otra, una y otra vez hasta que fueron calmadas. No digo que fuese una escena aburrida pues después de todo a los cubanos nos gusta el teatro, pero creo que pudo y debió haberse evitado. Sentí vergüenza ajena por mis anfitriones y por el resto de los invitados, aunque el asunto se diluyó rápidamente y no se le otorgó más importancia de la que ameritaba. Pocos minutos después la velada llegó a su fin y nos fuimos retirando no sin antes agradecer el empeño de los anfitriones, sus gentilezas y detalles, augurándoles que la vida les permitiera siempre seguir organizando tan agradables momentos y dejando sellada la promesa de un futuro reencuentro en semejantes circunstancias. Los modales importan... siempre.

Camino a casa comencé a reflexionar que al igual que como ocurre cuando compartimos el alimento con otras personas en un restaurante, en una casa lo importante en realidad no es la degustación de una delicia culinaria sino lo que verdaderamente cuenta son las personas con las que nos encontramos a la mesa. La sentencia era definitiva:

*miro cómo comes y te diré quién eres.* Ser bien o mal educados a la mesa, conocer y aplicar las normas de la etiqueta no es cuestión de recursos económicos o de títulos universitarios, no es una cuestión de diversidad cultural o de diferencias entre el primer y el tercer mundo en la escala de desarrollo social, es una cuestión de autocontrol, de educación del gusto y sentido común, de constante invocación a la lógica y al respeto por los otros, de tolerancia consigo mismo y con los demás.

En un mundo de floreciente cultura gastronómica en el que, salvo honrosas y a veces anónimas excepciones, todos parecen saber de cocina y maridajes, creado por y para los Master Chef y en beneficio de la industria culinaria y su inmenso marketing, mucho se especula sobre oportunidades de inversión en el sector gastronómico, son inagotables los espacios públicos para hablar de comida y recetas antiguas y reinventadas, de restaurantes, servicios y precios pero pocos se ocupan de la especial relación entre el alimento y el acto de consumirlo en compañía de nuestros semejantes y del mensaje de civilización y cultura que transmitimos al hacerlo. Aprender a enfrentarnos con éxito a las mesas más exigentes con garbo, sentido del humor y placentera disciplina es el objetivo de este libro al invitarlos a mi mesa ideal.

# 4. BIENVENIDOS A MI MESA, DE LA INVITACIÓN Y OTROS DEMONIOS

*«¡Eh, tú!, ¿prometes venir a cenar y no vienes? Esta es la sentencia: me devolverás los gastos hasta el último as, y no han sido pocos. Se habían preparado por persona un plato de lechuga, tres caracoles, dos huevos, álica con vino melado y con nieve (pues a esta también deberás contarla; más aún, a esta antes que al resto, pues se ha diluido en la bandeja), aceitunas, remolachas, calabazas, cebollas y mil otros manjares no menos suculentos. Habrías podido escuchar a actores o a un lector o a un tañedor de lira o incluso (¡qué generosidad la mía!) a todos ellos. Pero tú has preferido, en casa de no sé quién, ostras, vientres de cerda, erizos de mar y bailarinas de Cádiz. Me las pagarás, pero no digo cómo. Has obrado mal conmigo: has hecho un desprecio, no sé si a ti, a mí desde luego, pero también a ti a pesar de todo. ¡Cuánto habríamos bromeado, reído y discutido seriamente! Tú puedes cenar de manera más espléndida en casa de muchos, pero en ninguna parte con más alegría, franqueza y espontaneidad. En fin, prueba, y, si después de eso no te excusas ante otras invitaciones, excusa siempre las mías. Adiós.»*
Plinio el Joven. *Epístola 1.15 (Epistulae ad familiares)*

¡Hagamos una cena social en casa! ¿A quién invitar? He aquí una gran pregunta cuya respuesta requiere abundante sentido común y desarrolladas competencias de protocolo. Los anfitriones pueden ser beneficiados con muchas relaciones de amistad, pueden conocer a muchas personas del ámbito laboral o en su vida lúdica, invitarlas a todas no solo es imposible, es abiertamente desaconsejable. Se impone una irremediable y limitada elección condicionada por una simple más consistente motivación: la felicidad absoluta del invitado. Todo inicia con una lista, nombres que vienen y van según el placer y el interés mutuo o individual de los anfitriones en un acto de suprema generosidad como lo es exponer su intimidad al permitirnos entrar en su hogar y compartir el vino, pan y espíritu. Insisto pues en que el éxito de una cena radica, principalmente, en las personas que estarán sentadas a su mesa. Por favor, no lo olvide. Como nos dice Jay Rayner, un reconocido crítico gastronómico londinense: «Escojan el comensal justo —lleno de lamentos y victorias, de secretos y de sucesos en igual medida— y una buena cena se transformará en un viaje al corazón de aquello que por definición es humano».

Aunque partimos del presupuesto de que el invitado es sagrado y que con la invitación se rinde honor y se manifiesta respeto a una determinada persona, el anfitrión cuidará de no invitar paralelamente a ex parejas —no sin avisar previamente a ambos—, a personas distanciadas entre sí por intereses políticos opuestos, por costumbres alimenticias irreconciliables, por creencias religiosas incompatibles, por viejas rencillas y latentes rencores, personalidades y sentimientos encontrados en general. Una decisión tomada a la ligera en estas cuestiones puede comprometer seriamente la velada y comportar consecuencias insospechadas que se habrán de lamentar siempre; es mejor tener los invitados justos que tenerlos a todos, aun cuando el anfitrión deba sacrificar algún interés personal. Si por error hemos invitado a dos personas que cumplen uno de los perfiles arriba expuestos, los anfitriones pueden pedir un comportamiento civil a los involucrados o simplemente pueden retirar la invitación de la manera más gentil posible, lo que significa una futura compensación con otra invitación en circunstancias menos incómodas. El invitado de marras aceptará sin reparos la decisión del anfitrión y quedará atento a un próximo encuentro. Recuerde que las personas educadas agradecen siempre los gestos de honestidad y cortesía.

En materia de invitaciones los anfitriones deben conocer las características de sus invitados y sus condiciones particulares pues existen participantes cuya presencia no requiere exigencia alguna. Sin embargo, a otros se les debe conceder una mayor atención. Recuerde además que las personas se comportan a la mesa de una manera u otra influenciadas además por el tipo de compañía que les asiste. Por ejemplo, están aquellos invitados que son siameses con una mascota y extremadamente susceptibles con todo lo que le afecta, por lo que la invitación a la señora Rodríguez implicará también la presencia de su chihuahua Lili, que sufre de ataques de incontinencia. Existen, igualmente, otros invitados que asisten siempre con toda la familia, por lo que ya se conoce de antemano que el matrimonio Picapiedra traerá consigo a sus intranquilos hijos y que es mejor tener a buen resguardo objetos frágiles o personalmente significativos. Hay personas que suelen tener una pésima relación con las bebidas alcohólicas lo que condiciona desfavorablemente su comportamiento social y nos obligan a pensar fríamente sobre lo aconsejable o no de extenderle la invitación, a pesar de la posible relación —incluso consanguínea— que los une al anfitrión. Existen además aquellos invitados que jamás asisten a un evento social acompañados de la misma persona, por lo que cuando sea recibido el Licenciado Casanova con su ocasional pareja se tendrá especial atención a no hacer alusión a nombres ni acontecimientos relacionados con sus anteriores y efímeras compañías[11].

SABÍA QUÉ...

Un estudio del 2015 efectuado por la Cornell University (New York) y publicado en la revista Evolutionary Psychological Science reveló que cuando los hombres cenan en compañía de las mujeres se muestran motivados a comer sustancialmente mucho más que cuando comen en compañía de otros hombres. Mientras otro estudio del 2012 llevado a cabo por psicólogos de la Radboud University de Holanda puso al descubierto que las mujeres que a la mesa tienen compañía femenina tienden a imitar el comportamiento las unas de las otras, y esto influye incluso en la cantidad de alimento que degustan, independientemente de sus estables hábitos.

---

11   Cualquier especialista en organización de eventos y/o buen anfitrión debe conocer que el estatus de consorte o acompañante de los invitados para los actos sociales, culturales y lúdicos, condiciona delicadamente el protocolo que se ha de seguir en su distribución y tratamiento.

Por otro lado, no debemos olvidar que, aunque el anfitrión nos hará sentir como en casa propia no haremos jamás nada que afecte los bienes puestos a nuestra disposición ni lesione sus costumbres domésticas y/o religiosas. Me gusta pensar que cada invitado es *per se* una pequeña extensión del anfitrión por cuanto es debido ser siempre gentil con los demás invitados, quienes merecen la misma consideración que nos ha sido dispensada. Una famosa frase de Francisco de Quevedo nos dice: «Te reciben según te presentas, te despiden según te comportas»; por ese motivo nos armaremos de nuestras mejores historias y saldremos a contarlas como un buen juglar; se hará siempre gala de educación, compostura, buen humor y simpatía, haciendo sentir a gusto a los demás, especialmente a aquellos invitados más tímidos e introvertidos. Es la justa manera de colaborar con el propósito del encuentro y de agradecer el gesto con el que hemos sido favorecidos, esto es, celebrar lo que los franceses llaman *espirt de convivialité*.

El esfuerzo es considerable y en ocasiones agotador, merece entonces ser recompensado con amor, solidaridad, respeto y completa disponibilidad; por lo que si entiende que usted no se encuentra de humor para la ocasión le doy un único consejo: quédese en casa o cambie de planes pues estar a gusto con uno mismo es tan importante como estar a gusto con los demás.

# 5. REGLAS PARA ANFITRIONES E INVITADOS

Se ha llegado a afirmar con vehemencia que aceptar una invitación convival es para un caballero como cerrar un negocio al que se le concede la mayor de las importancias. Al confirmar nuestra disponibilidad estamos unidos a la palabra dada, como a una promesa que, aunque verbal, nos vincula como al documento cuya firma entraña consecuencias legales. El anfitrión es consciente que el acto de invitar comporta un sinnúmero de tareas a ejecutar con la mayor de las diligencias, y para el invitado implica principalmente mostrarse recíproco, lo que se traduce en un comportamiento y disponibilidad adecuados que justifiquen la invitación con la que ha sido honrado.

*«Diez medidas de cerveza y diez de buen vino del año 5 de Su Majestad; muchos pescados del río, frescos; ocas asadas, untadas con manteca ghô; los cuatro cuartos de un ternero joven, y sus lomos; deliciosas tartas de harina de un teben cada una, en número de cinco veces diez; pichones y codornices asadas en espetón. Contrata también a una citarista, y bailarines de Nubia o de Siria, y deposita sobre las cabezas de tus invitados el precioso cono de perfumada manteca que aroma el cuerpo y da vigor. Todo esto, señor, es necesario para agasajar a tus invitados, para que salgan de tu casa y digan "en verdad es un gran hombre, y eso pensarán de verdad sus corazones"»*

Así reza un antiguo cuento egipcio que describe la preparación de un banquete en tiempos de la XVIII Dinastía para mostrarnos como la virtuosa gestión de la felicidad de quien es invitado a nuestra mesa constituye una poderosa motivación y es uno de los usos de la vida en sociedad más antiguos de los que practica el hombre.

A finales de 1825, en su encomiable obra *Fisiología del Gusto*, el jurista y gastrónomo Jean Anthelme Brillant-Savarin (1755-1826) afirmó que «recibir a alguien como nuestro invitado equivale a responsabilizarse con su felicidad durante todo el tiempo que permanezca bajo nuestro techo». Por ello, y siguiendo la filosofía del afamado sibarita francés, si usted piensa que aceptar una invitación le puede comportar una serie de contratiempos, una obligación de reorganización de la vida cotidiana y gastos no previstos, por favor, piense por un instante en todo lo que implica para el anfitrión. Invitar es tarea grande y ardua compensada solo por el placer de tener a nuestra mesa a personas con las que se desea compartir un instante de felicidad. Y la dificultad se inicia desde el momento en que elaboramos la lista de invitados intentando evitar que la nuestra no se convierta en otra de las tantas listas de la discordia; créame, es muy difícil hacerlo bien quedando satisfechos los intereses de los anfitriones sin sacrificar algo a cambio. Escoger el lugar y la fecha, decidir qué tipo de evento es el más adecuado a realizar atendiendo al motivo que lo justifica, redactar y expedir invitaciones —si fuese el caso— valorando incluso las características de los invitados, llamar por teléfono, enviar emails o utilizar las redes sociales, preparar el lugar para el recibimiento, elaborar el menú, la previsión de los detalles de protocolo, la selección de bebidas y alimentos, gestionar adecuadamente el tiempo de cada fase del evento, garantizar el entretenimiento inteligente y emotivo… En fin, cumplir con las expectativas de los invitados exige sensibilidad, experiencia, espíritu de sacrificio, resistencia probada al estrés, disciplina, cultura genérica y considerables competencias de organización y comunicación.

SABÍA QUÉ...

 Sobre el origen de la palabra anfitrión la mitología griega nos narra que existió un reino llamado Tirinto que tenía por reyes a Alcmena y a Anfitrión. La reina era de una tal belleza que inspiró los deseos del propio Zeus, quien aprovechando la ausencia del rey ocupado en la guerra utilizó la magia para engañar a la reina haciéndose pasar por su marido, yaciendo con ella prolongando la noche por cuarenta y ocho horas. Cuando el rey regresó notó algo extraño en su mujer quien pensaba que ya lo había recibido apropiadamente el día anterior. Ciego de la ira y los celos intentó darle muerte impidiéndoselo el propio Zeus diciendo a Anfitrión que había sido él quien había tomado a su esposa transfigurándose como el rey. Anfitrión no solo perdonó a su esposa sino además se mostró honrado que el padre de los dioses del Olimpo hubiese mostrado interés por ella. De las relaciones entre Alcmena y Zeus nació el más grande de los héroes mitológicos: Hércules. El nombre Anfitrión ha quedado pues reservado para aquel que con arte brinda incondicionalmente su casa, bienes y esfuerzos al servicio de los invitados. Curiosamente, algunos estudios etnográficos del siglo XX revelaron que entre los esquimales del Ártico, en zonas de África oriental, en algunos pueblos antiguos de Australia y América del Sur, entre otros, existe una costumbre llamada «hospitalidad sexual», por la cual, si un forastero varón pide alojamiento en una casa, un buen anfitrión debe ofrecerle alguna de las mujeres de su unidad doméstica para hacerle compañía durante la noche.

Para escoger lugar, fecha y horario el anfitrión debe tener en consideración la vida laboral, personal y social de sus invitados, así como los medios de los que disponen para transportarse; por ejemplo, un almuerzo señalado para un sábado en la casa de campo del anfitrión puede no tener el éxito esperado si el transporte fue un elemento menospreciado. Si el anfitrión tiene particular interés en la asistencia de una persona y esta tuviese alguna dificultad para asistir, aquel deberá hacer todo lo que se encuentre en su poder para brindar las soluciones que sean necesarias a fin de garantizar la presencia del invitado de marras.

Luego se debe definir el tipo de evento a organizar: un simple aperitivo con la modalidad *finger food*[12], un almuerzo

---

12    Finger Food: Se le llama así al alimento en forma de mono porción que se come con la ayuda de las manos, para diferenciarlo de aquel que se come con el auxilio de los cubiertos y otros utensilios. Son frecuentes en los servicios de catering y en restaurantes con menú de degustación en el que cada uno representa una receta diferente conformando frecuentemente un menú que

luculiano con todos los rituales de la etiqueta, un *brunch*[13], una fiesta coctel, un buffet en pie, una sencilla cena, etc., todo es permitido, pero cada uno de estos eventos trae consigo sus propias exigencias que condicionan al anfitrión y/o a los invitados en cuanto a horarios, vestuario, montaje de mesas, tipología del menú, formalidades de protocolo y gastos varios, tiempo previsto para la expedición y confirmación del evento, etc.

Uno de los aspectos delicados a tener en consideración es el costo del gastroevento en tanto se reconocen dos posibilidades para satisfacerlo. El anfitrión puede costear la integridad del mismo o tan solo una parte, cosa que tampoco es infrecuente incluso en estrechos círculos sociales. En este último caso se debe delimitar qué parte será asumida por el anfitrión de manera que los invitados conozcan de antemano que la aceptación a la invitación implicará un gasto personal en bebidas, alimentos o ambos[14]. Si es el anfitrión quien satisface íntegramente el costo del gastroevento, por favor, manténgase alejado de la tentación de comer y beber opíparamente, además de desconsiderado constituye una inigualable afrenta a las normas de la hospitalidad.

---

se combina con entrantes, primeros y segundos platos. Desde el punto de vista gastronómico es una oportunidad para probar alimentos peculiares y realizar combinaciones de diferentes tipos de cocina, así como para la creatividad en los diseños de presentación en el plato u otros soportes.

13  Brunch es el acrónimo de la unión de las palabras inglesas breakfast (desayuno) y lunch (almuerzo) que tiene lugar entre la avanzada mañana y la temprana tarde, es decir, generalmente entre las 10/11 y las 14/15 horas. Un típico brunch combina elementos de ambos momentos de degustación y su nombre popularizado tiene origen en un artículo publicado por la revista británica *Hunter's Weekly* del lejano 1895, titulado «Brunch: A Plea». Todo indica que nació entre las clases acomodadas que concedían el domingo a los sirvientes domésticos y el brunch resultaba la alternativa perfecta en forma de autoservicio con una comida especial en horario y composición, aunque los caprichos de personajes públicos también influyeron en su acogimiento. En ocasiones puede ser tan abundante que puede llegar a sustituir una comida, suele ser más caro que el buffet visto que el servicio se realiza a la mesa por los camareros y puede incluir bebidas alcohólicas. El brunch es una modalidad de creciente acogimiento por las instalaciones hoteleras como ofertas de fin de semana.

14  Caso aparte lo constituyen las cenas benéficas en las que todos los gastos corren por cuenta de los invitados pues el dinero recaudado sirve al propósito de costear en parte el servicio del restaurante y otra parte viene destinada a la causa benéfica que la motivó.

Si su presencia viene acompañada de condiciones particulares ajenas a lo debido por el anfitrión es obligación del invitado garantizarlas, por ejemplo, todo lo concerniente a las exigencias de su mascota o de sus hijos menores, llevar consigo sus propios cigarrillos o sus medicinas, si fuese el caso, poseer además crédito en su teléfono móvil de manera que no deba disturbar al anfitrión para realizar llamadas —que serán excepcionales— o consultar Internet. En cuanto al hecho de presentarnos en compañía de nuestros hijos en edad educativa, garantice que los mismos hayan recibido en la intimidad del hogar la formación requerida para participar con acierto de las costumbres y rigores de cualquier otra mesa.

*Puntualidad.* A menos que la cena se realice en Suiza, Alemania, Corea del Sur o en Japón donde la puntualidad tiene fuerza de ley, en otros países se suele ser un tanto más tolerantes. Por ejemplo, uno de los comportamientos de buenas maneras que debemos observar con particular cuidado cuando visitamos Francia y se nos invita a cena en una ocasión de cierta elegancia es a lo que los galos llaman *«1/4 d´heure de politesse»* (1/4 de hora de cortesía), para referir que no es apropiado ser exactos en horario al presentarnos pues resulta cortés dar un margen de al menos un cuarto de hora a los anfitriones por si acaso andan justos de tiempo para estar listos en materia de hospitalidad. En sentido general, sin embargo, un invitado nunca se presentará ni muy temprano ni demasiado tarde, con un máximo retraso de quince minutos. Si sabe que no llegará a tiempo, por favor, siempre avise antes y pida al anfitrión iniciar la cena en su ausencia por consideración a los demás invitados, es un gesto de gentileza siempre muy apreciado. Tenga en consideración que para muchas culturas la puntualidad describe el carácter de un individuo y es la máxima manifestación de respeto hacia el tiempo de vida de otra persona.

Cuando hablamos de horarios tampoco debemos descuidar el momento adecuado para retirarse, al que los anfitriones dispensan el mismo interés que la llegada de sus invitados. Si ha sido agasajado, por ejemplo, con una invitación a una celebración de cumpleaños recuerde que los buenos modales nos aconsejan valorar el momento de retirarse del lugar de marras solo después de servida la tarta, que se realiza después del servicio del postre y que generalmente coincide con la media noche. Y en sentido general, aun cuando le resulte placentera la ocasión y disfrute en particular de las atenciones de los anfitriones, nunca decida permanecer en su casa más allá de los límites impuestos por el sentido común, especialmente si se tiene en consideración que al despedir al último de sus invitados para los anfitriones inicia la ardua tarea de limpiar y reorganizar el hogar. Si la celebración se realiza en un restaurante no olvide la regla de básica educación formal que nos dice que si anfitrión homenajeado anuncia su retiro está invitando cortésmente a sus invitados a realizar paulatinamente el homólogo gesto.

Por último, unas palabras a la más sagrada de las reglas de etiqueta en la gastronomía para anfitriones e invitados: la civilidad. Sea siempre correcto, honesto, humilde, humano, vea al hombre o a la mujer a su lado como a una extensión de sí mismo sin importar las diferencias temporales que puedan existir. Decía a propósito Erasmo de Rotterdam: «Perdona sus faltas a los demás, esta es la virtud principal de la *civilitas*, de la cortesía. Hay gente que se hace perdonar la rudeza de su comportamiento con otras dotes (…) Cuando uno de tus amigos comete una falta… díselo a solas y con delicadeza. Esto es civilidad».


## UN MENÚ PARA NO OLVIDAR

En estos tiempos de motivación hacia la producción biológica y de ruptura del mito del beneficio del incremento del consumo de los productos de origen animal, tiempos en los que la cultura alimenticia ha crecido considerablemente y en el que las personas han aprendido a conocer cómo funciona su organismo y, en correspondencia, a alimentarse correctamente, el anfitrión debe procurárselas para conocer las intolerancias, padecimientos, alergias o régimen alimentario de sus invitados pues ello condiciona seriamente el menú que se habrá de confeccionar. Por ejemplo, no saber que uno de los invitados es vegano y preparar un almuerzo temático a base de carne o preparar alimentos condimentados con picante desconociendo que otro invitado sufre del síndrome del intestino irritable puede acarrear delicadas y embarazosas consecuencias. El menú no se prepara atendiendo al gusto personal de los anfitriones sino para la incondicional satisfacción de los invitados. Por todo ello, especialmente si desconocemos sus gustos particulares, lo más inteligente es la preparación de platos sencillos y de temporada, en sana complicidad con sus salsas y guarniciones, equilibrados dietéticamente combinando un plato suave con otro de mayor consistencia y hacer uso de ingredientes comunes, respetando siempre las siguientes reglas:

— Escoger ingredientes frescos, producidos de manera sostenible y que reflejen la indisoluble relación del hombre con el territorio donde vive.
— El menú debe ser distinto del último con el que fueron agasajados los mismos invitados.
— La bebida debe andar en agradable armonía con la comida.
— Además del vino se deberán prever zumos para las personas que no beben alcohol (en cenas formales no se sirven refrescos ni cervezas y en almuerzos y/o cenas de negocios se debe evitar la previsión de bebidas alcohólicas en el menú o se realizará su degustación de manera moderada).
— El menú de la cena debe ser más ligero que aquel destinado a un almuerzo.
— Cuando se organizan banquetes de cierta relevancia, el menú suele estar compuesto de tres platos y un postre y terminar con café, destilados y licores.
— Los platos no deben poseer entre sí semejanzas en su elaboración, técnica, alimentos, salsas y guarniciones.
— Las salsas destinadas a platos distintos no pueden tener origen en la misma salsa base.
— El menú que inicia con un plato frío debe concluir con uno caliente y viceversa.

— Los platos y sabores más suaves se sirven al principio, seguidos de los de sabor y composición más consistente.

— Lo mejor es echar mano a platos cuya preparación dominamos con probado éxito ya que es temerario improvisar con nuevos platos y técnicas si vamos a tener invitados en casa.

— Cocinar previendo que al menos dos de los invitados pueden realizar el *bis*.

Otra regla vinculante, a la que le asiste la mayor de las importancias es cuando los anfitriones están preparando el menú y se impone tener en consideración la nacionalidad de las personas que pretenden invitar, especialmente si están organizando un almuerzo o cena de negocios o como parte del protocolo diplomático. Por ejemplo, los japoneses poseen una debilidad por los alimentos rojos y blancos, debido a su relación con los colores de su bandera[15]. Otro ejemplo lo constituye el hecho de que en un número considerable de países asiáticos los alimentos no se presentan a la mesa en una sola pieza, al contrario de lo que se acostumbra en Latinoamérica, Estados Unidos o gran parte de Europa, por lo que los alimentos deberán salir de la cocina ya racionados o troceados y posteriormente servidos a la mesa debido a que en estas culturas toda la comida viene presentada previamente en porciones y no resulta extraño que se coma todo indistintamente, sin consideración de la secuencia entre aperitivos, primeros y segundos platos, como se manifiesta en particular en países del Medio Oriente y en Rusia.

Si desea confeccionar un menú apostando por la comida criolla, el caso de tener invitados extranjeros debe ser valorado con suma precaución, recordando que lo que para usted puede ser exquisito, para otra persona de distinta nacionalidad puede resultar, cuando menos, insólito. En tal sentido se debe valorar con sentido común el uso de espe-

---

15 Resulta probado que los colores escogidos para la preparación y decoración de un plato no solo conducen la preferencia hacia determinados alimentos, además provocan significativas respuestas emocionales.

cias e ingredientes y bebidas en general, la conveniencia de los platos únicos o del uso de herramientas de degustación, la elección de determinadas carnes y peculiares procesos de elaboración. Lamentablemente el concepto de «exótico» puede tener varias interpretaciones y no todo el mundo es osado y curioso con la comida étnica, extremo que se debe tener siempre en alta consideración.

Un menú para agasajar a invitados extranjeros debe además ajustarse a sus creencias religiosas. Por ejemplo, la *Sharia* establece una estricta prohibición de consumo de ciertos alimentos. Los seguidores del Corán no pueden comer, entre otras muchas, la carne de cerdo o productos derivados, ni alimento alguno que haya entrado en contacto con la grasa de este animal y en sentido general tampoco pueden alimentarse de ningún animal que no haya sido sacrificado con arreglo a la Ley Islámica; tampoco pueden ingerir bebidas alcohólicas ni platos en cuya elaboración se ha utilizado cualquier bebida con contenido alcohólico. Obviamente, nuestra invitación también debe considerar el inicio y fin del Ramadán, el mes de ayuno del mundo musulmán en el que está prohibido comer y beber desde el alba hasta la puesta del sol. Para los practicantes del judaísmo resulta imperativo que su cocina y alimentos sean *Kosher* («listo para ser usado»). Esto significa que no está permitido ingerir carne y lácteos al mismo tiempo, tampoco el cerdo ni sus derivados, así como no se alimentarán de animales que no tengan pezuñas hendidas y rumien y que no hayan sido debidamente desangrados; pueden consumir cualquier ave criada de manera doméstica y del mar solo lo que simultáneamente tenga aletas y escamas, quedando obviamente excluidos los moluscos y crustáceos. En lo referido a las bebidas clasifican además como *Kosher* todos los licores destilados de frutas o granos, exceptuando los de uva. Otro ejemplo en el que la práctica de la fe implica ciertas limitaciones alimenticias nos lo ofrece el cristianismo en el que si bien no existe una prohibición expresa sobre el consumo de determinados alimentos sí existen días de abstinencia: en el Miércoles de Ceniza y en el Viernes de Vigilia se debe guardar ayuno (consumir líquidos y hacer solo una comida en el día), mientras se profesa la abstinencia de carne todos los viernes del año y en todo el tiempo de Cuaresma, estimulándose a su vez el consumo de pescado como resultado de una antigua y muy extendida interpretación bíblica.

## EL PRIMER PASO PROTOCOLAR: LA INVITACIÓN

Como regla general se retiene que la importancia de una invitación es inversamente proporcional al tiempo que anticipa la fecha del evento social, es decir, la invitación debe llegar cuanto antes a nuestros invitados si la importancia del mismo es de gran consideración; el protocolo aconseja un mínimo de ocho días antes. Si utilizamos un email, un SMS o una llamada telefónica, podremos hacer la invitación con mayor anticipación, pero debemos luego confirmarla. Se recomienda utilizar invitaciones escritas cuando el número de invitados supera las cincuenta personas. Uno de los ejemplos más locuaces de la invitación escrita lo constituye el matrimonio, evento gastronómico de compleja organización al que se suele invitar casi siempre a un número considerable de personas y se tiene particular interés en el diseño y el contenido de la misma. Por otro lado, cuando nos encontramos en lugares públicos y rodeados de personas conocidas y otras no tanto, en momentos de euforia y sano entusiasmo evitaremos realizar invitaciones colectivas, especialmente a un gastroevento. Este espontáneo ataque de generosidad nos puede deparar desagradables sorpresas.

La invitación perfecta es el alegre acuerdo entre el contenido y la forma, por tanto, como mencioné antes, independientemente de la vía que utilicemos, la invitación debe contener una información mínima y que no ofrezca dudas ni malos entendidos, esto es, los nombres correctos de quien invita y es invitado. Debe citarse con igual exactitud la hora, fecha, lugar del evento y la naturaleza del mismo, de manera que los invitados se puedan organizar con su agenda personal, la adquisición de los regalos y la selección del apropiado vestuario. Y aunque es cierto que en muchos países no se utiliza, es muy frecuente que el contenido escrito de la invitación termine con las siglas RSVP, acrónimo derivado de la expresión francesa «*Répondez s'il vous plaît*», que nos indican que el anfitrión nos está invitando a responder a su invitación, lo cual constituye una obligación formal vinculante. Estas siglas pueden utilizarse en cualquier parte del mundo donde estemos, es una herencia de la etiqueta francesa a los buenos modales universales debido a que por tradición el idioma francés ha sido la lengua de la diplomacia.

SABÍA QUE...

 Mientras que en Europa las siglas RSVP que contienen las invitaciones formales implican una obligación para el invitado de informar la confirmación o el declino de la misma, en los Estados Unidos de Norteamérica y ante la obligación de contestar si no se pretende asistir, un debate moderno sostiene la versión de que la obligación de contestar viene impuesta solo si se pretende asistir. Por otro lado, la fórmula RSVP ha evolucionado hacia la fórmula «RSVP solo excusas», es decir, si el invitado no contesta significa que asistirá a la invitación, mientras que contestará solo para declinarla con la excusa que estime pertinente.

Las invitaciones formales poseen relativamente las mismas características, siendo el diseño lo que las distingue entre sí. Un tipo de invitación formal pudiera ser escribiendo el contenido a mano y con letra legible:

---

*Cándido y Mabel*

*Tienen el placer de invitarle al Restaurante DiVino, el 31 de octubre a las 19 horas, para la cena de celebración de nuestra boda de plata.*

*Se agradece chaqueta R.S.V.P. 098 456721*

---

O se puede además encargar profesionalmente la impresión dejando un espacio para el nombre del invitado que será escrito a mano:

---

*Cándido y Mabel*
*ruegan a:*

*Aida Rodríguez y respetable consorte*

*De participar a nuestra cena de aniversario, el 31 de octubre a las 19 horas, en el Restaurante DiVino.*

*Se agradece chaqueta R.S.V.P. 098 456721*

---

Del mismo modo, el anfitrión deberá evitar las invitaciones improvisadas que se realizan para cubrir una imperiosa necesidad y que, de no existir, no lo habrían motivado a invitar a la persona de marras, por ejemplo: «*debes venir porque Elías me dejó embarcado con la cena y nos hace falta otro hombre para estar parejos*». El invitado entenderá que es el hombre parche, el jugador suplente; actitudes de resentimiento pueden manifestarse con extrema facilidad en estos casos, o simplemente asistirá con gusto a esta invitación de último minuto, todo radica en cómo desea interpretarla. Tampoco debemos insistir si el invitado ha rechazado debidamente la invitación, nunca debemos presionarlo con frases o actitudes que lo coloquen en una incómoda situación, es cuestión esencial no perder el sentido común. Tocará al anfitrión valorar la relación que le une a esta persona si el rechazo a las invitaciones futuras significa el paso de una excepción a una sólida regla.

## CONTESTAR
## GESTO SIEMPRE AGRADECIDO

Una vez que las invitaciones han sido extendidas el destinatario tiene la formal obligación de contestar de manera inmediata, sin dilaciones ni vaguedad y sin importar el medio utilizado por los anfitriones para hacer efectiva la invitación. Ya sea que hayamos decidido aceptar la invitación o debamos declinar la misma, si es requerida por quien nos invita, nuestra respuesta debe ser comunicada con la mayor brevedad posible, el silencio o las respuestas evasivas son severamente prohibidos por los buenos modales, entendidos como una ofensa o, cuando menos, una muestra de gran descortesía y desconsideración. En consecuencia, evitemos decir a quien nos invita: «*tengo ya un empeño en casa del doctor Calviño, pero por ti amigo mío vale la pena no asistir, así que ya veré cómo hago*». Esta inescrupulosa actitud describe a una persona carente de carácter que no respeta las reglas de cortesía y tal manera será recordada en futuras ocasiones. Es más digno atenerse al empeño previo y a la palabra dada que cambiar ligeramente de criterio, esto demostrara que es usted una persona que siempre honra los compromisos.

A menos que quien nos invite sea un íntimo amigo, tampoco debemos responder: «*déjame organizarme pues tengo ya un empeño previo y no sé si pueda quitármelo de encima, te llamo el fin de semana y te digo*». Especialmente cuando la llamada nunca fue realizada, ya por olvido o cualquier otra causa. Si cometemos estos errores tampoco será extraño que no seamos invitados en otra futura ocasión pues el recuerdo de un desaire suele tener larga vida. Luego, no debemos pensar que ante una invitación, si se nos ruega una respuesta dentro de un determinado tiempo esto responde a un baladí capricho del anfitrión, por el contrario esta simple formalidad encuentra justificación en que toda la organización del evento persigue la plena satisfacción de cada invitado[16]. En otras palabras, cada persona que confirma su participación supone para el anfitrión un conjunto de atenciones gastronómicas que le son inherentes: un puesto adicional a

---

16  La confirmación de nuestra presencia ante una invitación adquiere particular relevancia cuando el evento social se realizará en un restaurante perteneciente a una estructura hotelera en la que la orden de servicio expedida a los departamentos involucrados viene sólidamente condicionada por el número de invitados aportado por el cliente anfitrión.

la mesa, posibles modificaciones del menú e incremento de alimentos y bebidas.

Si aceptamos la invitación debemos respetar las condiciones que le acompañan, esto es, renunciar a compromisos menores, adquirir los regalos de agradecimiento, así como nuestro vestuario y puntualidad deben ser acordes con la misma. Ya sea una boda, una fiesta de cumpleaños, un bautizo o una comunión, si se opta por el declino —que en la actualidad es mayormente por razones económicas— la etiqueta aconseja proporcionar una educada justificación aun sin exigencia de detalles; sea creativo en sus excusas si lo entiende necesario, pero nunca deje a la otra persona sin una razón que explique el hecho de que usted no puede participar de su hospitalidad. Si después de rechazar la invitación ocurre que se da cuenta de que puede asistir a la misma, se pondrá en contacto con el anfitrión en el menor tiempo posible para asegurarse que la invitación sigue en pie, solo entonces podrá asistir. Nunca rechace una invitación para luego presentarse sin previo aviso, puede crear una situación de temida inestabilidad ya que con certeza el evento social se ha organizado económica y protocolarmente en virtud de los invitados que confirmaron puntualmente su presencia.

Siguiendo el mismo pensamiento, cuando recibimos la invitación vía telefónica, SMS o email, por favor, evitemos preguntar: *¿quién viene?* No solo es descortés, sino además puede ser interpretado por el anfitrión en el sentido que nuestra aceptación a su invitación está condicionada por las personas que estarán presentes y no por el tipo de relación que nos une al mismo.

## TE DOY LAS GRACIAS, PERO DEBO DECIR NO ¿CÓMO DECLINAR UNA INVITACIÓN?

El ser humano tiene una debilidad por los momentos de esparcimiento, ir de fiesta nos causa tanto placer como ir de compras. Sin embargo, los especialistas en protocolo están de acuerdo en que en la actualidad ser invitado a un determinado evento social puede originar tanta satisfacción como altos niveles de estrés, especialmente cuando en un mismo periodo se unen varios compromisos a los que no hemos sabido decir «no puedo». Por ejemplo, asistir a bodas, bautizos, cumpleaños y comuniones genera gastos que no suelen ser precarios y que no son previstos ni aun en la economía doméstica más organizada, especialmente si por particulares razones debemos trasladarnos a otra ciudad o incluso a otro país, si debemos asistir acompañados, adquirir regalos o comprar conjuntos diferentes para cada ocasión. Otras razones obedecen no ya al factor económico sino al propio interés en tanto hay invitaciones que hemos aceptado por puro compromiso, pero con absoluto desinterés por la misma, ya por las personas que asistirán, ya por la naturaleza del evento convival, ya porque tiene usted otras prioridades e inclinaciones para el uso de su tiempo de ocio.

Es cierto que existen invitaciones realizadas por una persona a la que estamos ligados por lazos de consanguinidad —que imponen obligaciones familiares y sociales imposibles de evitar— o por un compromiso de poderoso agradecimiento y que, aunque no nos apetezca confirmar la invitación, debemos hacerlo porque es la cosa correcta de hacer, porque la persona merece nuestro esfuerzo sin otras condiciones y en estos casos, excepcionalmente, debemos anteponer sus prioridades a las nuestras, ahí radica el verdadero mérito. Pero, amigo lector, si ese no es el caso entonces no se aflija ni se deje seducir por el estrés, diga simplemente «*no puedo*».

Las reglas de protocolo para declinar una invitación sin descuidar los buenos modales en realidad son muy simples y basta con esforzarnos en aplicarlas, llegado el caso. Debes tener claro que tus prioridades pueden o no coincidir con la persona que te invita pues la invitación puede ser importante para la otra persona pero no tanto para ti y ello es algo sobre lo que se debe ganar sana convicción entre anfitriones e invitados. No podemos andar por la vida comprometiéndonos siempre a hacer o a dar algo por y para los demás si ello no nos hace sentir a gusto con nosotros mismos. Por el contrario, debemos aceptar las consecuencias de la defensa madura de nuestra individualidad aunque ello signifique comprometer una relación social. Declinar entonces una invitación puede ser un momento de manifiesta incomodidad con el que debemos y podemos convivir, especialmente porque la aceptación del mismo se transforma eventualmente en paz interior y esta posición goza de toda dignidad si la comparamos con el acto de aceptar la invitación sabiendo de antemano que no vamos a poder honrar la palabra dada.

Por todo ello, si desea declinar una invitación hágalo de forma legible, honesta y de la manera más simple posible. Diga, por ejemplo, que para la fecha fijada ya tiene otros compromisos previamente concertados, lo que el anfitrión no osará cuestionar como muestra de básica educación. Sin embargo, tampoco deberá asumir el rol del eterno adolorido por su ausencia al evento social; en otras palabras, no dramatice la situación. Por el contrario, muestre su más sincero agradecimiento y augure a quienes lo invitaron las más largas y constantes alegrías, en ese día y en todos los que le seguirán.

Para el declino podrá utilizar la misma vía por el que fue invitado o simplemente hará una nota formal que hará llegar al anfitrión en el menor tiempo posible.

## LA SOPORTABLE PESADEZ DEL AUTOINVITADO

Hace unos años celebré mi cumpleaños con un encuentro entre amigos. En casa estuvimos semanas organizando los detalles que harían honor a mis invitados e intenté seguir las reglas que los buenos modales y el protocolo doméstico nos enseñan. Cerca de la media noche llegó a casa un conocido, la puerta estaba abierta así que no encontró dificultad para llegar hasta la sala donde estábamos reunidos, me saludó con un extraño apretón de manos y en la confusión fue directo hacia el bufet. Por más que lo intentamos mi esposa y yo no alcanzamos a recordar el haberlo invitado, solo recuerdo que después de saciarse se retiró de manera escurridiza, sin despedirse de nadie, sin pronunciar palabra alguna. Sentí pena por él pues pensé que esta persona tenía la necesidad de estar allí aun cuando no fue convidado.

Lo sucedido con mí *no* invitado me hizo recordar una comedia estadounidense («*Wedding Crashers*», 2005) interpretada por Owen Wilson y Vince Vaughn en la que los protagonistas se infiltraban en las bodas para disfrutar gratis del festín y buscar sexo ocasional haciéndose pasar por parientes lejanos de los esposos. Hablo naturalmente de los autoinvitados, personajes de la vida lúdica que todos hemos conocido al menos en una ocasión.

Hay ocasiones en las que una persona determinada ha llegado a saber que estamos organizando una fiesta para la que han sido expedidas unas invitaciones que no la incluyen; sin embargo, a la primera oportunidad posible nos pide ser invitada. Es un momento de visible incomodidad pues la educación nos impone a responder favorablemente aun cuando la fiesta responda a un específico criterio de organización muy relacionado con los invitados que habrán de asistir. Si usted no ha sido invitado no sobrepase el límite de presionar al anfitrión y mucho menos haga uso temerario de su presencia. No ser invitado en sociedad es algo que se debe aceptar serenamente sin otros pensamientos.

Una libre auto invitación solo es admisible entre verdaderos amigos, entre aquellos a los que no sirve avisar que venimos, aquellos que se molestan si los dejas *embarcados,* aquellos que están aun cuando no están presentes físicamente. Si no es el caso, no se auto invite pues aunque la etiqueta impone que el anfitrión haga gala de generosidad y suprema educación al no dar importancia a los «colados» ocasionales, hay anfitriones con excelente memoria genealógica que con gusto le harían pasar un muy desagradable momento. Y no me refiero a las fiestas de jóvenes en las que existe completa indiferencia entre los invitados y los no invitados; mientras más personas pues mejor. Me refiero a los eventos sociales a los que se asiste mediante estricta invitación y en los que los auto invitados profesionales siempre encuentran un modo de pasar todos los posibles controles.

Debo alegar en su defensa que la mayoría de los auto invitados tienen un coraje, una desvergüenza y una imaginación poco usuales, son capaces de saludarte con complicidad y pasión fraternal aunque nunca los hayas visto, contarte fantásticas historias al estilo Tolkien, conducirse con desenvoltura y simpatía dentro de una fiesta o en una cena como solo hacen los viejos amigos... En fin, pueden robarse el show y generalmente son inofensivos. Pero, como nunca se sabe a ciencia cierta el motivo de su presencia es mejor tenerlos bajo control y si propiamente no deseamos su intrusión pues de la manera más educada y discreta posible el anfitrión les pedirá que se retiren.

Las invitaciones suelen ser personalizadas, especialmente a los gastroeventos de gran connotación social y familiar como las bodas y no es extraño que vengan acompañadas de ciertas formalidades; por ejemplo, los futuros esposos, de ser posible, llevan personalmente las invitaciones a sus destinatarios. Existen invitaciones en las que se sobreentiende que invitar a casa a una amiga comporta la presencia de su pareja, y existen invitaciones a las que la presencia de la pareja es claramente no requerida ni sobre entendida. En tales casos nuestra pareja evitará de hacer una inmadura escena de incomprensión y prejuicios. Por ejemplo, no veo cómo encaja la presencia de un hombre en un encuentro para el té entre viejas amigas o en una cena de despedida de soltera y viceversa. Si vuestro consorte o acompañante ha sido invitada/o a un evento social y su presencia no ha sido prevista por el anfitrión, sepa que está ante un hecho muy corriente en el mundo civilizado.

Además, se debe tener en consideración que los anfitriones deben lidiar regularmente con dos limitaciones que condicionan el número de invitaciones que habrán de realizarse. La primera es el espacio con el que se cuenta en tanto sirve a la cómoda atención gastronómica de un número determinado de personas. Y la otra, en el caso de la organización de una cena en casa, viene dada por el hecho de que es muy posible que tanto las vajillas como los cubiertos con los que cuenta les impongan la preparación de la mesa para un número también determinado de comensales, como es lógico que sea. En vez de pensar que ha sido injustamente marginado, por decirlo de alguna manera, encuentre la forma de disfrutar sanamente de su temporal soledad.

De otra parte, antes de tomar la iniciativa de invitar a otra persona se debe revisar primeramente el contenido de la invitación pues si viene escrita la palabra «*acompañado*» o «*con otros invitados*» significa que tiene luz verde para hacerse acompañar de otra persona. Cuando hemos recibido una invitación en la que no se ha hecho alusión a este particular los buenos modales no prohíben hacernos acompañar de otra persona siempre y cuando advirtamos primero a nuestro anfitrión y este nos conceda la requerida anuencia[17]. La fórmula es muy básica: *Carlos, en cuanto al almuerzo del fin de semana en tu casa, ¿acaso puedo ir con un amigo?* Otra manera puede ser manifestada por el propio anfitrión, quien adelantándose a un posible deseo de su invitada podrá decirle a su vez: «*Yami, hablando de la parrillada de este fin de semana, si deseas venir acompañada pues no hay problema alguno*». En otras palabras, los invitados de los invitados gozarán de iguales privilegios y les será dispensada la misma sacra atención, pero su presencia debe ser conocida o sugerida previamente por el anfitrión. Vale la pena recordar, sin embargo, que cualquier desagradable incidente que los involucre implicará un tipo de responsabilidad colateral para la persona que los invitó, razón adicional para no tomar a la ligera la concedida licencia.

«*Donde comen dos, comen tres*». Es costumbre curiosa que en países como México, Argentina o Cuba las personas lleguen a una casa ajena sin visita anunciada, incluso en horarios de almuerzo o cena, mientras que en gran parte del resto del mundo esto es, cuando menos, impensable. Es también debido a este hábito que el tema de la invitación suele ser más flexible y que las anfitrionas siempre tengan todo listo para agregar a la mesa un cubierto de última hora; por supuesto, la llegada inesperada de alguien a casa

---

17  Un invitado nunca podrá hacerse acompañar a un banquete o cena por su consorte o por otra persona con diferente estatus si en la invitación este particular no ha sido claramente referido, o si la otra persona en cuestión no ha recibido a su nombre una invitación individual. Las notas de protocolo en este caso podrían ser de la siguiente manera:
—«Invitación válida solo para una persona»
—«Cena sin acompañante»

implica la necesaria redistribución del alimento y puestos entre los comensales, lo que representa, en muchas ocasiones, un acto de magia para estas entrenadas anfitrionas latinoamericanas.

SABÍA QUE...

 En la antigua Roma ya era reconocido que los invitados tenían una especie de licencia para hacerse acompañar de otras personas. A los auto invitados y las personas cuya presencia no era del todo agradecida se les identificaba con la palabra *umbra*, para describir la figura que siempre sigue a un cuerpo, y con la palabra *musca*, porque las moscas penetraban en todas partes; evidentemente el uso de ambas palabras invocaba un significado peyorativo.

## MEJOR UN REGALO DISCRETO QUE UN REGALO EQUIVOCADO

Cuando se habla de regalos de conflicto siempre pienso en el triste destino de los troyanos y al fatídico caballo de madera entrando por las puertas de la amurallada ciudad a pesar de las advertencias premonitorias de Laocoonte y de las menospreciadas palabras de Casandra. Aunque casi todos amamos los regalos no deja de ser un tema peliagudo que mal manejado puede crear situaciones de cierto embarazo, no solo por razones económicas sino por las implicaciones éticas que comportan los regalos inapropiados y por el conflicto latente entre lo que deseamos o podemos regalar y el gusto o las necesidades del anfitrión u homenajeado. En otras palabras, el regalo correcto es el resultado de la armoniosa conjugación de los sentimientos que se profesan por la otra persona con sus gustos, cultura y necesidades y los recursos económicos afines para su realización.

## LLEVA SIEMPRE UN OBSEQUIO

Si me preguntaran si existe un código por el que debamos regir nuestra existencia seguro que contestaría: «*Honra a tus padres y a tus dioses, ama a tu mujer, defiende a tu Patria y lleva siempre un obsequio*». Este último mandamiento se encuentra íntimamente relacionado con los buenos modales, con la gratitud y la actitud de dar placer a todas las personas con las que intercambiamos en el largo camino de la vida. Dediquemos entonces dos líneas a una regla de oro en la convivialidad que es frecuentemente olvidada o insuficientemente valorada cuando hemos sido honrados con una invitación: llevar siempre un obsequio.

Saber regalar es cosa seria y en muchas ocasiones solemos ser muy flexibles con esta regla de cortesía a la que, por un motivo u otro, no le hemos dado merecida importancia porque como reza un dicho popular: «*al final la intención es lo que cuenta*». Recomiendo, sin embargo, que si está en nuestras manos prestemos especial atención a tan liviana actitud en contextos formales de convivialidad pues, aunque otra regla de cortesía impone al anfitrión no exigir ni sugerir una compensación material a sus invitados —a menos que exista gran confianza entre estos— el gesto de presentarnos sin un regalo para la ocasión puede ser interpretado, cuando menos, como una muestra de pésima educación. Como dato curioso le invito a pensar que en la antigüedad presentarse a una invitación con las manos vacías podía ser interpretado no solo como una irrespetuosa diplomacia, sino también como declaración de abierta enemistad; incluso era muy practicada la costumbre de adquirir objetos de valor que sirvieran de regalo una vez llegado el momento oportuno, así con el regalo apropiado se realizaba una ofrenda de paz, se sellaba una alianza o se rendía honor por una victoria alcanzada o una dignidad adquirida.

## SABÍA QUE...

 En la antigua Grecia era venerada costumbre que al final de la estadía de un huésped (cuya duración solo venía condicionada por el sentido común y no por las reglas sociales), el anfitrión procediera a la entrega de un dono, es decir, un regalo que podía constituir desde objetos de valor hasta alimentos y bebidas. Este gesto de ofrecer un regalo de despedida venía interpretado como extensión del concepto de Xenia, la sagrada hospitalidad griega.

No obstante lo antes afirmado, el anfitrión dará la muestra de la más grande gentileza si acoge atentamente a invitados que no se pueden permitir no solo un regalo sino también la oportunidad de corresponder con otra invitación. Poseer una superior posición económica comporta además la inigualable oportunidad de ser generoso con los menos provistos, cualquier otra actitud será tachada de indigna. Dicho esto, si bien es cierto que como norma se recibe un presente de manos de nuestros invitados, espero que nunca desaparezcan frases sinceras como esta: «*Mayito, ven por favor, que tu presencia es el mayor regalo*».

El regalo es cosa de pensar con meditado reposo, es una manifestación de amistad, paz, amor y respeto. No debemos regalar lo primero que se nos ocurre o lo que sea más fácil, a veces solo tomamos algo de nuestro armario que nunca hemos usado, a veces compramos en el camino lo primero que tuvimos a la mano y otras veces regalamos lo que nos pareció simplemente barato. Por el contrario, debemos detenernos a pensar en cómo el regalo debe cumplir el propósito de satisfacer a su destinatario pues no es nuestro gusto personal lo que debe tenerse en cuenta. El invitado debe apañárselas para conocer las preferencias de los anfitriones o al menos de la anfitriona, visto que es ella la que lleva a cuestas el mayor peso de la organización de la cena y será la dama de mayor importancia en la misma, salvo excepciones de protocolo. Si deseamos brindar un regalo con un toque particular, por ejemplo, un libro, una pieza de colección, un abanico, un perfume o un soporte musical, tengamos la certeza primero que coinciden con los gustos o la pasión de la dueña de casa.

El regalo además viene condicionado por el tipo de invitación que hemos recibido. Existen los regalos que se hacen efectivos antes de la celebración del evento, como sucede con las bodas y aniversarios, mientras que existen regalos que se entregan una vez terminado el mismo como señal de agradecimiento o de disculpas por un comportamiento inadecuado.[18] Recuerde que a los almuerzos y cenas formales se recomienda no llevar regalo alguno, así que quedan descartados los chocolates, las flores, el vino, etc., en tanto constituyen detalles de etiqueta y protocolo ya previstos por el anfitrión.

## REGALOS SI, REGALOS NO

Ser invitados, por ejemplo, a una cena de cumpleaños crea espontáneamente la obligación de seleccionar un regalo que honra la relación que nos une al anfitrión, o cuando menos a la ocasión. Sin embargo, este gesto viene también uniformado de ciertas reglas que vinculan a las partes involucradas y de las cuales se espera un consuetudinario respeto. Veamos a continuación las más importantes.

Aun cuando nos lo podamos permitir, en ausencia de grande confianza y amistad, no debemos realizar regalos costosos que pudieran colocar en una posición incómoda al anfitrión y al resto de los invitados. Si este ha sido el caso pues una solución discreta de buenos modales aconseja no abrir los regalos delante de los invitados para evitar que sea de público conocimiento cuál fue el regalo que realizó cada uno. Por otro lado, un regalo costoso pudiera condicionar la obligación de ser recíproco con el invitado aun cuando esto se encuentra fuera de sus posibilidades económicas.

Es desaconsejado regalar al azar objetos para la casa. Estos pueden ser interpretados, por ejemplo, en el sentido de que no nos gusta la decoración de la casa de nuestros anfitriones, o que no es de nuestro agrado alguno de los elementos que conforman la mesa, o que pensamos que

---

18 Resulta de gran consideración enviar al día siguiente un mensaje o una nota escrita de agradecimiento por la invitación a una fiesta, cena o evento en particular. Si es la primera vez que resultamos invitados y las circunstancias lo permiten, el toque de clase viene descrito con el envío de un ramo de flores.

adolecen de algo material y no se pueden permitir costearlo. Dicho de otra manera, aun sin desearlo, se podría lastimar el orgullo y la dignidad del anfitrión o se podría interpretar como un cuestionamiento de su gusto personal o de sus conocimientos sobre etiqueta y protocolo. En ambos casos se deja expuesta su sensibilidad. Para completar el cuadro bastaría comentar el hecho de que corremos el riesgo de regalar un objeto que no agrada y deba ser de todas maneras aceptado. Si conocemos a nuestro anfitrión, y tenemos algún nivel de confianza con este, entonces nos podemos permitir regalarle lo que nos plazca, si de antemano poseemos la certeza que le va a gustar o que vamos a satisfacer una necesidad en particular. Por otro lado, si el regalo no coincide con sus gustos o expectativas recuerde que es más importante el hecho de que alguien haya utilizado su tiempo, esfuerzo y dinero para hacer algo que le pareció agradable para usted, que el regalo de marras, por ello siempre a cambio exprese un sincero agradecimiento cuidando el lenguaje corporal y evitando cualquier palabra que denote falso entusiasmo o hipocresía. Tampoco caerá en la tentación de preguntar la procedencia del regalo para que pueda ir después y cambiarlo por otra cosa de su preferencia; es simplemente inapropiado.

Cada regalo debe ser merecedor de las mismas sentidas palabras de agradecimiento, lo mismo un libro o un llavero que una reservación para un fin de semana de Spa o un sobre que contiene una generosa suma de dinero. Nunca diga nada que manifieste su abierta preferencia por un regalo en comparación con los demás, especialmente si los portadores de los mismos están presentes. Si desea expresar un agradecimiento particular por un regalo que le ha complacido, con preferencia sobre el resto, utilice siempre las notas privadas de agradecimiento que redactará y enviará luego a su destinatario, de esta manera su discreción quedará a buen recaudo.

A pesar de que el regalo es algo estrictamente personal, en los cumpleaños son permitidos los regalos colectivos, modalidad que en los últimos años ha adquirido notoria popularidad en tanto permite el ofrecimiento de un regalo que no suele ser económico gracias al concurso de varios implicados. No obstante, el regalo colectivo debe seguir las mismas reglas que los regalos realizados a título personal.

En el caso de eventos de naturaleza gastronómica no se deben regalar dulces que deben ser ingeridos de manera inmediata a menos que el anfitrión los haya pedido específicamente. Esto puede romper con la prevista organización de los postres, a la que se suele dar la misma importancia que a los platos principales. La sugerencia también en estos casos es escuchar el parecer de la anfitriona antes de tomar una decisión por propia iniciativa.

Regalar flores será siempre un encumbrado acto de amabilidad y cortesía[19], no obstante, debemos recordar que cuando hemos sido invitados a una cena no formal, las flores se deben hacer llegar a la casa del anfitrión por vía del florero, única ocasión en la que las flores se hacen acompañar de una nota. Se debe garantizar que las flores lleguen a su destino antes de la celebración del evento social pues así la anfitriona las podrá utilizar para adornar la casa. Igual precaución tendremos cuando enviemos flores en ocasión de un matrimonio, gesto que haremos el día antes de la celebración, se procurará que la confección esté preparada para que mantenga la humedad, así les evitaremos a los futuros esposos el inconveniente de verse obligados a dar a la carrera un lugar adecuado para todos los regalos florales. Si las flores se hacen entregar al día siguiente de la invitación ya hemos referido que significan agradecimiento o es un gesto de disculpas. Debemos recordar además que las flores poseen su propio lenguaje[20] y conocerlo nos ayuda a

---

19  Los orígenes del gesto de regalar flores vienen abundantemente recreados en la literatura de la Edad Media, aun cuando griegos, romanos, egipcios y chinos ya habían advertido la importancia social de este elemento ornamental de la natura. Siendo una tradición turca del VII siglo del pasado milenio, fue sin embargo la influencia inglesa en el mundo occidental bajo el período victoriano la que favoreció internacionalmente la costumbre de expresar con flores las disímiles emociones humanas, pudiendo afirmarse entonces que los victorianos nos legaron el lenguaje de las flores.

20  Los estudiosos aseguran que las camelias significan devoción eterna, las rosas blancas mencionan la pureza, amor inocente, las rosas amarillas con bordes rojos proclaman amor eterno, que las rosas anaranjadas nos hablan de deseo y de perdón mientras que las rosas amarillas nos hablan de celos e infidelidad;

escoger la variedad más apropiada, a identificar el momento justo para regalarlas, a quién y cómo hacerlo. ¡Atención con el tamaño del ramo que hemos enviado! Si es demasiado grande la anfitriona puede verse en la dificultad de no poseer el contenedor adecuado para semejante dimensión o no contar con el espacio requerido para su exhibición.

Si usted se dedica a la política y se encuentra presente en una cena no oficial preste especial atención a los regalos que recibe pues la historia está llena de políticos que tuvieron que practicar el sano deporte de dimitir al no poder justificar ante la opinión pública el por qué, en un determinado momento de su carrera, les fue regalado un objeto de costoso valor o fueron beneficiados con lujosas concesiones[21]. No menor atención debemos dispensar a los regalos que hacemos dentro y fuera del ámbito laboral, especialmente entre personas que tienen entre sí una relación de colaboración/subordinación. Si nuestro jefe nos invita a una cena, una fiesta de cumpleaños, etc., recordad que los regalos personales (perfumes, joyas, lencería, dinero, etc.) deben limitarse a la pareja, la familia y a los íntimos amigos.

## ¡BACO NO ME ABANDONES!
## REGALAR BEBIDAS ALCOHÓLICAS

Dentro de los hispánicos, Cuba exhibe uno de los mejores rones ligeros del mundo y los latinoamericanos difícil-

---

las orquídeas también nos pueden asistir con la misma belleza y elegancia que las rosas, es todo cuestión de preferencias personales. Se afirma además en la literatura que las magnolias refieren nobleza y belleza en alto grado, que los claveles pueden significar celos, posesión o rechazo, que la caléndula significa una pena pasajera mientras la flor de la adelfa nos advierte que tengamos cuidado, que debemos permanecer alertas; en fin, la lista es larga y posee una historia que merece ser contada en otra oportunidad.

21 Un locuaz ejemplo lo constituye el caso de Barry O´Farrell, ex Primer Ministro de Nueva Gales del Sur, Australia, quien en abril del 2014 renunció a su cargo ante las presiones políticas por no haber declarado una botella de vino Penfolds Grange Hermitage 1959 (aproximadamente de un valor de 2800 dólares) que le fue regalada por un reconocido empresario. Por mandato legal O´Farrel debió declarar el vino ante un registro público como manifestación de transparencia política.

mente disfrutan de un momento lúdico sin la presencia de esta bebida y de otros aguardientes. En consecuencia, nos gusta regalar bebidas espirituosas[22] en general, que suelen ser muy apreciadas y «nunca son suficientes». Sin embargo, anfitriones e invitados deberán tener en cuenta que el ron, por ejemplo, no es un aperitivo y, ciertamente, su elevado grado alcohólico volumétrico hace complejo su maridaje salvo excepciones muy ensayadas como con el queso venoso y el chocolate amargo, ambos recomendados en su degustación después de consumidos los platos principales. Si usted tiene invitados a cena en su casa, por favor, evite recibirlos convidándolos a compartir un trago de un destilado; más apropiado sería una bebida más ligera y refrescante como un licor o un coctel que clasifiquen como aperitivos o simplemente un vino espumante. De esta manera estamos además previniendo que la fiesta acabe antes de empezar, como suele decirse en buen castellano.

Desaconsejo que una cena se inicie con el consumo de bebidas de alto grado alcohólico volumétrico por respeto a dos rancias reglas que indican que su ingestión debe realizarse de manera ascendente en graduación y no al contrario y que debe, en todo caso, realizarse después de la ingestión de alimentos. Los motivos vienen constituidos por el hecho de que al ingerir bebidas alcohólicas destiladas estamos privando al paladar de la capacidad de reconocer y apreciar los sabores de los alimentos y, por otro lado, el paso de una bebida de mayor a menor grado alcohólico volumétrico impedirá la degustación de la segunda ya que prevalecerá en las células epiteliales de la mucosa bocal la

---

22  Según lo dispuesto en el Reglamento (CE) No. 110/2008 del Parlamento Europeo y del Consejo de 15 enero de 2008, una bebida espirituosa es una bebida alcohólica destinada al consumo humano, poseedora de unas cualidades organolépticas particulares, con un grado alcohólico mínimo de 15% vol., y que es producida bien directamente mediante la destilación, la maceración o procedimiento similares y la adición de aromas, azúcares u otros productos edulcorantes; o la que es producida por una mezcla de una bebida espirituosa con otra de la misma definición, y/o con alcohol etílico o destilados de origen agrícola, y/u otras bebidas alcohólicas. Son entonces definidas como espirituosas, entre otras muchas: el ron, el whisky o whiskey, los aguardientes de cereales, vino, orujo, fruta u hollejo de fruta, pasas, miel y sidra, el vodka, el gin, el licor de huevo, el maraschino, etc.

presencia prolongada de la primera. A lo anterior viene a sumarse los efectos fisiológicos del alcohol que no debemos nunca menospreciar.

SABÍA QUE...

 El venoso o azul es una cualidad de queso de corteza enmohecida, de aroma, gusto y color particulares producidos por el tipo de hongo desarrollado en su elaboración (Penicillium), muy ricos en sodio, vitaminas y zinc. Algunos tienen una difusión internacional y otros son notables a nivel local. Entre los quesos venosos más conocidos resaltan el Roquefort francés, el Cabrales de España, el Danablù de Dinamarca, el Kraftkar noruego, el Stilton inglés, el Bergader alemán y el Gorgonzola italiano. La razón del olor penetrante e inconfundible del queso azul es debido a la presencia de la bacteria brevibacterium linens. Este tipo especial de bacteria actúa en la formación de olores del cuerpo humano como aquel que se localiza en los pies.

Aun sin ánimos de realizar un elenco exhaustivo, considero que constituyen inolvidables regalos un particular juego de copas, una botella de crema de whisky (p.ej. Saint Brendan´s o Baileys, muy apreciadas entre las damas) o licores que gozan de un meritado prestigio (p.ej. Armagnac, Amaretto, Crème de Cassis[23], Orujo o Tía María), un «bíter», como el Amaro Formidabile, aguardientes de cereales o de plantas cuya variedad se extiende desde el norte de América hasta el Japón, vinos raros como el Riesling Beerenenauslese y los Icewine (vinos de hielo) alemanes o canadienses, un antiguo y prestigioso toscano, por ejemplo un Lambrusco Riunite o un Chianti Superiore (Italia), un memorable Oporto Vintage (Portugal), un Sauternes (Francia) o un

---

23  Siendo una especialidad de Borgoña, este licor a base de Ribes Nigrum alcanza la fama internacional con una sentencia de la Corte de Justicia de la Comunidad Europea de 1979 que refrendó un importante principio del Derecho Comercial Europeo conocido como «Principio Cassis de Dijon» por el cual un Estado de la Unión Europea no puede prohibir la comercialización de un producto proveniente de otro Estado miembro salvo por razones de interés público debidamente probadas.

Tokaji Aszú Eszencia (Hungría), un histórico Châteauneuf-du-Pape (también conocido como el vino de los Papas), un famoso caldo de La Rioja española como lo es, por ejemplo, el Marqués de Cáceres, un vino representativo de los ya antológicos Napa Valley (California), Constantia Valley (Sudáfrica) y Barossa Valley (Australia), chocolate amargo suizo, belga o danés en forma sólida (ideal para maridar con ron o un buen Scotch); o se podría pensar además en un set de cuchillos de cocina del sello Zwilling, en uno para quesos[24] o en un cuchillo jamonero profesional[25] de lama española, alemana o japonesa.

Si regalar un vino es la decisión que os ha resultado más acertada se impone entonces realizar una discreta aclaración. En Cuba existe aún la inocente creencia popular de que es vino cualquier bebida producto de la fermentación de frutas, verduras, arroz, etc. Así dicho pues no resulta infrecuente encontrar negocios que comercializan «vino» de coco, berro, carambola, remolacha, jengibre, mandarina, marañón, piña y cualquier otra cosa que la imaginación pueda concebir. En otros casos más saludables he visto exhibir carteles con el precioso pleonasmo «Vino de uva». Sin embargo, esta generalizada opinión resulta incorrecta en tanto se incurre en lo que un enólogo o vinicultor calificaría como un indefendible error técnico conceptual por el que hombres y mujeres dedicados al milenario oficio de cultivar *la vitis* y producir vino verían con gusto humear los cañones. La formación cultural gastronómica resulta imprescindible, particularmente si hemos sido responsabilizados con la comercialización de un producto gourmet.

---

24  Constituye un antiguo criterio defendido por los entendidos en este milenario producto de la obra humana que cada queso requiere un preciso ritual de corte. La forma, la consistencia de la pasta, las dimensiones: estas características permiten individualizar específicas exigencias de corte para cada tipo de queso y, por lo tanto, la selección del instrumento que se ha de utilizar.

25  Los cuchillos jamoneros profesionales de mayor calidad son producidos por los sellos alemanes ZWILLING y WUSTHOF, acompañados en prestigio por el sello español ARCOS, pero entre todos se encumbra la casa japonesa KAI EUROPE con cuchillos exclusivos fabricados en acero de damasco de 32 capas, afilado y asentado a mano y con mango de ébano.

Sobre qué debe entenderse por vino la Organización Internacional de la Viña y el Vino ha definido que será la bebida resultante *«exclusivamente»* de la fermentación alcohólica completa o parcial de la uva fresca, estrujada o no, o del mosto de uva, cuya graduación alcohólica adquirida no puede ser inferior a 8,5%vol. A pesar de que el genio popular es admirable, la fermentación controlada de frutas, verduras y gramíneas puede dar como resultado una bebida con contenido alcohólico y presencia de azúcares residuales que condicionan su gusto, pero no puede ser definida como vino.

A pesar de que en la Isla no existe una importante tradición en la producción vinícola debido considerablemente por las dificultades ampelográficas y a sus características pedoclimáticas (latitud, altitud, terreno y clima), especialmente si tenemos en consideración que el ambiente ideal para la vid es aquel comprendido entre el 40° y 50° paralelo del hemisferio boreal y entre el 30°y 40° paralelo del hemisferio austral, resulta cada vez más frecuente la presencia de esta bebida en la mesa cubana y, gradualmente, se ha incrementado la cultura y el gusto por su consumo[26], especialmente de vino tinto, que a diferencia del resto del mundo y salvo algunas definidas excepciones, en Cuba no resulta inverosímil que se consuma a la misma temperatura que los blancos y espumantes. Pero algo debemos tener por cierto, si se regala un buen vino a una persona que haya desarrollado una afición por esta bebida, lo apreciará con particular intensidad incluso por delante de otros artículos de igual o mayor valor. Para los amantes de esta superior bebida cada botella tiene una historia que contar y un preciso momento para ser descorchada, cada copa servida será un cortejo de intimidad; el vino que usted regale tendrá la misma fortuna.

Conversar discretamente sobre el maridaje del vino con

---

26 El vino y los enólogos cubanos tienen por delante un largo camino por recorrer preñado de interrogantes, no obstante, desde hace más de una década, especialmente en autorizadas voces como la del Maitre/Sumiller y Master of Wine Yamir Pelegrino, el Club del Sommelier de Cuba promueve la cultura vinícola en el país difundiendo ideas que si bien aceptan que el vino no es parte de la cotidianidad gastronómica de los isleños y que su producción local y comercialización es aún muy joven y discreta, es una bebida que paulatinamente se va asimilando a sus costumbres.

los alimentos es algo sobre lo que volveremos en otra parte de este escrito, adelantaré solamente que lo ideal es regalar un vino que pueda combinarse armoniosamente con al menos uno de los platos que componen la cena, aunque es muy probable que el anfitrión haya previamente pensado en este importante detalle de protocolo. Si decide regalar un vino y si se encuentra dentro de sus posibilidades, es mejor llevar dos botellas y no una, debido a que existe siempre el riesgo de que al abrir una de las botellas esta pueda tener olor a corcho[27] y no podrá ser consumida. Si el vino que pretendemos regalar es un vino de particular calidad y precio debemos tener en cuenta dos supuestos:

A. Si el vino es blanco se entregará a temperatura ambiente, a menos que se pretenda que su consumo se realice en la misma ocasión del encuentro, de manera que el anfitrión entiende que el vino ha sido un regalo para su degustación en un momento más propicio.

B. A pesar de que los buenos modales aconsejan que los regalos que por su naturaleza puedan ser susceptibles de compartir sean puestos a disposición de los invitados, en el caso del vino tinto, el invitado podrá referir discretamente al anfitrión que este en particular ha sido un regalo para que lo disfrute con su familia en una ocasión más privada.

Por otro lado las damas, y cada vez más los caballeros, siempre se dejan seducir por el glamour de un buen *rosé*, por lo tanto, presentarnos, por ejemplo, con un *Santa Digna Estelado Rosé* (Chile), *un Perrier-Joüet*[28] *Blason Rosé* (Francia),

---

27  El olor a corcho es un defecto común del vino producido por diversos microorganismos, mohos (especialmente Cladosporium y Armillaria mellea) y bacterias, siendo además causado por una molécula llamada tricloroanisol (TCA) que se forma por interacción entre un fenol del corcho y el cloro empleado durante la fase de blanqueamiento y que distorsiona la capacidad humana para detectar olores clasificando a un vino como no apto para su degustación.

28  Esta Maison francesa produjo el Perrier Joüet Vintage 1825 que cuenta con el reconocimiento del Libro Guinness de los Récords como el champagne más antiguo que permanece en el mundo.

un *Henners Brut Rosé* (Reino Unido), un *Peñascal* (España) o un *Franciacorta Rosé Annamaria Clementi Ca´del Bosco* (Italia), dará un inolvidable golpe de escena a nuestro favor.

Además, con el vino podemos regalar también útiles accesorios; me refiero a los cada vez más refinados decantadores[29] (fig. 2), canastillas para el vino, tapas, sacacorchos, filtros, bombas de vacío, enfriadores, termómetros (particularmente los digitales) o un coravín, si entra dentro de su presupuesto. Personalmente entiendo que son infinitamente agradecidos un buen libro de enología, viticultura y maridajes o la invitación a una cata organizada por una prestigiosa bodega, o a una visita guiada a un viñedo, o a los lugares donde las casas vinícolas desarrollan los procesos enológicos de elaboración y crianza de vinos.

Figura 2. El decantador o garrafa ya se tiene constancia de su existencia en el siglo XVIII. En la imagen se observa un decantador clásico utilizado para caldos de gran cuerpo cuya oxigenación facilita la liberación de los aromas.

---

29 El decantador es un contenedor de características especiales fabricado en cristal o vidrio transparente cuya función principal es separar el sedimento (posos) que frecuentemente se encuentran en los vinos añejados y además, debido a su particular forma ancha en la base y estrechísima en el cuello permite a los vinos que lo requieran de oxigenarse y liberar de mejor manera los aromas aprisionados en la botella además de favorecer la desaparición de cualquier sustancia que implique una ligera imperfección olfativa del vino. Es uno de los instrumentos típicos del Sumiller y en la actualidad va siempre adquiriendo mayor valor estético debido a sus bellas y admiradas formas.

Para nuestra tranquilidad, llegado un momento de completa incertidumbre siempre podemos echar mano a un buen vino espumante[30], con el que siempre damos en el blanco, y lo mismo sucede con los vinos de Jerez y los Oportos.

SABÍA QUE...

Cuando hablamos de espumantes, el champagne es el rey de la fiesta, el gran protagonista, pero este vino francés, como lo conocemos hoy, es el resultado del refinado gusto inglés. El champagne se exportaba en barriles hacia Inglaterra, su antiguo y más importante consumidor, y eran los ingleses los que lo embotellaban debido a que su vidrio era más resistente como una de las consecuencias de la revolución industrial. Pues bien, quien embotella el champagne posee un rol de indiscutible importancia pues da inicio a la segunda fermentación y luego, aproximadamente en el siglo XIX, los ingleses decidieron imponer su gusto de beber un champagne con notas más alcohólicas y menos dulce, lo que obligó a los productores franceses a modificar la elaboración de su vino espumoso. Una prueba irrefutable del rol de los ingleses en la producción y distribución del champagne la constituyen los seis mandatos reales que cuelgan de las paredes de la prestigiosa Maison Bollinger, que declaran a este productor como el proveedor oficial de champagne para la corona británica en los últimos 130 años.

---

30  Los vinos espumantes son aquellos cuya característica principal es que al destaparlos se percibe una espuma que delata la presencia de anhídrido carbónico, más conocido como dióxido de carbono, resultado de una refermentación del vino a través de los métodos Champenoise o Charmat. Se recomienda que sea servido a una temperatura entre 4 y 8 °C, partiendo desde 4 °C para los más secos y llegando a los 8 °C para los más dulces. El vino espumante más conocido internacionalmente es el Champagne, es decir, aquel cultivado y criado en la región de Champagne, situada a 150 del noreste de París, aunque también son notables el Cava español, el Franciacorta italiano y el Mumm Napa Brut Prestige de los Estados Unidos de Norteamérica además de los óptimos espumantes producidos en Chile, Argentina e Inglaterra, por solo citar algunos de los ejemplos de mayor renombre.

## VALOR Y AL TORO
## HABLAR DE OBJETOS PERDIDOS

Sin lugar a dudas una de las experiencias más desagradables que puede vivir un anfitrión se manifiesta cuando echa en falta un objeto de su propiedad luego de culminada la cena, el aperitivo o la fiesta con que agasajó a personas con las que posee relaciones de placer o negocios. Generalmente no suele ocurrir, pero cuando acontece el anfitrión tiene ante sí una de las pruebas de vida más delicadas y difíciles manejar.

Las personas que han sido invitadas a su mesa gozan fundamentalmente de la confianza del anfitrión o al menos de su respeto, agradecimiento, admiración y empatía, razones por las cuales una traición a la sagrada hospitalidad no es jamás esperada. Siempre recomiendo que los objetos de mucho valor sean puestos a buen recaudo, a menos que se pretenda su muestra a los invitados o formen parte importante de la decoración de la casa, y aunque el objeto extraviado no posea tal distinción, es el hecho en sí mismo lo que causa malestar y gran desilusión.

¿Cómo deberíamos comportarnos ante un caso semejante siguiendo los buenos modales? ¿Cuál es la práctica del más adecuado protocolo? Pues nuestra reacción viene condicionada por el hecho de saber o no con certeza que el objeto ha desaparecido y quién es el responsable del hurto. Si la persona ha sido sorprendida *in franganti* la invitaremos discretamente a devolver lo que ha sido apropiado indebidamente y no haremos denuncia alguna ni comentaremos pública o privadamente lo acontecido; el justo castigo será el inmediato retiro de cualquier relación de amistad o consideración que se profesaba hacia esta persona. Al final, como nos dice Carlos Ruiz Zafón: «El tiempo cura todo, menos la verdad».

Si no tenemos idea alguna de quién ha podido realizar semejante gesto solo podemos hacer dos cosas. La primera, hacer absolutamente nada, sellar con silencio el tema e intentar olvidar lo sucedido; una decisión cuestionable pero no carente de sentido atendiendo a las implicaciones de un posible escándalo según la investidura de las personas involucradas. La segunda opción me recuerda una vieja expresión catalana: «¡*Valor y al toro!*», es decir, llenarse de coraje para convocar a las personas que fueron invitadas a la cena o evento social en cuestión y de manera abierta —pero aun diplomática— comunicarles lo sucedido, pidiendo, por favor, que el objeto sea devuelto de forma anónima. Las implicaciones siempre serán delicadas pues sin ser una acusación directa queda expuesto que uno de los invitados se ha comportado de manera indecorosa y la indeseada duda se albergará para siempre en el interior de los inocentes. Lo siento amigo lector, pero no existe otro modo de gestionar un tema tan espinoso.

## SABÍA QUE...

 Cuenta una histórica y muy conocida anécdota que, durante la celebración de un banquete oficial entre altas personalidades del gobierno, la sociedad inglesa e ilustres invitados extranjeros, el Jefe de Protocolo advirtió que un invitado metía en su bolsillo un salero fabricado en oro. Ante la delicada situación y no sabiendo exactamente qué hacer pidió consejo al entonces Primer Ministro Winston Churchill, quien haciendo uso de gran ingenio imitó al invitado en el inapropiado gesto, luego se le acercó y en tono de discreta complicidad le dijo mostrando el interior del bolsillo de su chaqueta: «El Jefe de Protocolo nos ha visto guardarnos el salero en el bolsillo. Será mejor que lo devolvamos». Y así fue resuelta la cuestión con una clase de la mejor diplomacia.

# 6. CUANDO DE CONVIVIALIDAD SE TRATA APUNTES SOBRE EL *DRESS CODE*

*«No es la apariencia, es la esencia. No es el dinero, es la educación. No es la ropa, es la clase.»*
Coco Chanel

En una ocasión en la que se hablaba de la elegancia, el diseñador italiano Giorgio Armani expresó: *«Todo es compatible. La elegancia, la diversión, la comodidad, la sofisticación... Lo uno no excluye lo otro. Pero la elegancia no es el traje y la corbata, o el vestido impecable, o... A mí me cuesta explicarlo, sinceramente, porque trasciende el hábito. Uno puede ser elegante con bermudas, aunque le parezca mentira».* En otras palabras, la elegancia es, sobre todo, cuestión de personalidad.

Poseer una vida social nos obliga a la asistencia a determinados escenarios gastronómicos que van desde un coctel hasta la consagración matrimonial, una cena oficial, el disfrute de un servicio buffet, la celebración de un bautizo o una fiesta con aperitivos en la playa, incluso a un servicio fúnebre. En cada uno de estos ejemplos, en los que estará presente el alimento, el propio vestuario hablará por nosotros, de nuestra etiqueta en la gastronomía antes de que se pronuncie una palabra, motivo por el cual es aconsejable saber escoger el conjunto adecuado para la convivialidad, no solo por los requerimientos sociales y de sentido común, sino además por respeto a los que comparten con usted el mismo escenario y es por ello que el vestirse adecuadamente forma parte de la etiqueta como manifestación de los buenos modales a la mesa.

El *dress code,* o código de vestimenta, viene constituido por unas reglas —algunas escritas, otras dictadas por el sentido común— que nos indican cómo vestirnos apropiadamente en cada ocasión. Dicho esto, cuando nos disponemos a salir de casa y a intercambiar con la sociedad, estas normas nos auxilian a escoger de nuestro armario minimizando los márgenes de error. Ocasiones de convivialidad a diferentes horas del día, aperitivos en la playa, visitar un cabaret o un restaurante, asistir a una comunión o a una degustación de quesos en calidad de jurado, etc., el *dress code* nos da las respuestas que necesitamos. Sin embargo, debido al propósito de este escrito me limitaré a exponer algunos criterios sobre cómo debe ser nuestro vestuario para asistir a eventos en el que habrá algún tipo de servicio gastronómico.

SABÍA QUE...

 Cuentan los historiadores de la gastronomía que durante el Imperio Romano era tradición de los señores de la casa el proveer a sus huéspedes de magníficos vestidos de mesa, una especie de vestidura ligera de lino o seda llamada *synthesis* que venía asida al cuerpo discretamente y cuya función protocolar era proveer de comodidad e higiene a los comensales.

En muchas ocasiones pensamos que lo mejor es ponerse algo que esté de moda, como si la nueva tendencia fuese la respuesta a lo que debemos tener y usar de nuestro armario. Un pensamiento más sencillo nos invita a usar lo que poseemos y basta, tomando del armario lo que nos va según las condiciones de nuestro ánimo restándole importancia al asunto. Ambas posiciones son muy cuestionables.

La siempre debatible moda no es solo aquella que vemos en la televisión o en la revista *Vogue,* aquella que nos anima a comprar Chanel, Armani, Ermenegildo Zegna o Roberto Cavalli. Existen además otros referentes que nos permiten conocer las tendencias de este arte y nos auxilian a valorar si nos queda bien o no atendiendo a nuestro gusto y a nuestro físico. En consecuencia, el uso de ropas firmadas no es rígido sinónimo de estar bien vestido sino de solvencia económica, especialmente si no hemos tenido en cuenta las reglas del buen vestir. Vestirse a la moda es el equilibrio entre vestirse socialmente de manera apropiada con prendas que le hagan lucir bien ante los demás y sentirse cómodo con usted mismo pues, en palabras de Armani, *nadie debe ser prisionero de su propia ropa*.

Por otro lado, si bien es cierto que existe una conexión entre nuestra subjetividad y la ropa que usamos, esto no significa que asistir de mala gana a la cena o a un almuerzo de trabajo deba tener necesariamente un reflejo en lo que nos hayamos puesto para la ocasión; es usted el *dominus* de su estado de ánimo, pero esto no justifica la manipulación de las reglas del buen vestir por un estado emocional momentáneo, especialmente si debe participar en determinados eventos sociales de intercambio y convivialidad, conducta que es razonable solo en un entorno social muy íntimo.

## CONSEJOS DE ETIQUETA PARA UN ENCUENTRO GASTRONÓMICO

Cuando hablamos de *dress code* a la mesa debemos tomar en la actualidad dos referencias: la primera, debemos intuir qué ropa debemos usar dependiendo de las características de una invitación a un evento gastronómico; la segunda, es que tendremos una idea de qué ropa utilizar guiándonos por lo que creemos portará el anfitrión. Resultará obvio entonces que asistir a un aperitivo que se va a celebrar en la terraza o piscina de un hotel o en el patio de la casa del anfitrión, o asistir a una cena de gala, de negocios o a una organizada en un restaurante, premiado con una determinada categoría en cocina y servicio, condicionan irremediablemente nuestro vestuario. Los buenos modales a la mesa inician siempre con una adecuada presencia.

Si la invitación utiliza el término «casual», que pudiera ser interpretado como comodidad y mayor margen de elección, tendremos en cuenta las temperaturas oscilantes en ese periodo y los caballeros podremos utilizar jeans (preferiblemente de color entero, sin roturas ni accesorios) o pantalones khakis o chinos tipo *slim*, todos usados estrictamente a la altura de la cintura y aproximadamente cuatro dedos debajo del ombligo. En presencia de calor las camisas serán de tejido fresco (algodón, seda o lino) y de color entero, líneas o cuadros, pero a cuello desbotonado. Son bienvenidos los pulóveres polo, los zapatos de piel color marrón (de lazos o mocasines) y zapatillas o sneakers. Recordemos que las zapatillas se utilizan siempre con medias, que en este caso pudieran ser tobilleras y de color blanco o negro atendiendo al color de aquellas. En relación con este particular debemos fijarnos que los grandes productores de calzado deportivo, por ejemplo, Adidas, Nike y Jordan, fabrican calzado deportivo tanto para ocasiones informales como para practicar deportes, estos últimos son igual de atractivos pero, por favor, reservemos su uso al gimnasio.

En un discurso más general, el *dress code* desaconseja el uso de sandalias y hawaianas aun en ocasiones gastronómicas informales e independientemente de la eventual hermosura de unos pies desnudos. A pesar de su innegable comodidad, especialmente en climas cálidos, las sandalias se utilizan dentro de la intimidad del hogar, cuando estamos haciendo turismo, es decir, en plan excursión por la ciudad o, como las hawaianas, cuando vamos a la playa; jamás deberán ser usadas para visitar un restaurante de gama media alta, especialmente en horario nocturno.

Como regla general, cuando nuestra presencia es requerida, independiente del motivo que la anima y de las características de la estación climática, casamientos, funerales, bautizos y celebraciones religiosas en general, cenas formales, cenas de trabajo, fiestas de graduación, eventos oficiales, por solo citar algunos ejemplos, descartan *per se* de nuestro armario la elección de las prendas y el calzado deportivos. En el único caso en el que el calzado carece de importancia es cuando nos aventuramos a visitar un restaurante tradicional en países asiáticos en los que no es infrecuente que se le invite a entrar solo después de quitarse los zapatos; por ejemplo, en Tailandia, además de ser habitual comer compartiendo el mismo plato entre los comensales, es común encontrarse ocurrentes carteles al ingreso de restaurantes que rezan así: «*If you are not God, take off your shoes*» (Si usted no es Dios, quítese los zapatos).

Para los escenarios gastronómicos siempre informales y fundamentalmente de día, los caballeros pueden usar un pulóver sin cuello de color blanco, gris o azul, que son los tres colores de los que habrá necesidad. Las fantasías, aun cuando algunas son muy atractivas, no enriquecen nuestro armario ni darán los beneficios del uso de un pulóver en cualquier momento que lo necesitemos. Recomiendo los de cuello a V o redondo, dejando siempre a un lado aquellos con el cuello muy largo que dejan expuesto gran parte del pecho, a menos que usted se haya vestido así para una sesión de fotografía artística. Si la ocasión exige el uso de la corbata un caballero jamás deberá usar un pulóver.

Las damas podrán escoger de su armario todo lo clasificado como poco formal, bermudas, pantalones *vintage*, monos (*jumpsuit*), blusas y camisas con adornos florales, jeans con botas de tacones, ballerinas o zapatillas, tenis, *sneakers*, etc., vale casi todo combinando en armonía colores, tejidos y modelos. Sin embargo, atención con los *legguins* pues es una prenda popular de pronunciada peculiaridad y que no debemos confundir con las *lycras,* prendas también de tejido elástico pero de uso estrictamente deportivo, ni con los *jegguins* que son de un tejido más grueso y de diseño más formal. Los *legguins* no son pantalones ni medias y su buen uso solo se admite con prendas largas como playeras o blazers. Su largo debe ser hasta la altura de los tobillos y no a media pierna. También se debe tener especial atención, debido a que adoptan la forma del cuerpo, con la ropa interior que se utiliza; es decir, una ropa interior muy grande o muy pequeña o de confección particular, se hará notar y lo mismo ocurrirá si aquella es de un color distinto del *legguins* más o menos transparente. Si no desea proporcionar la ilusión de que sus piernas poseen mayor volumen evite aquellos de color blanco. El color beige o carne, aun cuando sea de su gusto particular, brinda la ilusión de desnudez y, por último, elija las fantasías que sean de su agrado siempre que la parte superior de su vestimenta sea de un solo color.

Como era costumbre de nuestros padres y abuelos y de los antecesores de estos, un caballero poseía al menos un traje para los grandes acontecimientos, o quizás para los domingos, días de paseo en familia o para asistir a compromisos religiosos. En la actualidad y salvando las distancias, la posesión de al menos un traje de azul oscuro es un requerimiento formal de las ocasiones más ceremoniosas, para las que también reservaremos una camisa azul o blanca y una corbata azul de tinta unida. Cuando nos referimos a un ambiente diurno, menos formal, para los caballeros viene admitida la chaqueta de un color claro en lugar de la oscura, la que deberá utilizarse rigurosamente después de la seis de la tarde. Es cierto que, por ejemplo, el uso de la chaqueta en un clima cálido puede ser extremo, por eso la elección queda a la valoración vuestra, pues es posible que la invitación a un almuerzo o aperitivo tenga lugar en una casa o a un restaurante climatizado y esto echa por tierra los posibles inconvenientes. Para la elección de la chaqueta debemos tener en cuenta el ancho de la espalda, el largo de mangas (con el brazo extendido debe cubrir el pulso, recordando que no menos de media pulgada del puño de la camisa debe mostrarse debajo del puño de la chaqueta), el color de los botones, el largo de la misma en relación con el tiro del pantalón, por solo citar las referencias más significativas. En caso de dudas debemos comprobar el largo de la chaqueta en relación con el brazo, esto es, la parte inferior de la chaqueta debe alinearse con el nudillo del dedo pulgar, y en relación con el torso, el largo de la chaqueta divide a la mitad la distancia desde la costura del cuello hasta el piso. Hay una frase muy común entre los italianos que reza así: «*La giacca è come un buon avvocato, ti deve coprire il sedere*» (La chaqueta es como un buen abogado, te debe cubrir el trasero). Creo que una frase tan gráfica no requiere explicaciones.

Después de las seis de la tarde y atendiendo al tipo de evento gastronómico, los hombres podrán utilizar una chaqueta o un traje de color oscuro, camisa blanca o azul desabotonada y zapatos de piel de color marrón o negro, pantalones grises oscuros o azules. Los caballeros deberán recordar que una chaqueta a rayas no combina nunca con una camisa a cuadros y viceversa. El uso del chaleco (que debe cubrir la pretina del pantalón) y de la chaqueta misma, incluso aquellos más deportivos, excluye terminantemente el uso de camisas de mangas cortas y pulóver. Cuando escuchemos la referencia *traje de tres piezas*, automáticamente los caballeros entenderán que deberán vestirse con pantalón, chaqueta y chaleco, lo que necesariamente no quiere decir que las tres piezas deben ser del mismo tejido y color, aunque sin duda la pieza que mejor se combina al cambio es precisamente el chaleco. Cuando la ocasión se refiera a algún tipo de estricto protocolo en horario de tarde o noche los caballeros usaran rigurosamente el traje color azul marino, negro o gris marengo o el insuperable esmoquin que jamás se divorcia de la camisa blanca y pajarita.

Hoy es notoria una tendencia entre los hombres de prescindir injustificadamente del uso de las medias, incluso usando conjuntos formales que incluyen chaqueta y corbata. No estoy seguro que la causa sea el cambio climático, la influencia de la alta moda, el alza del precio de las medias en el mercado o el mal gusto al vestir. Lo cierto es que se advierte un cambio en la tradicional elegancia masculina que no goza precisamente de general aceptación.

En cualquier caso debo afirmar que las medias masculinas constituyen una prenda de vestir que posee un rol de particular importancia en tanto resaltan positiva o negativamente el resto del conjunto y, por supuesto, también su uso debe regirse por el respeto a determinadas reglas. La primera será que las medias deben poseer un color semejante al pantalón, mejor si son uno o dos tonos más oscuras, de esta manera se condiciona una continuidad entre aquel y las medias hasta llegar a los zapatos, y por otro lado crea el efecto óptico de que la pierna es más larga de lo que es en realidad. La segunda regla habla por sí misma: en escenarios y con conjuntos formales nunca deben usarse medias a color. La tercera regla nos dice que, por ejemplo, si el pantalón posee sutiles líneas más claras sobre un fondo oscuro (muy abundantes en algunos tipos de tejidos) las medias deberán ser del color de las mencionadas líneas y si las medias a su vez poseen líneas pues estas no serán de las mismas dimensiones que aquellas que adornan el tejido del pantalón. La cuarta regla nos habla de los escenarios casuales y del uso de jeans y otros pantalones de semejante diseño con las medias a colores. En este caso las medias deben respetar la armonía cromática del resto del conjunto poseyendo un color parecido a alguna pieza del mismo, de manera que se contraste armónicamente, por ejemplo, con el pantalón o la camisa. Debo, sin embargo, dedicarle unas palabras a las medias a rombo, tan conocidas y utilizadas en todo el mundo. Si bien estas medias por naturaleza poseen en su tejido al menos dos colores, combinando figuras a rombo (de ahí su nombre), su uso lo mismo puede servir a conjuntos diarios e informales, pero siempre acompañando a zapatos de piel marrón o negra, nunca calzado deportivo, basta que combinemos nuestra media a rombo con una pieza de nuestro conjunto de manera que la haga resaltar positivamente. Y, por último, la que he denominado la regla de la salvación: ante la duda, un caballero deberá usar siempre medias azules de tono oscuro debido a su armonía con casi todas las combinaciones posibles. Dicho esto, estimo que un caballero deberá usar siempre medias con conjuntos formales de dos o tres piezas, así como deberá considerar poseer al menos dos pares de medias azules en su armario para casos de incertidumbre. Al adquirirlas, por favor, no olvide que las medias deben cubrir aproximadamente la mitad de la pierna.

Por supuesto, el término formal sugiere que los caballeros siempre deben presentarse vestidos del modo adaptado al contexto donde se celebrará el encuentro. Recordar entonces evitar vestirse completamente de negro (color más apropiado para momentos de triste solemnidad como las ceremonias de despedida), valorizar más las camisas de color entero preferiblemente de color claro, sin dibujos ni grandes rayas, las medias siempre oscuras y de mediano largo pues la comodidad no puede conducirnos a utilizar tobilleras. Nuestro calzado debe ser reluciente y, de ser posible, favoreceremos aquel que tiene discreta suela de cuero. Por favor, evitemos los mocasines informales y el calzado deportivo.

Los caballeros deben recordar que aun dentro de cierto nivel de tolerancia que permite el uso contemporáneo de ambos colores, se debe procurar la combinación cromática entre el cinto y los zapatos y que las medias no deben nunca quedar al descubierto debido al largo insuficiente del pantalón.

Como fue mencionado en líneas anteriores, la elección de una corbata negra de seda o una pajarita nos impone el uso de esmoquin y camisa blanca con puños dobles, favoreciendo los gemelos de metal en lugar de botones. La elección de una corbata o pajarita blanca es el punto cimero de la formalidad y elegancia masculinas, permitiendo la entrada en escena del frac, reservado para las celebraciones nocturnas y para los acontecimientos de extrema importancia como, por ejemplo, lo es para el novio el día de su casamiento, aunque se debe admitir que existen válidas y muy elegantes alternativas a su uso. Si utilizamos una chaqueta con tres botones, recordar que solo abotonamos aquel del medio, si la chaqueta es a dos botones solo abotonamos aquel en posición superior. Luego, la chaqueta debe ser abierta cuando nos sentamos a la mesa y cerrada al levantarnos, incluso para esporádicas ausencias.

Las damas no tendrán excusa para no usar un elegante vestido, preferiblemente largo, evitando aquellos muy ceñidos al cuerpo, especialmente en ocasiones en las que se suele comer y beber en abundancia. La elegancia consiste precisamente en saber elegir el vestuario adecuado conjugando su personalidad, su cuerpo, la ocasión y estilo de vida.

Decía Coco Chanel a propósito del vestuario de la mujer: *«Viste vulgar y solo verán el vestido, viste elegante y verán a la mujer».* En consecuencia, aun siendo el caso de ser las damas jóvenes y hermosas, evitarán de caer en la tentación de exhibir más de lo debido transgrediendo la línea sutil entre moda y vulgaridad con la justificación que se lo pueden permitir; por supuesto, cuando el cuerpo comience a mostrar los irrefutables indicios del paso del tiempo pues no deberían siquiera plantearse la opción del uso de prendas cortas y generosos escotes[31].

En lo particular prefiero el A5 (*after five*) cuando se habla del *dress code*, para hacer referencia a la manera de vestirnos para los ambientes semiformales más amigables y menos exigentes, como lo es un coctel. Los hombres pueden prescindir de la chaqueta (especialmente en climas cálidos) y de la corbata, las mujeres podrán utilizar vestidos sobrios y elegantes ligeramente sobre la rodilla o pantalones combinados con el resto del conjunto. El calzado puede ser incluso del tipo que permita el no uso de medias sin llegar al extremo deportivo.

En cuanto a los jeans, si bien es la prenda de vestir más utilizada en el mundo, se recomienda favorecer aquellos de color oscuro, tipo *slim*, porque son los que acompañan mejor al cuerpo. Los jeans claros, rotos y con accesorios son absolutamente vedados en ocasiones gastronómicas de cierta formalidad y más apropiados para un uso diurno. Recordemos que existe una clasificación condicionada por la calidad, color y diseños que nos permite su uso según la ocasión y el momento del día de que se trate. Pero no nos confundamos, si bien unos jeans de Armani o Calvin Klein no suelen ser económicos, no serán jamás una prenda de vestir para cenas formales.

En el llamado *business casual*, en el ambiente laboral de centros de educación, sanidad y en la administración pública en general, evitando los extremos entre lo formal y lo infor-

---

31  Ricardo Yepes Stork (1953-1996), un reconocido Doctor en Filosofía y en su tiempo profesor de Antropología de la Universidad de Navarra, en un estudio titulado «La persona y la intimidad», escribió sobre un fenómeno social que denominó la desnudez anónima con palabras que no puedo dejar de invocar a pesar de su extensión: «La pérdida del sentido de la decencia, la incapacidad de percibir el límite de lo vergonzoso como algo que protege los valores comunes de nuestra sociedad, y que por eso debe ser protegido, no puede responder más que a una debilitación de la interioridad, a una pérdida del valor de lo íntimo, y por tanto, a un aumento de lo superficial, de lo exterior. Estrictamente esto significa pobreza, y por tanto aburrimiento. Quien no siente necesidad de ser pudoroso carece de intimidad, y así vive en la superficie y para la superficie, esperando a los demás en la epidermis, sin posibilidad de descender hacia sí mismo». (Fuente: http://dadun.unav.edu/bitstream/10171/6360/1/48.pdf)

mal, no debemos alejarnos indiscriminadamente de la tradición de los pantalones, preferibles a los jeans, de las camisas de mangas largas tipo *button down*[32] para los hombres y de las blusas de mangas largas para las damas, quienes además podrán usar blazers y siempre zapatos cerrados y de tacones discretos, especialmente si por la naturaleza del cargo laboral debemos asistir con frecuencia a oficiales empeños que implican cenas o almuerzos de trabajo.

En cuanto a la afición por la moda de estación y, en modo general, al uso de ropas adecuadas a climas distantes que poseen todas las estaciones del año, solo crea una representación burlesca de nosotros mismos. Cada estación impone el uso de tejidos, colores y diseños que le son propios, los buenos modales y el sentido común aconsejan que nuestro vestuario a la mesa sea adecuado a cada tiempo del año, regla que se simplifica notablemente en los países de clima tropical.

## ACCESORIOS
## UN ANILLO PARA GOBERNARLOS A TODOS

Cuando se habla de accesorios nos enfrentamos a uno de los temas más controvertidos dentro de las reglas del buen vestir, condicionado a su vez por su extensa producción y difusión. Ni las industrias más discretas ni las grandes firmas han rehusado a su elaboración y desarrollo de intensa publicidad. Independientemente de su valor comercial, un accesorio elegido con gusto y sentido común domina el resto

---

32    La button down es la camisa que tiene ojales en el extremo del cuello y tiene
      su origen en los Estados Unidos de Norteamérica, específicamente entre los
      jugadores de polo del siglo XIX debido a que era más cómodo usar una prenda
      que no entorpeciera sus movimientos con el batir del viento. En 1963 y gracias
      a la labor del famoso modista londinense Ben Sherman la camisa button down
      se convierte en un icono de la moda del llamado smart casual. Como se sobre-
      entiende que un caballero jamás se quita la chaqueta en las cenas formales,
      el cuello, es decir, la parte visible, es lo que distingue los diferentes estilos. El
      button down será siempre el cuello para las ocasiones casuales incluso informa-
      les. Mientras en los Estados Unidos su uso con chaqueta y corbata se destina al
      llamado look bussines, en Europa mediterránea no es unánime la aceptación
      de este tipo de camisas con un traje de tres piezas, por ejemplo, prefiriendo el
      cuello modelo francés (cutaway) o el clásico, también conocido como italiano.

del conjunto, le da coherencia y uniformidad, un toque único de clase: uno para gobernarlos a todos. Toca a usted decidir entonces qué tipo de accesorio adquirir en función del entero vestuario y de la adecuada ocasión gastronómica para usarlo tomando como guía las reglas del *dress code*.

Iniciamos exponiendo un primer criterio. En el caso de los caballeros, los accesorios que adornan cuello y puños jamás deberán ser usados en cenas formales y de trabajo, que es lo mismo que decir que fuera de estos espacios son siempre bienvenidos.

El cinturón es un accesorio al que los hombres prestamos particular interés porque contrasta y define la división del conjunto que llevamos y, al igual que la corbata, es una prenda que denota gracia en el vestir. No obstante, tiene también sus reglas de uso, aunque son muy sencillas pues lo primero que se debe tener en consideración es el pantalón que hemos escogido para nuestra ocasión. Me gustaría recordar que las trabillas no constituyen un adorno, mantienen el cinto sujeto a la cintura por lo que el uso de este accesorio cuando nos ponemos un pantalón con trabillas no constituye una opción. Un caballero debe conocer los tipos de correas que existen, desde los de ceremonia hasta los de tejido entrelazado pasando por los de jeans con su espartana imagen e intentar poseer en su armario al menos uno para cada ocasión.

En el caso de las damas los accesorios constituyen un tema tan serio como el calentamiento global y la zootécnica, la sonrisa de Angela Merkel o el té de las tardes para los ingleses. Los accesorios las distinguen, las completan, las definen. Sin embargo, llegado el momento de elegir el accesorio correcto las damas jamás harán exceso en el uso de las joyas y nunca combinarán prendas de color oro blanco, de acero o plata, con otras de color oro amarillo o rojo, tendrán especial atención a los collares de grandes proporciones y muy elaborados. Nunca se deberán combinar contemporáneamente más de dos joyas de semejante valor estético: si su prenda principal es un collar, no deberá agregar más que una pulsera, o pendientes o un anillo, pero mejor evitar usar todos juntos. Recuerde además que a menos que su reloj sea una joya al mismo tiempo, el protocolo no ve con buenos ojos el uso de relojes con vestidos de noche.

Si desea adornar su cuerpo con un *piercing*, pues entiende que la hace más atractiva, tenga en cuenta que este accesorio insertado en cualquier parte del rostro pudiera no causar la mejor de las impresiones en una ocasión formal. Si debe ir, por ejemplo, a una entrevista de trabajo porque aspira a un puesto para el que se exige determinadas condiciones estéticas o a la cena de anunciamiento organizada por sus futuros suegros, estimo que el uso los accesorios de este tipo debe ser valorado con sentido común.

Otro accesorio muy apreciado por las damas son los bolsos, los cuales, al margen de colores, diseños y material de confección, deben poseer un tamaño directamente proporcional a la importancia del evento al que debe asistir, es decir, ante ocasiones formales, por ejemplo, una cena benéfica o de trabajo o la invitación a una prestigiosa casa gastronómica, su bolso será pequeño, discreto, funcional; lo mismo deberá aplicarse a cualquier ocasión nocturna. Si debe ir a la playa, de compras o a un picnic con unas amigas pues disfrute de su bolso XXL.

A los hombres nos agradan sobremanera los relojes, nos sentimos atraídos por estos como por la tecnología en sentido general. Es un artículo útil; algunos son pieza de colección, otros son bienes de herencia entre generaciones, pero más que nada el reloj es un accesorio de elegancia que sostiene la personalidad de quien lo usa. La variedad es infinita y ello nos persuade a conjugar el accesorio adecuado con nuestro gusto personal. Si la ocasión para su uso se presenta en horario nocturno los caballeros deberán hacer uso del reloj sin ningún otro accesorio en las muñecas o quizás alguno muy discreto y combinado con el resto del conjunto. Por supuesto que el que elija no tiene que ser un *Cuervo y Sobrinos*[33] pero preferiblemente usaremos un reloj de pulsera

---

33  Cuervo y Sobrinos es el nombre de una prestigiosa y antigua joyería fabricante de relojes de lujo que fue fundada en La Habana en 1882 por el asturiano Ramón Fernández y Cuervo. Tuvo representaciones comerciales en las calles Amistad, Teniente Rey, Muralla y San Rafael en diversos momentos de la Cuba. republicana hasta el año 1959. En la Europa de la época tuvo representaciones

de cuero aun cuando este requiera de atenciones especiales relacionadas fundamentalmente con la humedad, las pulseras plásticas —decididamente deportivas— o de metal son más apropiadas en horarios diurnos y en ocasiones menos exigentes. Recuerde que, tanto por razones estéticas como prácticas, el reloj debe usarse en la muñeca izquierda.

Nuestra pasión por el arte nos enseña colateralmente a ser tolerantes con las extravagancias de los artistas quienes, de alguna manera, son portavoces de las tendencias de la moda y algunos incluso ha llegado a crear un estilo propio que ha sido posteriormente seguido por los fans. Sin embargo, existe una gran distancia entre ser un artista e imitar a un personaje público. En el segundo caso debo aconsejar a ambos sexos que se debe evitar el uso de los espejuelos de sol a la mesa en horario nocturno y en restaurantes con espacios cerrados, a menos que exista alguna causa legítima que justifique tal comportamiento.

Luego, aun cuando desde hace algunos años se tiende a imitar la manera de vestir y de usar prendas de los artistas de reggaetón —por citar el ejemplo más elocuente y popular— en los hombres, los collares y pulseras ya sean de fantasía, oro, plata o cualquier artesanía o accesorio en general, son de evitar en las cenas formales, en las invitaciones de mañanas y temprano en las tardes. Sobra decir que un collar o cadena cubierta por la camisa es tolerable y puede poseer hasta cierto encanto; dos pudiera resultar excesivo. En ocasiones exhibimos las prendas como afirmación de poder. Sin embargo, la ostentación de nuestra capacidad económica viene siempre considerada una señal de poca cultura y el exceso de prendas sobre nuestro cuerpo —que

---

en Alemania, Francia y Suiza, lugar donde actualmente se fabrican. La firma regresó a Cuba después del 2007 y actualmente posee un establecimiento comercial a pocos pasos de la Plaza de San Francisco, en el centro histórico de la capital cubana. En el presente Cuervo y Sobrinos patrocina eventos deportivos internacionales de alta gama y creó en el 2003 un premio de reconocimiento a la labor de los artistas latinos. El 29 de febrero de 2012 el premio Latino Internacional de Cuervos y Sobrinos fue otorgado al maestro cubano Chucho Valdés. El cineasta Pedro Almodóvar, los cantantes Miguel Bosé y Plácido Domingo, el actor Antonio Banderas, el escritor Mario Vargas Llosa y el actor de origen cubano Andy García han sido también galardonados con este premio.

siempre será injustificado— constituye una exorbitante manifestación de mal gusto.

«*Está bien tener sombrero por si se presenta una buena ocasión para quitárselo*», así se expresó, genialmente, en una ocasión el músico y poeta español Joaquín Sabina. Me gusta pensar que una frase así debe servir de guía correctora a nuestra manera de utilizar los accesorios gorra y sombrero. Indudablemente es un accesorio que puede causar afición, que puede ser muy útil y contribuir positivamente al sentido estético de nuestra imagen. Sin embargo, su empleo prolongado en ocasiones nos hace olvidar que son accesorios que no deben usarse en espacios cerrados y en determinadas situaciones. Dicho esto, debemos recordar que nos quitamos la gorra y el sombrero en presencia de una señora y cuando debemos mostrar genérico respeto a una persona, cuando entramos en el ascensor, dentro del cine, el teatro, en los museos, dentro del coche, dentro de una casa —ya propia o ajena— o en una habitación en la que debemos ser atendidos, cuando entramos a un lugar sacro y venerado o a un restaurante[34]. Tampoco debemos usarlos en horario laboral si trabajamos para la administración pública y, ciertamente, no deberíamos utilizarlos en horario nocturno. Estimo, sin embargo, que existen excepciones por razones estrictamente religiosas que podrían tolerarse en su expresión como es el caso de las prácticas ceremoniales yorubas muy populares en los países latinoamericanos en los que el sincretismo posee una importante influencia africana.

*La corbata.* En el cuento «*Mi corbata*», el escritor y periodista peruano Manuel Beingolea (1881-1953) nos relata un pasaje donde el protagonista va a un baile en el que es rechazado por todas las damas sin saber que su corbata era el origen de la desaprobación que inspiraba, lo que le fue a su tiempo revelado en las palabras de un caballero que le dijo: «*Tiene usted una corbata imposible*».

---

34  A propósito, escribió Erasmo de Rotterdam: «Cum honoratioribus accubiturus, capite prexo, pileum relinquito» (Si te sientas a la mesa con personas importantes, quítate el sombrero, pero procura estar peinado).

El ejemplo nos ilustra la idea de que una corbata inapropiada tira por tierra todo el ahínco que hemos puesto en el resto de nuestro vestuario, por ello siempre recomiendo que se dedique tiempo a su elección y a la ejecución del nudo, bríndele la misma importancia que a sus zapatos o a su reloj, pida opinión al vendedor, a su pareja o a un amigo, si fuera el caso, porque en ocasiones de riguroso uso un caballero sin corbata es como un «*O sole mio*» sin Pavarotti, un Macondo sin Gabriel, la Maja sin Goya. Si usted es un individuo que se jacta de no usar nunca corbata, pero aun así pretende ser aceptado y respetado en intercambios gastronómicos en la que su uso es protocolarmente obligatorio solo me resta decirle: «*lasciate ogni esperanza, voi ch´entrate*» (Los que aquí entráis, perded toda esperanza).

Suprema prenda de vestir masculina e innegable símbolo de etiqueta, la corbata ha quedado infaustamente relegada al ostracismo como una prenda raramente ocasional, al punto de que solo se advierte su uso en determinadas ocasiones como los actos oficiales del Estado y el Gobierno, entrevistas de trabajo, la celebración de matrimonios, bautizos, comuniones, funerales, discusiones de tesis y actos de graduación universitaria, etc. Nuestros jóvenes la consideran bizarra, desfasada, pero si esto fuera una verdad lejana sería como admitir que un vino gran reserva no tiene el mismo valor gastronómico que un plato muy elaborado, o que un armario masculino medianamente digno puede prescindir de una corbata de tinta unida (de un solo color).

Amada u odiada, la corbata viene innegablemente unida a la palabra elegancia. Conocerla, aprender a hacer correctamente su nudo y las posibles combinaciones con el resto del conjunto masculino es como apostar sabiendo de antemano que ya hemos ganado. Y cuando de buenos modales gastronómicos se trata, recuerde que una vez a la mesa la etiqueta impone que la corbata solo viene retirada o aflojada cuando nos hemos retirado de la casa o del restaurante de marras, si no está habituado llénese de paciencia sabiendo que el garbo y la formalidad comportan obligados sacrificios.

# 7. DISCULPE, NO NOS HAN PRESENTADO

*«La cortesía es el aceite que suaviza los frotamientos*
*inevitables de la maquinaria social.»*
Rafael Barett

El saludo es el primogénito de los buenos modales. Donde quiera que se produzca la presencia de una persona desconocida, el saludo y la presentación deben surgir en espontánea cortesía; constituyen la primera señal de educación, urbanidad y comunicación en la que gestos y palabras adecuados tienden el puente entre dos mundos paralelos y hablan de nosotros con grande elocuencia.

## PROTOCOLO DE LAS PRESENTACIONES Y SALUDOS

De mis viajes de infancia al campo de mis tíos, allá, a los intrincados parajes del santiaguero Municipio San Luis, en el lejano oriente cubano, recuerdo todavía a aquellos campesinos, hombres completamente desconocidos que al pasar a caballo junto a nosotros se tocaban el sombrero o pronunciaban un saludo montuno que todos sabíamos inequívocamente era sus *buenos días*. ¡Increíble¡ Personas que en su mayoría tenían a penas estudios básicos te ofrecían a su paso siempre un saludo. Con el tiempo comprendí que el saludo es una de esas cosas que distinguen a un hombre educado de uno instruido, como reza una frase de un autor anónimo y que me resulta difícil de olvidar: *«No confundas un título universitario con tener educación. El título es un papel, educación es responder cuando te dan los buenos días».* No importa la edad que usted tenga, no importa donde viva ni cual sea su profesión, nunca deje de responder a un saludo o de saludar al extraño que comparte con nosotros el elevador, a quien es nuestro vecino, a quien espera a nuestro lado el ómnibus o la mesa reservada en un restaurante, a quien comparte con nosotros todos los escenarios de vida imaginables.

Ahora bien, en determinadas situaciones saludar puede resultar no tan simple estimado lector. Saber saludar, presentar y presentarse en sociedad responde también a un cierto protocolo, el mismo que seguimos incluso en ocasiones en que las buenas maneras estarán asociadas a la convivialidad. Hablemos entonces de presentaciones en sentido general y de las reglas protocolares que las uniforman, al menos de las más útiles.

Aun cuando estamos conversando con una persona en un coctel organizado en casa, en un almuerzo de trabajo o en una cena romántica y nos encontramos con una tercera persona, esta última viene siempre presentada de manera simple, sin títulos profesionales ni barrocos relatos, a menos que sea absolutamente necesario para el beneficio del encuentro.

En materia de presentaciones los anfitriones juegan un importante rol debido a que es su responsabilidad presentar entre sí a los invitados que no se conocen. Si en la celebración de una cena es el anfitrión quien presenta a los invitados con la frase, por ejemplo: «*Lidia, ¿conoces a José Antonio?*». Él dirá «*buenas noches*», a lo que ella responderá con otro «*buenas noches*» y no será necesario añadir otras expresiones, a menos que el buen anfitrión, deseando que se entable una conversación entre los invitados presentados, agregue cualquier comentario eficaz sobre puntos en común, por ejemplo: «*José Antonio es el benjamín del equipo de informáticos que ha hecho maravillas con las computadoras asignadas a nuestra* cátedra». Si el anfitrión no ha tenido oportunidad de realizar las debidas presentaciones hágalo usted mismo, basta con decir: «*disculpe, no nos han presentado*». A lo que seguirá el ritual del estrecho de manos y la expresión del propio nombre, teniendo en cuenta que fuera del ámbito laboral y escenarios oficiales los honores y los títulos académicos y profesionales están fuera de lugar, por lo tanto, en un evento gastronómico privado evitaremos presentar —y presentarnos— al Doctor Suárez, a la Decana Méndez o al Director Milton. Una excepción la constituye la presentación de una persona que posee una orden de las que otorgan las iglesias, si es hombre, o si pertenece a una congregación religiosa y consagra su vida a la misma, en el caso de la mujer, en ambos casos es universalmente aceptado que su nombre venga acompañado de su distinción.

De manera general, estas son las reglas a seguir:

— Viene presentado el hombre a la mujer y no al contrario.
— La persona más joven a la persona más anciana, sin distinción de sexo, lo que también viene aplicado cuando presentamos una persona de menor prestigio o grado a otra de mayor dignidad.
— El pariente a la persona extraña al ámbito familiar.
— La persona con la que se comparte mayor confianza o familiaridad a aquella que es más desconocida.
— La persona que es soltera a las personas que están en pareja.
— La persona que está sola es presentada y saluda a las personas que están en un grupo.
— La pronunciación de nuestro nombre o apellido no debe dar lugar a dudas o malos entendidos, recordando decir primero el nombre y luego el apellido, hacer lo contrario es algo que únicamente le permitimos a James Bond.
— Un buen anfitrión solo procederá a presentar unos invitados a otros si conoce a la perfección las generales de los mismos.

Los expertos afirman que se requieren cinco segundos para formarnos una inicial opinión de una persona a la que acabamos de conocer, disponemos entonces de un brevísimo tiempo para causar una primera buena impresión y para ello debemos cuidar nuestra imagen y la manera apropiada de saludar, pues un saludo correcto transmite la sensación de empatía, seguridad y confort, condiciones indispensables para el inicio de cualquier conversación y el adecuado encauce del posterior intercambio social.

Brindar o no amistad entra en el campo del libre arbitrio, pero saludar es una imposición social de la que no podemos prescindir aun ante evidentes diferencias con el prójimo. Solo se admitiría la no realización de un saludo si fuese condicionada por la necesaria discreción que el supuesto exigiese, o dicho de otra manera, es preferible no saludar antes de pecar de torpe e imprudente y perjudicar a otras personas. Imagine, por ejemplo, que está cenando en un restaurante y se da cuenta que en una mesa cercana se encuentra alguien que usted conoce compartiendo de manera, digamos licenciosa, con una persona que no es su actual pareja. Otros los ejemplos los dejo a la imaginación del lector pues son muy fáciles de recrear.

Si ocurre entre conocidos y existe confianza entonces pueden ser infinitas las formas de saludarse: besos, abrazos, saludos personalizados, palabras en jerga, en fin, encuentras de todo. La cuestión se nos revela diferente si la otra persona es desconocida o se tiene con esta poca o ninguna confianza. Por fortuna, seguir lo que nos enseñaron en casa y en la escuela nos salva en cualquier situación: mirar siempre a los ojos y decir con naturalidad y claridad «*buenos días*», «*buenas tardes*» o «*buenas noches*». Nunca diga «*tú*» cuando deba usar el «*usted*», nunca salude a alguien como si tuviera el cuerpo o el alma cansados, no haga del saludo una simple formalidad privada de sentimientos e importancia, la otra persona lo notará de manera inmediata y ya habréis comenzado con el pie izquierdo cualquier relación que deseen entablar.

En muchas ocasiones hemos participado en determinados eventos organizados por una institución gastronómica (presentación de un producto, celebración de un acontecimiento, finalización de un curso, etc.), en el que se ha previsto un momento de degustación culinaria y se nos ha reservado un puesto en una mesa en la que todos los comensales se desconocen entre sí. El protocolo en este caso demanda que cada uno de los comensales se presente discreta y cortésmente, visto que es señal de respeto hacer conocer a los demás quién es la persona con la cual se compartirá un gesto de intimidad, como lo es comer en compañía.

Si usted debe saludar a una persona mayor o a una persona con cierta distinción social, a su futuro suegro, a un político, a su jefe, a un noble, a un sacerdote o a una persona que ostenta grados militares, es decir, a alguien que goza de cierta investidura en sentido general, tienda la mano para saludar solo cuando la otra persona lo haya hecho; fíjese, por ejemplo, en las ceremonias de presentación de las Cartas Credenciales de los embajadores.

Y cuando de niños se trata, enseñémosles reiteradamente que el contacto físico no es apropiado en determinadas circunstancias, especialmente con adultos extraños. Basta con la simple expresión de un *«buenos días»*, en particular cuando existe una infinidad de personas que no agradecen saludar con el estrecho de manos, ni aun cuando se trata de niños. Esta lección bien aprendida les portará a los padres alivio y seguridad cuando sus hijos menores practiquen la convivialidad fuera del ámbito familiar.

Dicho esto, el saludo regular comporta que el estrecho de manos debe ser de manera segura, sin ansiedad ni timidez. Nuestro saludo dejará ver que la nuestra no será ni una mano tornillo de banco ni la lánguida muestra de delicadeza y hastío, será firme y breve al contacto (a menos que se deba posar para la fotografía política), teniendo en cuenta nuestros anillos y los de la otra persona, si fuera el caso.

El saludo no comporta absolutamente la necesidad de colocar la mano que permanece libre en el codo de la otra persona, ni en ningún otra parte de su cuerpo. Si lamentablemente sufre de sudoración en las manos, debe construirse el hábito de portar siempre un pañuelo. Por supuesto, debido a que el saludo con las manos comporta un obligado contacto físico y la indefensa exposición de una parte de nuestro cuerpo, la higiene y el cuidado de las mismas deben ser constantes, independientemente del oficio que realicemos en la vida.

Mientras se celebran las presentaciones las personas involucradas deben permanecer en pie. Es costumbre olvidada, pero cuando una dama llega a un lugar donde se encuentran reunidos los caballeros estos se deben alzar para saludarla en señal de respeto y cortesía. Si llegase una persona anciana o particularmente importante, los presentes más jóvenes, sin distinción de sexo, se alzarán también. Bajo ninguna circunstancia una dama se alzará para saludar a un caballero que entra en la categoría de un «buen partido» aun cuando la ansiedad y el entusiasmo la impulsen a realizar el acto contrario. Estos comportamientos deben ser corregidos desde la infancia o la adolescencia pues en edad adulta el proceso, que casi siempre es resultado de un gran esfuerzo personal, suele ser mucho más difícil.

## EL BESO Y OTRAS MANIFESTACIONES CULTURALES DE SALUDO

Para iniciar este apartado tomaré prestadas las palabras del controvertido médico, escritor y crítico de arte napolitano Achille della Ragione quien al referirse al beso escribió:

*«El beso manifiesta una serie muy amplia de situaciones y de relaciones, desde la sumisión cuando se está en presencia de una persona potente a la cual se le besan los pies hasta el saludo entre parientes y amigos, desde el intercambio de intimidad entre dos amantes hasta la ceremonia de ingreso en una categoría o un clan, se piensa en el beso académico o aquel entre mafiosos o viejos camorristas[35], o a aquellos intercambiados entre los grandes exponentes de la política, están también los besos litúrgicos con un significado sacro durante las funciones y la administración de algún sacramento, o entre los jefes religiosos».*

Este tiene un sin número de connotaciones aludidas constantemente en la historia del arte y aunque me gusta-

---

35  Según un informe del año 1993 elaborado por la Comisión Parlamentaria Antimafia creada por el gobierno italiano, la Camorra es una organización de carácter mafioso originado en la ciudad de Nápoles en la segunda mitad del siglo XIX dedicada a actividades que viajan desde el tráfico ilegal hasta el homicidio político.

ría hablarles de los indescriptibles *Besos* de Klimt, Münch y Rodin en esta ocasión hablaremos del beso como simple manifestación de saludo entre los seres humanos.

En la actualidad todos se besan, mujeres y hombres entre sí sin la distinción que una vez existió. Costumbre imitada que han popularizado los grandes personajes públicos, si lo adopta como modo de saludo pues hágalo de la manera correcta y con las personas adecuadas. Es inaudito saludar con un beso a una persona desconocida o a un simple conocido. Salvo las excepciones condicionadas por las viejas costumbres y las circunstancias particulares, este saludo es reservado a la familia y a los amigos íntimos y se da en la mejilla, el beso lanzado al aire exponiendo las mejillas a un casi imperceptible contacto es un superficial gesto privado de expresión. Tampoco es socialmente aceptado el beso húmedo que deja bañada la mejilla o marcada de carmín. Y no podemos dejar de mencionar que existen personas —más de lo que usted pudiera imaginar— que bajo ninguna circunstancia encuentran placer en ser besados socialmente.

Además, tengamos en cuenta que a muchos padres le disgusta que sus hijos sean besados o manoseados, aun por familiares. Pues, ante la duda, mantengamos la debida distancia y saludemos amigablemente dispensando a los niños un trato semejante a aquel que utilizamos para los adultos cuando nos presentamos.

Saludar con las manos viene condicionado además por la cultura de las personas que intervienen. Por ejemplo, en América Latina existe el simple saludo, pero también hay países como Venezuela, Brasil y Argentina donde se suele acompañar el saludo de las manos con besos, incluso entre los caballeros, como se ha extendido también en Cuba desde hace más de una década.

En Europa existen países como Holanda, Bélgica, Suiza, y en algunos de Asia y del Medio Oriente, en los que se dan tres besos, en estos últimos con la formalidad izquierda, derecha, izquierda. En España e Italia se utiliza el estrecho de manos y son corrientes dos besos en los saludos, aunque cambia el orden del mismo. En Rusia, donde también la costumbre son los tres besos, hay lugares en los cuales se besan hasta seis veces y no es inusual, no obstante sea tradición antigua en desuso, que el saludo incluya un beso en los labios entre los hombres potentes, como recuerda una famosa foto de 1979 de Breznev y Honecker, los ex primeros ministros de las entonces Unión Soviética y Alemania Oriental y que el pintor ruso Dimitri Vrúbel inmortalizó en un popular mural de 1990 en la East Side Gallery, una galería de arte al aire libre situada sobre los restos del muro de Berlín.

En los Estados Unidos y en el Reino Unido es común saludar exclusivamente con las manos, pero en Inglaterra esta manera adquiere diversa connotación; es decir, el inglés valoriza en extremo el saludo correcto, el estrechar suave y breve de las manos con dos movimientos oscilatorios mientras se mira directamente a los ojos de la otra persona y se pronuncian las sagradas palabras: «¿*How do you do?*». Respetan rigurosamente los espacios personales y no son dados a las muestras afectivas, menos en público.

En Turquía el saludo común comporta un beso en la mano y luego acercarla a la frente como señal de humildad y respeto hacia la otra persona. En la India el saludo tradicional se realiza uniendo la cara interna de las manos a la altura del pecho y pronunciando la palabra «*Namaste*» (Hola). En los países árabes también se utiliza el saludo con las manos, siempre con la mano derecha, es de menos intensidad, pero más duradero pronunciando a la vez las palabras «*Assalamu aleikum*» (*Que la paz sea contigo*), a lo que se responderá «*Aleikum Salam*» (en Arabia Saudita los hombres respetuosos de antiguas tradiciones además presionan sus narices una contra la otra). Entre hombres y entre mujeres que gozan de cierta afinidad es costumbre besarse; por ejemplo, es significativo el saludo con cuatro besos[36] que la primera esposa profiere a la última al darle la bienvenida a la familia en reconocida poligamia. Asimismo, si su invitado/a

---

36 Según la ley islámica, la poligamia, es decir, el reconocimiento del derecho a los varones económicamente dotados de poseer varias esposas al mismo tiempo es aceptada pero limitada como privilegio hasta un número de cuatro cónyuges y bajo el estricto cumplimiento de ciertos requisitos previstos en el Corán.

es de algún país islámico y pertenece al sexo opuesto al del anfitrión recuerde que el contacto físico entre hombre y mujer no es usual en estas culturas, que el rol social de la mujer es extremadamente discreto y que mostrar intimidad en público con el sexo opuesto no solo no es bien visto sino también puede ser ofensivo. En Marruecos es habitual que entre las personas del mismo sexo exista mucho contacto físico en el saludo por lo que no se debe asombrar si un marroquí al saludarlo o al conversar le toca el hombro o le agarra el brazo; para ellos el contacto físico es una forma adicional de cercana comunicación, reitero que esta manifestación de confianza ocurre entre personas del mismo sexo. Entre las personas de anciana edad existe una práctica, cada vez menos extendida, de saludarse colocando la palma de la mano sobre el pecho. En Argelia, sin embargo, el contacto físico no es habitual, aunque es curioso que después del estrecho de manos las conversaciones se realicen a una distancia tal que estirando el brazo se puede tocar al interlocutor si este es un hombre, la distancia es mucho mayor si la conversación se sostiene con alguien de sexo opuesto.

En China las personas también se saludan con las manos y no es infrecuente que el saludo venga acompañado de la pregunta: «*¿Has comido hoy?*»; pero no debemos confundir esta pregunta con una invitación a comer, sino es su consuetudinaria manera de preguntar: «*¿Cómo estás?*». En Japón la clave del saludo se encuentra en el dominio de la reverencia (*ojigi*) pues no es habitual estrecharse las manos ni el contacto físico en general. Sin embargo, a veces se realizan excepciones como la inusual acontecida en el mes de abril del 2017 con motivo de la visita a Japón de los reyes de España, en la que tanto don Felipe como doña Letizia dieron dos inesperados besos a la entonces princesa Masako.

Lo corriente es que en el Imperio japonés no se mantenga el contacto visual con la persona a la que saludamos, resulta ofensivo y transmite inmodestia; los hombres deben mantener los brazos firmes y unidos al cuerpo mientas las mujeres lo harán con las manos cruzadas por delante. Se debe realizar la reverencia en un ángulo en correspondencia con las circunstancias y la edad o dignidad de la persona que estamos saludando y la mirada acompañará al movimiento. Luego se pronuncia la palabra «*Hajinemashite*», que significa «*encantado de conocerle*» y al incorporase se puede sonreír invitando seguidamente a tomar asiento a la mesa cuyas sillas no es infrecuente se encuentren a nivel del suelo, en el más estricto protocolo gastronómico nipón. Para un saludo casual basta una inclinación de quince grados o un simple movimiento de la cabeza hacia adelante. En el trato profesional con los clientes y en las muestras de agradecimiento la inclinación suele ser de treinta grados. Como muestra de profundo agradecimiento o para pedir disculpas la reverencia puede llegar hasta los cuarenta y cinco grados.

Curiosamente, los esquimales no se besan nunca, se saludan frotándose la punta de la nariz, aunque se advierte un lento abandono de esta costumbre, mientras que en Nueva Zelanda las narices se presionan una contra la otra, junto con la frente; en varias culturas de Latinoamérica, África y Asia el beso es inexistente como manifestación de saludo.

## EL BESAMANO
## RESTOS DE LA GALANTERÍA EXTINTA

El lector de una cierta edad recordará las películas románticas de una época en las que los caballeros saludaban a las damas colocando un casi imperceptible beso sobre el dorso de la mano. Era el ritual de la clase burguesa que se extendió a otros segmentos sociales menos favorecidos gracias a la magia de la literatura, el teatro y el cine.

Contrario a su tradicional manifestación, en la actualidad el besamanos no prevé el contacto con los labios sino el simple gesto de acercar la mano de la dama a los labios del caballero mientras este hace ligera inclinación de la cabeza con un breve intercambio de la mirada. Es un gesto muy elegante si bien muy poco practicado, casi exclusivo en determinados segmentos sociales y desafortunadamente con un incierto futuro.

Como manifestación de saludo los buenos modales aconsejan su práctica respetando determinadas reglas, a saber:

1. Debe ser ejecutado con gracia y naturalidad para no figurar un gesto forzado y privado de significación, por lo que recomiendo a los caballeros su larga práctica con vuestra hermana, una amiga o una colega de trabajo antes de hacerlo públicamente con una dama desconocida.

2. El gesto solo es permitido cuando la dama nos extiende su mano dispuesta para recibir el beso, más o menos a la altura del pecho del caballero.

3. Es un gesto para saludarse entre personas maduras, cuando el caballero lo hace con damas de joven edad el besamanos puede ser interpretado como manifestación de cortejo. No obstante, el gesto puede ser destinado a una joven en determinadas circunstancias, por ejemplo, al final de una exhibición, a una actriz o la vencedora de un concurso.

4. El gesto debe ser dispensado a todas las damas, sin hacer distinción entre las bellas y las menos agraciadas.

5. Nunca lo haremos en lugares públicos o al abierto.

6. Por último, el besamanos en tanto es un gesto de gran elegancia implica que dama y caballero deberán estar vestidos con la coherencia que el gesto requiere. En otras palabras, si utilizamos ropa deportiva o casual el besamanos será sustituido por un saludo formal de menos empeño.

# 8. ÉRASE UNA VEZ A LA MESA

Hace ya mucho tiempo, cuando la vida era mucho más simple, la mesa de casa era el escenario de los mejores momentos de la convivencia en familia, era el espacio ideal para compartir importantes anuncios y las experiencias de vida. Todos los días y a la misma hora debíamos estar sentados a la mesa correctamente vestidos, con las manos recién lavadas, embrujados por los olores que provenían de la cocina de la abuela. ¡Ahhh! ¡Qué agradable matriarcado! Un almuerzo podía durar horas, desde el mediodía hasta adentrada la tarde con pura conversación y placentera catarsis en absoluta ausencia de los hoy omnipresentes teléfonos y *tables*, sin la entropía constante de Internet. La abuela se regocijaba de tener todos sentados a su alrededor y nos mostraba con cada plato el resultado de una vida de aprendizaje y práctica, contándonos historias personales en cada elaboración, como Laura Esquivel, enseñándonos la comida como forma de tradición genealógica.

En aquella época bastaba la mirada de mamá para corregir cualquier comportamiento inadecuado en nuestros modales al comer, pero lo que para entonces podría ser un momento de fastidio estar bajo la constante vigilancia y regaños de los mayores, en la vida adulta se reveló útil, imprescindible para la convivialidad con nuestros semejantes y la realización de determinados logros. ¿A quién no le resulta familiar cuando los mayores nos invitaban a sentarnos correctamente, a no comer el arroz con la cuchara, a no llenarnos demasiado la boca ni a jugar con la comida, a no meter los dedos en el plato, a no molestar a los demás? ¡Cuánto debemos agradecerlo!

Si nuestra madre nos cortaba la carne, si nos daba una mano con la sopa, si limpiaba la comisura de nuestros labios, no lo hacía por considerarnos incapaces o para crearnos una limitación o satisfacer una malcriadez, lo hacía para acercarnos a la gastronomía mostrándonos el modo correcto de comportarse y de hacer debidamente las cosas a la mesa, lo hacía para que llegado el momento pudiéramos hacerlo con total autonomía, nos preparaba para vivir en sociedad. Aquellas palabras y gestos de amor e instintiva enseñanza permanecen en nosotros durante toda la vida. A veces me es difícil comprender por qué las hemos olvidado. Quizás cuando somos niños, o muy jóvenes, no valoramos todo lo que sucede a la mesa en su justa medida, no llegamos a comprender cuan afortunados éramos y solo con el pasar del tiempo nos damos cuenta con nostalgia que allí, todo sumado, fuimos felices. La mesa era el escenario de la más pura intimidad, de las mejores risas, de las muestras de afecto y de la confirmación de los lazos que nos unían como familia.

Con los años pasamos de la mesa de la abuela a la de nuestros padres y de ahí a la propia mesa, aquella que reúne a su alrededor a la familia que hemos creado. Alguien pudiera pensar que son escenarios diversos y quizás no le falte razón, pero la verdad es solo una: nuestra mesa es la prolongación de aquella de la abuela, es o debería ser, la extensión de cada enseñanza, de cada momento de alegría y satisfacción que nos transmitieron; nuestra mesa es la suma de todas las mesas de nuestra familia, y así será para aquélla de nuestros hijos y la de los hijos de sus hijos.

En la actualidad, a pesar de que se vive de manera tempestiva y en la que apenas tenemos tiempo de comer lo justo, durante los minutos exactos antes de salir corriendo para el trabajo o hacia algún compromiso social o profesional, la mesa continúa siendo el espacio cultural de intercambio y aprendizaje social más importante de nuestras casas. Debemos realizar un notable esfuerzo para no permitir que nuestra individualidad adquiera prioridad sobre el buen hábito de compartir el alimento en familia. Las responsabilidades y placeres de nuestra vida son importantes, también lo es llegar a casa a tiempo para cenar todos juntos o asistir con sentido entusiasmo a los almuerzos organizados por nuestros padres y abuelos. Cenar juntos es la garantía de la continuidad de nuestra familia. Cada ocasión debe ser aprovechada pues su existencia es limitada en el tiempo. Toca a nosotros que el acto de sentarnos a la mesa no sea solo para comer aislado del modo de hacerlo, privado del placer de la convivencia entre personas relacionadas entre sí por lazos de familiaridad o amistad, debe ser aprovechado también para educar, para hacer mejores a nuestros hijos y, en el proceso, también a nosotros mismos.

UN BUEN COMIENZO
MESAS Y CARROS DE SERVICIO
EN LA RESTAURACIÓN

Viene sobre entendido que la preparación de una mesa para la convivialidad impone la activación de un cierto protocolo que, si bien cuando nos encontremos en casa puede ser más o menos flexible, su seguimiento nos permitirá conseguir el resultado esperado con desenvoltura y acierto. Todo comienza con la valoración de los medios de los que se dispone y el tipo de cena que se pretende realizar toda vez que los primeros condicionaran el número de invitados y lo que se habrá de cocinar. Por ejemplo, es sabido que las mesas redondas permiten ajustar los puestos de forma que es posible agregar un cubierto de última hora y que junto a las mesas cuadradas favorecen el ambiente íntimo de la habitación y son ideales para el adecuado desarrollo de las conversaciones que habrán de sostenerse debido a que cada comensal se encuentra a una misma distancia los unos de los otros, cosa que se tendrá en consideración con las mesas rectangulares y ovaladas que imponen un más detallado estudio de la asignación de los puestos a designar. Asimismo, espacios de grandes dimensiones ofrecen mayores posibilidades de éxito para una cena abundante, el uso de adornos y del completo servicio de vajilla, cristalería y cubertería. Lo importante cuando de mesas se habla es tener en cuenta que la adecuada selección de la misma favorece con alivio el cumplimiento del protocolo que le acompaña.

Debo referir tempranamente una distinción pues cuando se habla de mesas hay nítidas diferencias entre lo que se entiende como mobiliario para un restaurante y aquel destinado a una casa. En ambos casos las mesas pueden ser cuadradas, redondas o rectangulares, pero lo que cambia son las dimensiones y el uso en un restaurante, condicionados por la categoría de la casa, la modalidad de servicio y el tipo de montaje, entre otros factores. Luego, mientras en casa las mesas no tienen que ser necesariamente iguales, en un restaurante se cuida mucho la uniformidad visto que en constantes ocasiones las mesas deben unirse en función del montaje que sea requerido, siendo cada vez más utilizadas las mesas que poseen como base solo una columna central o pedestal que sustituye las tradicionales cuatro patas debido a su gran practicidad. Las medidas más comunes utilizadas en un restaurante son las siguientes:

— Mesas cuadradas: dimensiones entre 0.90 x 0.90 y 1 x 1m teniendo en cuenta que se destinan a la atención de entre dos y cuatro comensales.
— Mesas redondas: dimensiones que van desde 0.60 hasta 1.80m para la atención de entre dos y diez comensales.
— Mesas rectangulares: dimensiones variables entre 1.25 x 1.75 m hasta 2.60 x 0.90 m. Por ejemplo, para garantizar el pacífico disfrute del espacio destinado a seis comensales, una mesa rectangular debería poseer aproximadamente las medidas 1.83 x 0.91m.

SABÍA QUE...

 En materia de mesas, mobiliario y menaje inteligentes y su correspondencia con la llamada gastronomía experiencial, la mesa Hisia de Paco Roncero (Chef español que defiende dos estrellas Michelin y tres Soles en la Guía Repsol) ocupa el primer discurso junto a las mesas electrónicas de los restaurantes londinenses Inamo. Hisia, coprotagonista del taller culinario que se ubica en el Restaurante La Terraza, en el Casino de Madrid, es una mesa de inteligencia artificial, fabricada en cerámica Keraon, multifuncional e interactiva controlada por ordenador en sincronía con el ambiente de la habitación, que incluye una cocina y prevé la atención de solo ocho comensales. Combinada con una bandeja de proyección situada en el techo de la habitación comedor, Hisia se convierte en una superficie de proyección inmersiva donde se conjugan en indescriptible armonía realidad física y realidad virtual. Imágenes de naturaleza viva, simulacros de tormenta, tornados de agua dentro de los vasos, lluvia de aceitunas, aceite de oliva que brota de las paredes a través de probetas son experiencias provocadas por Hisia y su entorno. Paco Roncero es también el autor detrás de la cocina del restaurante más caro del mundo situado en el Hard Rock Hotel Ibiza, el «Sublimotion» (en el que 30 personas trabajan para la atención de solo doce exclusivos comensales) y que con sus ocho estrellas Michelin es hoy la máxima expresión de la conjugación alta cocina y tecnología puestas al servicio de la venta de experiencias gastro multisensoriales: huertos que caen del cielo, magia ilusionista, mesa interactiva, viajes en el tiempo, lanzamientos desde un helicóptero, descomposición virtual de los ingredientes del plato a degustar, mise en place con iluminación propia y elementos que levitan sobre la mesa son algunas de las experiencias que nos hablan de un futuro elitista en el que se consume en paridad alimentos y tecnología.

No es infrecuente que en nuestras casas exista más de una mesa que utilizamos para comer, incluso hay casas en las que se instalan hasta tres mesas diferentes distribuidas entre las habitaciones de la cocina, la sala-comedor y los espacios exteriores. Pues bien, el número de mesas es irrelevante pues una sola servirá bien al propósito que nos anima si sabemos hacer adecuado uso de las posibilidades que esta nos brinda. Las simples reglas que debemos seguir están relacionadas con la propia mesa como objeto material y su disposición, pues una vez que determinamos la mesa a utilizar debemos considerar que la misma debe situarse a una distancia mínima de ochenta centímetros de las paredes que la rodean y que cada comensal deberá disponer de un espacio personal que no debe ser inferior a los sesenta centímetros (fig. 3), mientras la mesa tendrá una altura que no superará los setenta y cinco centímetros de manera que los huéspedes puedan adoptar una postura cómoda pero adecuada. Las sillas por su parte deberán ajustarse al espacio reservado para cada invitado y debemos reconocer que en un restaurante suelen poseer mayor calidad y un valor comercial mucho más elevado que aquellas que empleamos en el hogar, debido a que, en justa comparación con el efímero uso doméstico del mobiliario de casa, las sillas y mesas de un restaurante constituyen un activo fijo de larga vida útil que no solo serán utilizadas por un significativo número de personas provenientes de diferentes culturas, sino además porque se conciben para su uso prolongado en el tiempo que puede alcanzar desde cuarenta y cinco minutos hasta dos horas y media aproximadamente por cada comensal durante un promedio de doce horas diarias, en consecuencia se encuentran expuestas a roturas y deterioro en un número de probabilidades considerablemente mayor.

Así como usamos una regla para la disposición exacta de los cubiertos y garantizar su marcaje equidistante, usaremos un instrumento de medición para la colocación de las sillas teniendo en consideración que entre el borde la mesa y el respaldo de la silla deberá existir una distancia mínima de treinta y dos cm aproximadamente para garantizar la comodidad del comensal. Si no tenemos cómo medir la distancia requerida siempre puede recurrir al truco de colocar las sillas a una distancia tal que el mantel roce ligeramente con la parte anterior del asiento.

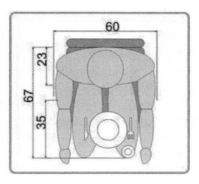

Figura 3. Medidas mínimas reservadas a la mesa para
un comensal. Imagen con Licencia CC0.

La mesa y sus sillas deberán, en la medida de lo posible, ajustarse al resto de la decoración que hemos dispensado a nuestros hogares. Por ejemplo, una mesa colonial en medio de un ambiente recreado al estilo asiático no crea la armonía deseada y lo mismo sucede cuando utilizamos mesas de cristal, metales y otros materiales en un ambiente recreado todo en madera. Igual importancia debemos dispensar al equilibrio entre mesas y sillas y la decoración general de un restaurante pues, siguiendo otro ejemplo, una casa que ofrece una cocina tradicional, en un entorno geográfico determinado y sin otras aspiraciones no debería mostrar un mobiliario, decoración y *mise en place* incoherente con esta filosofía.

Si el espacio del que disponemos es generoso tendremos a bien colocar la mesa en el centro del mismo, pero si el espacio es de reducidas dimensiones se valorará la posibilidad de colocar la mesa contra la pared aunque esto signifique el sacrificio de uno o más cubiertos, lo que no puede sacrificarse es el acceso hacia la misma ya que es el espacio que utilizaremos para el trasiego de alimentos y bebidas y es el que dispondrán los comensales para su movilidad desde una habitación y hacia la otra.

Figura 4. Tipos de carros de servicio (de izquierda a derecha): gueridón y carro flambeé que pueden ser empleados en el hogar. Imagen con Licencia CC0.

En cualquiera de las situaciones en que nos encontremos y especialmente en ambientes pequeños se deberá tener al alcance de la mano todo lo necesario para el servicio gastronómico. En este sentido resultará de gran utilidad la llamada mesa o carro de apoyo o servicio, también conocida como gueridón (fig. 4, izquierda), dotado de dos o cuatro ruedas que giran sobre su eje y de uno o dos pisos de apoyo paralelos. Imagine un espacio reducido al punto de ser casi preciso para el normal movimiento de los comensales y la degustación de un menú compuesto de varios platos, en ese caso poseer gueridón o un carro de servicio para realizar la terminación de un plato, acomodar el pan o alimentos que pueden ser servidos a temperatura ambiente, así también los cubiertos de recambio, frutas, el menaje, platos usados y todo aquello que una vez cumplido su propósito debe ser retirado de la mesa sin necesidad de que deba moverse constantemente desde y hacia la cocina es, decididamente, la solución ideal. Resta solo decir que en los restaurantes que responden a un estándar de calidad los carros de servicio[37] son muebles de obligado uso.

---

37   En un restaurante los carros son los destinados a servicios particulares. Entre
     los más utilizados recordamos el carro para pitanzas calientes, para carnes
     hervidas y asadas, el carro para quesos, el carro de flambeados (con una o

# SABÍA QUE...

 Menaje. Con este término en su forma doméstica se indica la composición de aceitera, vinagrera, salero y pimentero. En el caso de los restaurantes la composición se amplía indicando todos los elementos de la dotación de la sala que deben ser diariamente controlados, limpiados y reemplazados, a saber, además de los mencionados, encontramos: el molino de pimienta, el contenedor del queso, la azucarera, salsas varias (mayonesa, dressing, kétchup, mostaza, salsa coctel, Worcestershire sauce, Tabasco y Maggi, por ejemplo) además del limón, especialmente en los restaurantes con un menú a base de pescado. Recuerde que las salsas o aderezos generalmente no se vierten directamente sobre el alimento sino en el borde del plato para ser utilizadas en cada bocado y que en restaurantes elegantes no se pedirá el kétchup ni la mayonesa. El menaje nunca se dispone a la mesa sino cuando se ha previsto un plato que viene condimentado al momento. La palabra además es utilizada en la conocida expresión francesa ménage à trois con una pura connotación sexual e incluso hay un curioso vino californiano con este sugestivo nombre.

Ahora imagine que la misma mesa auxiliar de reducidas proporciones se encuentra equipada con una discreta cocina o infiernillo que le permite mantener la comida caliente o sorprender a sus invitados con un plato hecho ante sus ojos, por ejemplo, con la técnica del flambeé. En cualquiera de los casos el gueridón se revela de una utilidad extraordinaria. Este se situará a la derecha de la patrona de casa quien pasará platos, comida y cualquier otra cosa que sea menester al comensal que se encuentre a su derecha, quien a su vez pasará al comensal de al lado lo que le haya sido proporcionado y así sucesivamente entre el resto de los comensales hasta llegar de nuevo a la anfitriona que en el caso será la última en servirse.

---

dos hornillas), el carro de postres o pastelería, el carro para entremeses, el carro de bebidas y el carro de servicio o gueridón. Para más información se puede consultar a BRITO, José Luis. Artículo: «Carros de servicio. ¿Los grandes olvidados?» Excelencias Magazines. Edición 21, año 2010. (http://www.revistasexcelencias.com/excelencias-gourmet/ser-autoctono-para-ser-universal/al-detalle/carros-de-servicio-%C2%BFlos-grandes-olvi)

Si no dispone de un gueridón o de espacio suficiente, deberá afianzar dos cosas que le permitirán desarrollar adecuadamente la convivialidad. La primera es garantizar el espacio que permita el trasiego de comida y platos desde y hacia la cocina, responsabilidad absoluta de los patrones de casa que pueden dejarse auxiliar solo por el invitado de mayor confianza. La segunda de las medidas a adoptar es organizar la cocina de manera que todos los platos se encuentren elaborados o semi elaborados bastando unos pocos minutos para su terminación y su consumo se efectúe a la temperatura adecuada, y de modo que a la mesa los anfitriones no prolonguen sus ausencias.

Cada alimento posee un punto específico de temperatura en el que se despliegan todas sus propiedades. En este particular se requiere mucha práctica pues existen alimentos como las pastas y arroces en general cuya generosidad solo podrá apreciarse si se consumen inmediatamente después de su cocción al punto justo, regla también aplicable a los segundos platos. La temperatura puede ser nuestra fiel aliada o nuestro más severo enemigo.

## LA MESA PERFECTA PARA CADA OCASIÓN

Una mesa única perfecta no existe, existe solo la mesa ideal para cada ocasión. Se pudiera pensar que la mesa a la que me refiero es aquella pensada con el refinado gusto sibarita en la que hemos puesto cuidado a todos los detalles y hacemos gala de platos de elegante porcelana, copas de delicado cristal y exquisitos cubiertos para todas las exigencias. Sin embargo, este aserto no puede ser más equivocado. Es cierto que toda mesa perfecta tiene puntos en común con cualquier otra mesa protocolarmente correcta, pero, *grosso modo*, lo que realmente cuenta es nuestra capacidad de conjugar la creatividad, el protocolo y la practicidad dentro de las reglas de etiqueta gastronómicas que imponen las cenas formales, aquellas de seducción, aquellas en las que compartimos con amistades y familiares y aquellas que realizamos para nosotros mismos aun sin necesidad de ocasiones especiales.

Para «poner la mesa»[38] resulta inútil desempolvar la vajilla de la abuela que atesora platos de porcelana *Limoges* y un juego de copas *baccarat* o cubrirla con el mantel bordado de lino blanco para un almuerzo con los primos que vienen de visita, y no porque no lo merezcan, sino porque la ocasión no es la más adecuada, especialmente cuando en la actualidad existen óptimas alternativas al lujo que sirven fielmente al propósito perseguido, si el lujo fuese la intención. Cuando estamos en presencia de familiares y amigos no sirven las apariencias, disponga de un servicio digno sin exageraciones innecesarias. Si desea y puede usar la cristalería de todos los días pues hágalo, pero si le resulta más cómodo, práctico, o no le queda otra opción sino utilizar vasos, platos y cubiertos de plástico entonces bienvenidos sean.

Figura 5. Propuesta de *mise en place* elegante. La uniformidad y complicidad entre mesas, sillas, iluminación y decoración adquieren una extraordinaria relevancia.

---

38 Expresión extendida de origen muy antiguo relacionado con las costumbres de los hombres de remotas edades de la historia, específicamente nos viene de los tiempos en que la mesa no era un único mueble que ocupaba siempre un mismo espacio físico como lo conocemos hoy, sino que se armaba poniendo unas tablas sobre una base en forma de caballete y cuya extensión variaba según la ocasión.

Un discurso diferente debemos plantearnos cuando hemos invitado a cenar a los futuros suegros, a la persona que estamos cortejando, a los clientes con quienes hemos concluido un beneficioso contrato o cuando queremos regalarle a nuestra pareja una noche especial. En estas ocasiones todo lujo estará justificado y se deberá prever desde el adecuado mantel y la decoración, hasta el marcaje de cubiertos y copas y el posible acuerdo entre bebidas y comida, sin descuidar la iluminación, la música, los colores y el entorno en general. Una cosa es innegable, ya sea para amigos o familiares, ora para extraños o simplemente para usted mismo, cuando las personas se sientan a una mesa debidamente preparada experimentan un tipo de placer estético y dignidad que se reflejan inmediatamente en su trato con los demás, que invitan a ser complaciente, generoso y de buen humor. Recuerde que invitar a alguien a su mesa es un acto de intimidad y prepararla adecuadamente es un reflejo del respeto y el bienestar que sentimos al compartirla, por ello y aun de manera simple demuestre siempre esmero y, sobre todo, simpatía, pues hasta las mesas más humildes pueden ser las mejores si reina el buen humor, el respeto y la armonía.

## EL MANTEL
### MEMORÁNDUM PARA SU USO

Cuentan que en la antigua Roma del año 85 A. D. fue el último emperador de la dinastía Flavia, Tito Flavio Domiziano (51-96 A. D.) quien impuso el uso generalizado del mantel en tanto era del criterio que sentarse a la mesa significaba una noble ceremonia y era preciso entonces cubrirla con un mantel que fuera hermoso y de valor. Cuenta también la historia que el mantel fue durante siglos privilegio absoluto de la burguesía en tanto eran piezas de finos tejidos y considerable cuantía como lo fue en su momento el mantel de *Fiandra*. En el Medievo el uso de un mismo mantel era sinónimo de igualdad, como lo era el sentarse a mesas redondas; por el contrario, la disposición de distintos manteles en una misma ocasión era signo de jerarquía. Esto nos demuestra que el uso de los manteles tiene un origen íntimamente relacionado con el lujo, el poder y los placeres mundanos que solo se podían permitir las clases sociales de despreocupada posición económica hasta que la tradición judío cristiana motivó el uso generalizado de los manteles más allá de la liturgia. Desde entonces, no existe una escuela de etiqueta y buenos modales que no se haya esforzado en preconizar sus virtudes; hoy es inequívoco afirmar que, salvando las diferencias en cuanto a la calidad y variedad y su notable influencia en la experiencia táctil del comensal, no existe una mesa del mundo civilizado, presuntuosa o modesta, que no venga cubierta del mantel hasta para el servicio doméstico de menos empeño[39].

Cuando vamos a una tienda de ajuares de casa encontramos una absurda variedad de tejidos, medidas y colores cuando se trata de manteles y servilletas. Para no perder de vista lo que necesitamos tengamos en cuenta que lo ideal es la adquisición de manteles y servilletas que guarden una armonía cromática con el juego de platos que tenemos en casa. Por ejemplo, si poseemos un juego de platos con decoración de fantasía lo ideal será escoger un mantel de tinta unida con suaves colores pasteles; si por el contrario los platos son blancos entonces tendrá libertad para combinarlos con un mantel más colorido y con diseños y fantasías. Si no está seguro de la correcta decisión escoja el color que combina con cualquier adorno de la vajilla y el color de la servilleta, un color con el que no se errará nunca: el blanco. Los colores claros como el blanco y el color crema son ideales en casi todas las ocasiones excepto para cenas en las que de antemano se sabe habrá obligada suciedad, como cuando hay niños pequeños o se ha decidido montar un bufet. El

---

39  No es infrecuente que se disponga sobre la mesa y debajo del mantel o faldón, con la ayuda de cintas o elásticos, una tela afelpada y gruesa llamada muletón [invención que fue sugerida por Madame Ritz, esposa de César Ritz (1850-1918), considerado el padre de la Hostelería] y que posee la función de valladar contra golpes y temperaturas que puedan lastimar la mesa, así como amortiguar el sonido de las vajillas o evitar que se vea la mesa con el uso de manteles calados.

blanco servirá bien a sus propósitos en las cenas importantes, en las cuales se podrá hacer gala de manteles bordados y con encajes que tienen además la virtud de resaltar el resto de la decoración y las vajillas de metal color plata. No obstante, debo decir que he visto con placentero asombro las virtudes de negros manteles en cenas de cierta formalidad.

Tenga en cuenta que, aunque los tejidos van desde los naturales hasta los sintéticos y mezclados, es el algodón el que ofrece más ventajas en la eterna lucha contra las manchas y que el mantel debe poseer una medida que prevea el hecho de que tanto el algodón como el lino tienden a reducirse por la regular actividad de lavado y planchado, que además suele ser intensiva en el caso de la empresa hostelera o de restauración. Se recomienda el tejido de poliéster o acrílico para las comidas en familia, así como los colores sobrios, preferiblemente de color entero con sutiles matices cuando se habla de cenas elegantes, por ejemplo. En otras palabras, lo que define la elección del tejido y el color del mantel es el uso que le será destinado.

Otro elemento para tener en consideración es la forma del mantel en tanto los encontrará redondos, cuadrados, rectangulares y ovalados. Lo más común es que el mantel conserve la forma de la mesa, aunque esta regla encuentra excepción con las mesas redondas que pueden ser vestidas incluso con manteles cuadrados que crean una ilusión muy atractiva, especialmente si encima de un mantel redondo largo colocamos un mantel en forma cuadrada, lo que se conoce en el mundo del catering como la *table habillée*, también pueden disponerse dos manteles cuadrados superpuestos, de manera que la mesa tenga ocho picos.

Una vez escogido el mantel debemos cerciorarnos de que sea impecablemente limpio, pero sin olor alguno a perfume y no dudaremos en utilizar la plancha, especialmente sobre los pliegues que forzosamente se crean cuando lo doblamos para guardarlo, como rigurosamente se hace hoy en toda gran casa gastronómica antes del inicio del servicio. Extendido sobre la mesa el mantel deberá exceder la superficie de apoyo por todos sus lados en unos veinticinco o treinta centímetros y podrán fijarse, en ocasiones importantes[40], a una distancia de unos veinticinco centímetros del suelo. Los manteles que cubren generosamente las extremidades de la mesa hasta su contacto con el suelo son muy elegantes, pero mejor los reservamos para los grandes banquetes debido a que en virtud de la ausencia de sillas favorecen la apreciación de los bordados, encajes y otros elementos de decoración. En este caso se retiene apropiado que las sillas o sillones deben colocarse al externo de la mesa, rozando apenas el mantel, mientras que con manteles más cortos las sillas vienen introducidas desde un tercio hasta la mitad debajo de la mesa.

Si lo que tiene en mente es una cena en condiciones poco formales existen alternativas a tener en consideración. Me refiero a las llamadas *servilletas a la americana* que fabricadas de materiales diversos se utilizan de manera personal, es decir, una por cada comensal, sin necesidad de poner debajo un mantel. No es infrecuente ver como alternativa un tanto más elegante el uso de los llamados *runner*, una especie de mantel de reducidas dimensiones que permite su uso solo a dos personas sentadas la una frente a otra, pues posee solo unos cincuenta centímetros de ancho, la medida exacta para acoger el cubierto de dos comensales, teniendo en cuenta que estos ocupan un área aproximada de cuarenta y cinco cm de largo (52-55 cm con el platillo para el pan) y de treinta y cinco a treinta y ocho cm de profundidad. Se puede utilizar encima del mantel o en ausencia de este, atendiendo al gusto estético que nos asiste. Este tipo de mantel es sumamente práctico pues su sustitución después del uso solo requiere un mínimo de tiempo, especialmente para el servicio en restaurantes en el que se debe realizar el cambio de la mantelería para la atención de cada cliente, de ahí su nombre que denota rapidez, movimiento. El uso del *runner* solo debe ser consentido para la atención de comensales en números pares, evitando su uso en las mesas redon-

---

40  Según las medidas más utilizadas los manteles han de ser mayores que las mesas para las que están destinados en unos cincuenta cm, previendo la caída de los veinticinco cm; por ejemplo, una mesa cuadrada de 0.90X0.90 cm necesitará un mantel de 1.40X1.40 cm.

das, ovaladas o rectangulares pues los extremos quedarán vacíos y arruinarán la estética de la mesa.

En cualquiera de los casos resulta de extrema importancia la correcta disposición de los puestos y la preparación de la mesa atendiendo al espacio del que disponemos; para ello debemos respetar las medidas recomendadas por las escuelas de Hostelería y que luego ponen en práctica restaurantes y apasionados privados del protocolo. (fig. 6). Y hablando de espacios en la preparación de nuestra mesa soy un antiguo defensor de los candeleros, candelabros y los centros de mesas, cuya disposición viene condicionada tanto por el espacio del que disponemos como del diseño y proporciones de estos.

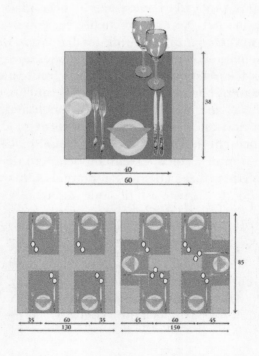

Figura 6. Medidas de los espacios que debemos tomar en consideración para preparar mesas de distintas dimensiones. (Las unidades están expresadas en centímetros).

Finalmente, dos reflexiones. Así como garantizamos que un mantel digno cubra la mesa de nuestras casas, un restaurante, sin importar quién es su titular, no debe abrir puertas al público sin garantizar la higiene, integridad y continua rotación de los manteles. Si no es esa la práctica, entonces es sabio cambiar de profesión; y por otro lado, el mantel no es una servilleta, no es algo que sirva al propósito de secar o limpiar nuestras manos o boca o ninguna otra parte del cuerpo, por lo tanto, al final de la cena y en la medida de lo posible, el mantel debe dar la misma impresión de limpieza, buen gusto e higiene con las que se le dio la bienvenida cuando usted se sentó a la mesa. Recordarlo siempre le garantizará la gratitud y admiración tanto de quienes trabajan para brindarle el mejor de los servicios como de la anfitriona de casa. A este propósito, nos refiere un escrito francés del siglo XVIII[41]:

«*Cuando la cuchara, el tenedor o el cuchillo estén sucios o grasientos, resulta muy inconveniente chuparlos y no está nada bien secarlos o lo que sea, con el mantel. En estas ocasiones y otras similares conviene servirse de la servilleta y, por lo que hace al mantel, es preciso procurarlo siempre muy limpio y no dejar caer en él agua, vino ni nada que pueda ensuciarle*».

## ¡LARGA VIDA A LA SERVILLETA!

En su *De Civilitate Morum Puerilium*, Erasmo de Rotterdam escribió: «*Mantile si datur, aut humero sinistro aut bracchio laevo imponito (…) A dextris sit poculum et cultellus escarius rite purgatus, ad laevam pañis*». («La servilleta debe ser colocada en el hombro o brazo izquierdo; copa y un cuchillo a la derecha, el pan a la izquierda»). Cuando pienso que desde el 1530 ya había publicaciones pedagógicas con enseñanzas semejantes resulta claro que independientemente de la posición que le

---

41  *Les Règles de la Bienséance el de la Civilté Chrétienne* (Rouen, 1729), de De La Salle. Citado por el sociólogo Norbert Elías (1897-1990) en su libro «El proceso de la civilización», p. 141. Fuente: http://ddooss.org/libros/Norbert_Elias.pdf

reservamos a la mesa y de la humildad de los platos a servir, la servilleta siempre debe poseer y conservar su sitio de honor.

Si el mantel es lo primero que valora positivamente nuestra percepción táctil, lo segundo y con abierto placer es el disfrute de la servilleta. ¡¡Ahhh¡¡ La servilleta. Este trozo uniforme de tela o papel es, en algunos escenarios, el grande ausente de las mesas contemporáneas cubanas, valorada mayormente en restaurantes y estructuras hoteleras, pero sobreviviente todavía insuficiente en actividades gastronómicas de gestión privada. Con feliz curiosidad he visto la lozanía de los locales gastronómicos dentro de la Isla en las que se ha previsto todo, o casi todo, pero a la servilleta no le ha sido dispensada la importancia que merece y en incontables ocasiones se ha decidido prescindir de ella, quiero pensar que por sana ignorancia pues un disparate semejante es como afirmar que la matemática es una opinión. Podría auxiliarme de varios ejemplos de servilletas fantasmas que he vivido en primera persona, pero creo que a estas alturas el lector ya empezó a rememorar sus propias experiencias que dan fe de estas palabras.

Es impensable cualquier servicio gastronómico, incluso el de un simple café, sin la presencia de la servilleta: esta posee el mismo valor a la mesa que un cubierto o una copa. La servilleta no solo aporta a la preparación de la mesa un alto valor estético en íntima complicidad con los demás elementos de la *mise en place*, además es aquella que mediante su uso indica el inicio de la comida, la que nos mantiene a salvo de arruinar nuestra ropa, la que nos permite beber entre un bocado y otro, la que nos brinda la discreción necesaria si debemos extraer algo indeseado de la boca en presencia del resto de los comensales y la que nos auxilia a identificar el momento en que la cena a llegado a su fin. Veamos esto con mayor detenimiento.

## VALOR ESTÉTICO

Si usted entiende que los manteles, los cubiertos, platos, copas y centro de mesas aportan un alto valor estético a la preparación de una mesa, la selección y disposición de las servilletas no posee menos importancia. Es más, debo afirmar que por el contrario la servilleta nos brinda numerosas posibilidades de adorno pues a diferencia de elementos de fija posición (vg. cubiertos y copas) que conforman la *mise en place*, la servilleta puede ser doblada y acomodada de múltiples maneras, desde los diseños más simples hasta las figuras más refinadas y su disposición sobre la mesa puede ser dentro o fuera del plato de presentación, y en ambos casos las posibilidades para el adorno suelen ser numerosas dependiendo del gusto personal y del tipo de cena que habrá de organizarse. No obstante, debo insistir que doblada en forma cuadrada, rectangular o triangular, de manera simple, da mayores garantías sobre la higiene de la servilleta que habrá de ser utilizada.

## USO CORRECTO DE LA SERVILLETA

La servilleta viene dispuesta a la izquierda porque si la colocamos a la derecha junto con la cuchara, el cuchillo y los vasos, a la izquierda queda solo el tenedor con el platillo del pan y por lo tanto la mesa resulta desequilibrada en la ordenación de sus componentes, como nos lo explica con exquisita constancia la dama italiana Elda Lanza (1924), una de las voces vivas más antiguas y reconocidas en la literatura de los buenos modales. Recuerde que podrá ser colocada en el centro del cubierto por razones de espacio y estética y solo si la disponemos encima del *bajoplato* o del plato de presentación. Utilizar las servilletas para envolver las herramientas de degustación cuando realizamos la *mise en place* no será nunca una buena idea, no solo sugiere mala praxis higiénica, es además estéticamente deprimente y fútil en su funcionalidad en tanto obliga al comensal a desenvolver los cubiertos para su uso.

Toda cena se inicia con un inequívoco gesto: la colocación de la servilleta sobre los muslos. Es algo instintivo, pero no siempre lo hacemos de la manera correcta. Cuando nos sentamos a la mesa lo apropiado es abrir la servilleta y antes de posicionarla sobre nosotros debemos tener en consideración dos cosas: si la servilleta es pequeña la colocaremos completamente abierta sobre los muslos, por el contrario, si su tamaño lo permite, la doblaremos a la mitad y la colocaremos sobre los muslos con la costura hacia el interior de nuestro cuerpo y permanecerá en esa posición durante toda la cena.

Cuando debamos limpiar o secar las comisuras de los labios utilizaremos la cara interior de la parte superior de la servilleta presionando delicadamente la misma contra nuestros labios, de manera que el espacio utilizado nunca queda al descubierto y nuestra ropa se mantiene a buen resguardo. La servilleta no debe situarse sobre el pecho sosteniéndola con una mano durante la cena y no existe motivo alguno que justifique su burlesca colocación al cuello como si fuera un babero, cosa que solo es indicado en la alimentación de los niños de muy corta edad y en personas con condiciones especiales de salud.

En la Europa mediterránea, por ejemplo, resulta de gran cortesía, en el caso de las damas, retirar la pintura de labios con una servilleta de papel antes iniciar a utilizar la servilleta de tela, mientras que en los Estados Unidos este hecho puede resultar irrelevante. De todas maneras, tenga en consideración dos cosas. La primera es que una copa que antes fue de translúcido cristal y que ahora muestra evidentes manchas de carmín es algo que los comensales prefieren no ver. Lo segundo es que en un restaurante intentar remover esas rebeldes manchas es la causa principal de roturas en la cristalería y de desafortunados accidentes entre el personal de sala.


## ME LIMPIO, LUEGO BEBO

Me refiero al uso de la servilleta que más descuidamos durante toda la cena cuando incumplimos con lo que me agrada llamar la fórmula LBL (*Limpio, Bebo, Limpio*). Consiste en una repetición continuada de las mismas acciones durante la cena de modo que limpiamos siempre nuestros labios antes y después de beber; dicho en otras palabras, solo llevaremos la copa o el vaso a nuestros labios después de haberlos limpiado y después de beber repetiremos la acción y así sucesivamente hasta el final de la cena. Este comportamiento requiere práctica, pero en poquísimo tiempo se convierte en un gesto automático que se ejecuta con reposada naturalidad. Con el constante cuidado de la limpieza de los labios garantizamos que las copas y vasos no resulten manchados con posibles restos de alimentos o carmín, imagen que resulta desagradable a los demás comensales y empaña particularmente sus buenas maneras a la mesa. El lector comprenderá mi estupor cada vez que noto a una servilleta intacta (sin usar) a pesar de haberse culminado la cena. No usar la servilleta posee el mismo desvalor que utilizarla incorrectamente, pero aun en el caso en el que no ha utilizado la servilleta, la etiqueta recomienda que la deje desdoblada sobre la mesa, de manera que la misma no sea reutilizada para las atenciones de otro comensal.

## DISCRECIÓN

Durante una cena pueden ocurrir varias cosas inesperadas a pesar de los muchos cuidados y previsiones de los anfitriones. Una de ellas puede ser que al interior de la boca lleguen alimentos, condimentos o cualquier otra cosa que nos resulte desagradable al paladar o nos cause daño. En estos casos podemos decidir engullir lo que nos estorba o extraerlo delicada y discretamente de la boca. En este último caso solo hay un modo correcto para hacerlo y es a través de la servilleta. Sin hacer movimientos bruscos, y de la manera más natural posible, llevaremos la servilleta con ambas manos a la boca, colocaremos en su interior el contenido indeseado en un único y decidido gesto y retiraremos la servilleta con la mano izquierda que permanecerá cerrada hasta que podamos estar cómodos nuevamente. Un buen anfitrión no pasará por alto el significado del gesto y proporcionará inmediatamente una servilleta limpia a su invitado retirando de la mesa la utilizada.

## HE TERMINADO

Por último, la servilleta nos brinda un eficiente servicio de comunicación pues colocada siempre al lado izquierdo del plato de manera descuidada (nunca dentro del plato), indica inequívocamente que hemos culminado la cena. Algunas escuelas de protocolo defienden el cuestionable criterio de colocar la servilleta del lado derecho, siempre de manera descuidada, para indicar no el final de la cena sino una ausencia temporal a la mesa. En los Estados Unidos de Norteamérica y en el Reino Unido, por ejemplo, la etiqueta recomienda sin embargo dejar la servilleta doblada sobre el asiento si necesitamos ausentarnos para ir al baño, fumar o realizar una llamada telefónica. Personalmente entiendo incoherente cuidar la higiene de nuestra servilleta y dejarla sobre el asiento para luego continuar utilizándola en continuo contacto con los labios. Por otro lado, el gesto de colocar la servilleta en uno y otro sitio posee significado cuando la cena se produce en un restaurante, pero es irrelevante en ambientes mucho más personales.

## SABÍA QUE...

 Se afirma que por muchos años la posición de la servilleta a la derecha del comensal fue el resultado de la influencia de una superstición histórica que distinguía la mano buena (derecha) de la mano perversa (izquierda). Se dice que en la antigua Grecia era popular el uso un poco de miga de pan enrollada llamada apomagdalie, destinada para limpiar la boca y los dedos y luego ser comida o arrojada debajo de la mesa. En la antigua Roma la servilleta está relaciona con la realización de la apophoreta, es decir, para contener los regalos que el anfitrión distribuía entre los comensales para que se llevaran a su casa. Se cuenta además que la primera servilleta utilizada como tal fue un gran trozo de tela de tejido viejo y poco elegante que se colocaba sobre el hombro derecho para ser utilizada con la izquierda visto que la derecha era ocupada en el acto de comer, como se advierte en varias pinturas del siglo V del pasado milenio. En el siglo

VI la servilleta pasó del hombro al interior del codo derecho. Ya en aquella época se comía con la mano izquierda. Curiosamente uno de los muchos usos de la servilleta dio también origen a la palabra cubierto pues la historia relata que, por razones de higiene, en algún momento posterior al siglo XIV los alimentos venían presentados a la mesa tapados por una servilleta, de ahí que utilicemos el término «cubierto» para referirnos al servicio a la mesa que viene dispensado para el uso de cada comensal.

La servilleta debe ser, como el mantel, un ejemplo indiscutible de la palabra pulcritud, en especial si tenemos en cuenta que estará constantemente en contacto con nuestros labios y manos. Si decidimos preparar una mesa debemos recordar que nuestras opciones para el uso del papel o la tela vienen condicionadas por el tipo de cena que estamos organizando. En las cenas formales es sacrílego el uso de las servilletas de papel (excepto en países como China), mientras que en el resto de las ocasiones el papel ha demostrado ser un gran aliado a pesar de su inconveniente ecológico/económico. Es un error, si no le deseamos llamar mal gusto, colocar a la mesa como sustituto de las servilletas, el papel multiuso que utilizamos para el resto de las actividades domésticas dentro de casa. Si por casualidad se olvidó de comprarlas y se encuentra entre familiares y amigos pida disculpas por el descuido y que la armonía no se manche por este detalle, pero si no es este el caso le recomiendo se prepare salvar esta desacertada impresión con los otros elementos que componen la cena. Si se deben usar servilletas de tela estas deberán ser debidamente planchadas y dobladas de manera simétrica y colocadas de forma simple marcando el puesto de cada comensal. Si por el contrario desea impresionar a sus invitados con un toque estético puede echar mano a los diseños creados para las servilletas y que dan una visión elegantísima al servicio, teniendo en cuenta que ello implica cierta práctica y mayor tiempo de preparación y antelación. Sin embargo, para ser coherente con mis pensamientos, en líneas anteriores he anticipado que soy partidario de que la servilleta, en todo momento anterior a la cena y a su uso por los comensales, debe ser manipulada lo menos posible por obvias razones de higiene.

El tejido puede ser igual o semejante al tejido del mantel si bien esta no es una regla absoluta, como tampoco lo es el hecho de que mantel y servilletas sean del mismo color, aun cuando la etiqueta recomienda que una combinación de colores es mucho más atractiva y elegante, las opciones son muchas, solo debe cerciorarse que el color del mantel contraste y se complemente armoniosamente con aquel de la servilleta. Además, debemos cerciorarnos de que el tamaño de la servilleta es directamente proporcional a la importancia de la cena, de ahí que las servilletas de mayor tamaño sean reservadas para las ocasiones más formales[42].

Por último, debemos recordar que antes de la disposición de las servilletas sobre la mesa ha de tenerse en consideración que, entre un cubierto y otro, calculando desde el centro de la servilleta, se debe prever una distancia aproximada entre sesenta y setenta cm, mientras que desde el borde de la mesa hasta la mitad de la servilleta debe haber una distancia de unos treinta y cinco cm que pudiera aumentar a cuarenta y cinco cm en el caso de que a la mesa existan los puestos de cabecera[43].

## PLATOS VAN ~ PLATOS VIENEN

Una vez que hemos vestido la mesa y hemos combinado mantel y servilletas, teniendo en cuenta el color de la vajilla

---

42  Si es usted un riguroso seguidor de la etiqueta sepa que las que usamos a cena suelen ser las de mayor tamaño y podrán poseer entre 20 y 26 pulgadas por sus cuatro lados, mientras que las del almuerzo estarán entre las 17 y las 20 pulgadas, las de uso para el té serán de 12 pulgadas y las de café entre 6 y 9 pulgadas.

43  Debido a que la disposición de las mesas y sillas obedece a un cierto protocolo en materia de organización de puestos, espacios, así como en el marcaje de cubiertos atendiendo al menú a degustar y al tipo de evento en cuestión, cuando hemos reservado una mesa en un restaurante para un cierto número de comensales y a última hora este número cambia, los buenos modales aconsejan que, como manifestación de cortesía, se llame antes para que reorganicen nuestra mesa de manera que no nos encontremos con un cubierto adicional o faltante, tarea que realizada improvisadamente puede estropear la previa preparación que el restaurante ha realizado para usted y sus invitados.

que habremos de utilizar, nuestra atención se concentrará en otro elemento que además de su valor estético y de su influencia en la percepción del gusto es prueba irrefutable de la evolución de la elaboración de los alimentos como expresión de la cultura: el plato.

La preparación de una mesa vestida se inicia con la colocación equidistante de los platos en perfecta lineación con el centro de la silla de cada comensal y a la distancia aproximada de una pulgada del borde de la mesa; recomiendo el uso de la cinta métrica como lo haría todo buen mayordomo. Lo ideal es poseer dos juegos de platos, uno que pudiéramos llamar de «*combate*», aquel que utilizamos diariamente en casa, y un segundo de uso reservado para las ocasiones más especiales. Estimo que nunca está demás poseer una reserva de platos plásticos para cuando llegue el día de aquella desafiante cena en la que tenemos invitados que duplican en número a nuestra vajilla, pero solo en este caso y en extrema informalidad echaremos mano a esta opción. El segundo, de ser posible será de color blanco o hueso. En ambos casos, debemos intentar que los platos formen un juego exacto al menos para seis u ocho personas, que es el número de comensales de una cena ideal. Si nos lo podemos permitir, podemos extender el número hasta doce comensales siempre teniendo en consideración que en cualquiera de los casos la vajilla deberá poseer la siguiente composición en un número de uno por cada comensal:

PLATO PEQUEÑO:
Destinados a los aperitivos y postres en general que deban comerse con cuchara (d. a[44]. 210 y 230 mm).

PLATO LLANO:
Para sopas secas, primeros y segundos platos, también utilizados para los aperitivos y postres cuando se requiere mayor espacio para una mejor disposición del alimento en el plato (d. a. 260-280 mm).

---

44  d.a: Abreviatura de: dimensión aproximada.

PLATO HONDO:
Ideal para sopas y caldos, debe servirse con un plato debajo y puede ser sustituido por un tazón para caldos (d. a. 230-250 mm), usado además para servir determinadas pitanzas principales, a discreción del chef. Una variante moderna del plato hondo lo constituye el conocido como *Capello da Prete*, un plato ideado fundamentalmente para pastas y arroces cuyo uso se ha extendido por las cocinas del mundo. Posee unos bordes o faldas muy amplias alrededor de una cúpula que precisamente recuerdan el sombrero que antiguamente utilizaban algunos sacerdotes (d. a. 275 mm).

BAJOPLATO (opcional):
Son de gran diámetro y construidos en metal, cerámica, porcelana, madera o semejantes (d. a. 300-340 mm). Se utiliza como base y decoración en la mesa para colocar encima otros platos. Aportan belleza y elegancia a la mesa y ayudan a protegerla de golpes y temperaturas frías o calientes. No viene retirado hasta el final de la cena. Se colocará a una distancia nunca inferior a un cm del borde de la mesa.

PLATO DE PRESENTACIÓN (opcional):
Es el plato que se marca como presentación o muestra encima del bajo plato con el propósito de no dejar la mesa vacía, dejando solamente el bajo plato. Suelen ser cambiados con la llegada del primer alimento que suele venir emplatado, esto es, tienen una función ornamental y son retirados al servir el primer plato. Sus dimensiones son aproximadamente iguales a las de un plato llano. Sin embargo, cuando el primer plato deba ser servido en un bol, taza, cuenco o semejante, el plato de presentación servirá de plato base y será retirado junto con el primer plato. (d. a. 300 mm)

TAZÓN GRANDE:
Para las ensaladas y aperitivos fríos, etc.

TAZÓN PEQUEÑO:
Útil para servir la macedonia, helado, dulces en mono por-

ciones de hasta cien gramos. También podemos usar un platillo pequeño o de postre (d. a. 200 mm)

PLATILLO PARA EL PAN (opcional):
Posee una dimensión aproximada entre 150 -160 mm y su marcaje a la izquierda nunca será inferior a los diez cm del borde lateral de la mesa conservando un ángulo de 45° y una distancia aproximada entre 6 y 7 cm del bajoplato o del plato de presentación.

Aunque en la preparación doméstica de una mesa se suele ser menos exigente, en la *mise en place* de la mesa para un banquete, el marcaje del platillo para el pan, el bajoplato y/o plato de presentación suele ser de riguroso protocolo.

La variedad en las vajillas que hoy podemos encontrar en el mercado escapa a nuestras expectativas, especialmente porque al ser obras de artesanía son fruto de la constante creación artística. Ovalados, cuadrados, redondos, rectangulares, irregulares, rectos y curvos, en piedra volcánica, cerámica, madera, etc., los elementos de la vajilla deben servir fielmente al propósito para el cual fueron concebidos, sugiriendo la etiqueta que el tamaño, el color y la forma guarden una filosófica relación con la comida que habrá de servirse y el tipo de ocasión planteada. Por otro lado, la ciencia ha demostrado que el color de un plato y sus formas modulan la percepción del dulzor, la intensidad, la calidad y el gusto del alimento. Por ejemplo, resulta probado que un alimento se percibe significativamente más dulce si se degusta en un plato redondo blanco que en otro también blanco, pero de forma cuadrada, lo que pudiera traducirse en que la combinación de un postre bajo en azúcar y su degustación en un plato redondo blanco conduciría a una mejora de su general percepción. Contrariamente un alimento percibido como muy dulce pudiera amortizar esta impresión al paladar si es degustado en un plato cuadrado blanco o en uno negro genérico. Y lo mismo ocurre con la variable calidad, en tanto ha sido demostrado que los alimentos que se degustan en platos redondos blancos y en platos negros cuadrados se perciben con una calidad significativamente más alta que la comida consumida en platos cuadrados blancos y en platos negros redondos.

SABÍA QUE...

 La tendencia de los restaurantes de lujo es la adquisición de superficies para soportar la comida una vez que el plato ha sido concebido. Fíjese que he escrito superficie para significar que en la actualidad no se come necesariamente en un plato, sino en cualquier superficie o estructura que comparta estrecha complicidad con el menú creado por el Chef y su equipo. Por ejemplo, en Chicago, Illinois, existe un restaurante llamado Alinea, capitaneado por el Chef Grant Achatz (dos estrellas Michelin) y posicionado en el número 21 entre los 50 mejores restaurantes del mundo en el 2017, en el que uno de los platos denominado Graffiti (setas salvajes y spray de zanahoria) viene servido en un espartano e irregular trozo de mosaico monocromático, semejante a esos que sobran cuando montamos el piso de una edificación y que generalmente clasifican como escombros, mientras otro plato denominado Tropical Fruit, con ron, vainilla y kaffir lime tiene como soporte toda la superficie de la mesa, es decir, la mesa es el plato en sí mismo.

Quien ha tenido la oportunidad de observar con detenimiento el interior de la cocina de un restaurante se habrá dado cuenta que a los platos se les reserva gran importancia y que están dispuestos según el servicio en el que serán utilizados, lo que condiciona incluso la temperatura a la que son almacenados en los cajones calientaplatos o en las mesas calientes. Por ejemplo, los arroces y las pastas suelen servirse en platos que se almacenan a altas temperaturas (alcanzando los 70-80 °C para los platos de carne de considerable gramaje) lo que favorece que el alimento llegue a la mesa conservando la temperatura[45] y textura adecuadas para ser ingerido.

---

45  Investigadores de la Universidad Católica de Lovaina, en Bélgica, dieron a conocer un estudio sobre la influencia de la temperatura sobre los alimentos en el que se concluyó que mientras más alta es la temperatura del alimento mayor es la intensidad de una señal eléctrica que percibe el cerebro y que se

¿Cómo la forma del recipiente favorece al alimento y su presentación? Pues muy fácil: los platos rectangulares son muy apreciados por los jefes de cocina debido a que beneficia la disposición de determinados alimentos que han de ser degustados en un preciso orden, por ejemplo, la charcutería, el sushi, las tapas, los quesos y los chocolates, de manera que la sucesión resalta la bondad de cada alimento individual. Los platos completamente planos —si deseamos llamarle platos— son muy valorados para el porcionamiento, emplatado y terminación de determinados alimentos que el Maître realiza frente a los clientes. Los platos redondos y hondos son aquellos con los que raramente nos equivocamos debido a su extensa versatilidad, especialmente cuando se habla de arroces y pastas; mientas que los platos cuadrados son ideales para la presentación de alimentos de forma redonda, cuadrada o en rombo. En este caso el ingrediente principal suele ser situado en medio del plato mientras el resto de los ingredientes y elementos de decoración, que pueden ser todos iguales o diversos entre sí, vienen dispuestos desde el centro hacia el exterior, valorando con persistencia el hecho de que la invitación a su degustación, integridad y la frescura de un alimento se revelan acentuados cuando un plato viene presentado con elegancia y cromática armonía.

Debemos considerar además que la organización, el equilibrio, la orientación del alimento y la decoración de un plato afectan nuestra percepción de mismo. Así, aunque nos guste la abundante decoración del plato, mientras más grande sea este más al centro debe ser la misma pues solo así se consigue el efecto estético deseado (y no se corre el riesgo del contacto con dedo pulgar cuando manipulamos el plato). Por otro lado, largas investigaciones han demostrado que existe una abierta preferencia por la estética visual que representa las ubicaciones de los alimentos al centro de los platos, lo

---

manifiesta como una percepción realzada del sabor. Sin embargo, el mismo estudio distingue el hecho de que la percepción del gusto disminuye si la temperatura del alimento supera los 35 grados. (HELLER, Lorraine. Artículo: «Food temperature affects taste, reveal scientists». Publicado en la revista digital FOOD navigator.com) https://www.foodnavigator.com/Article/2005/12/19/Food-temperature-affects-taste-reveal-scientists.

que se conoce en las fuentes bibliográficas como «el poder del centro»; asimismo, los alimentos emplatados siguiendo cierto criterio de orden, limpieza y equilibrio suelen ser entendidos como manifestación de habilidad y esfuerzo del cocinero, percibidos además como de mejor sabor y calidad y por los cuales los comensales están dispuestos a pagar un valor significativamente mayor, valorando sus expectativas y el contexto en el que se consume el alimento[46].

Figura 7. La decoración de un plato es tan importante como el plato en sí mismo. Imagen de uno de los platos del Chef Kenneth Toft-Hansen con los que Dinamarca se impuso en el Bocuse d´Or, edición de 2019.

En cuanto a los platillos para el pan debo realizar dos observaciones. La primera es dejar claro que el pan no es un alimento con el que los cubanos acompañan las comidas, siendo utilizado fundamentalmente en el desayuno y las meriendas, por lo tanto, no es extraño que incluso en las mesas más elegantes el pan a la mesa no sea previsto, cosa

46  VELASCO, Carlos, MICHEL Charles, T. WOODS, Andy y SPENCER, Charles. «On the importance of balance to aesthetic plating». Artículo publicado en la *International Journal of Gastronomy and Food Science*, Vol. 5-6, octubre-diciembre 2016, pp. 10-16.

que en otras culturas del mundo resulta *inveterata* costumbre y que, en consecuencia, debe ser tenida en consideración si alguno de sus invitados es un extranjero, especialmente si es mediterráneo. Y la segunda: la presencia del pan a la mesa impone la previsión del platillo correspondiente o cuando menos significará la presencia de una panera (cesta o cuenco para contener el mismo)[47]. Un servicio más pretensioso consistiría en acompañar el pan caliente con una mono porción de mantequilla y el marcaje del cuchillo o paleta correspondiente. El platillo además de una función estética resulta muy práctico para no dejar esparcidas sobre el mantel las migajas de pan que caen cuando con las manos vamos tomando poco a poco los trozos que vamos a comer en tanto el pan no se corta ni se lleva directamente a la boca para darle un mordisco. Según los relatos históricos el pan no se cortaba con el cuchillo por razones higiénicas en virtud de que este era utilizado en la guerra y para la cacería y corte de carne, motivos por los que casi siempre mostraba rastros de sangre y/u otros elementos orgánicos; esta costumbre de no utilizar el cuchillo para cortar el pan ha sido heredada hasta nuestros días. Como dato curioso recuerdo que en Marruecos los usos condenan cortar el pan con el cuchillo por considerarlo un acto violento.

Por otro lado, no resulta extraño que sus invitados extranjeros antes de la comida y a modo de aperitivo, bañen el pan en aceite de oliva y vinagre balsámico[48] —costumbre cada vez más extendida— en cuyo caso el platillo se muestra de una utilidad práctica incuestionable, lo que en modo alguno nos invita a cortar el pan y comerlo con la ayuda del tenedor, es un gesto cercano al ridículo si consideramos que resulta a tono con la etiqueta el uso de las manos.

---

47 En las cocinas y bares profesionales para calentar el pan se utiliza un equipo electrodoméstico denominado Salamandra, dotado de una resistencia en su parte superior que irradia calor de forma constante y controlada hacia los alimentos que se sitúan en su base en forma de parrilla. Otros usos son gratinar, tostar y dorar los alimentos.

48 Particular aquel elaborado de uva Trebbiano en las provincias italianas Modena y Reggio Emilia, cuya producción certificada data del 1860, no obstante narraciones históricas ubican su debut publicitario a principios del año mil, durante el Sacro Imperio Romano, específicamente bajo el reinado de Enrico III.

## SABÍA QUE...

Cuentan que el origen del platillo para el pan se remonta a la Europa de la segunda guerra y la post guerra cuando las amas de casa fatigosamente lograban mantener limpio el único mantel que poseían. El pan entonces venía colocado sobre un mantel que distaba mucho de ser higiénico y el platillo aparece eventualmente como una válida solución que salvaba el indeseado inconveniente. Sin embargo, en Francia y en Rusia existieron restaurantes en cuyos orígenes se desechó la idea del platillo del pan por motivos históricos relacionados con las revoluciones sociales y su desprecio hacia todo lo que representaba el antiguo régimen burgués.

Una vez seleccionada la vajilla de nuestra cena, anfitriones e invitados deben conocer el correcto manejo de los platos y la adecuada disposición de los alimentos sobre los mismos. Resulta útil entonces recordar los siguientes consejos:

a. Las porciones para servir no deben ser nunca abundantes sino en cantidad adecuada al tipo de alimento y a las dimensiones de nuestro plato; por ejemplo, las pastas no deberían exceder los 80-100 gramos por comensal, mientras el pescado limpio no debería superar los 275 gramos ni la carne con hueso los 250 gramos, a menos que nos estemos enfrentando al mítico *Chuletón de Ávila* (un kilogramo para los comensales más osados, dos para los kamikazes). Cuando excedemos las porciones a servir estamos realizando una consideración errónea de nuestro invitado y lo exponemos a la crítica de los demás comensales. Será siempre de mejor gusto proporcionarle al invitado la posibilidad de realizar el *bis*.

b. Cuando se sirven los segundos platos los anfitriones deben considerar que en casos de alimentos con mucha salsa o con elementos que deben ser descartados (espinas, huesos, conchas de los moluscos, etc.), será oportuno servir la guarnición en un plato a parte situado a la izquierda del comensal. Para los elementos que deben ser descartados el anfitrión colocará un plato pequeño a disposición del invitado. Si está usted en un restaurante recuerde que los platos utilizados deben ser retirados por los camareros del rango pues es poco educado que el cliente, en la búsqueda de comodidad y por propia iniciativa, los coloque en la mesa continua, aunque se encuentre vacía.

c. En los segundos platos con guarnición la carne o el pescado se servirán orientados hacia el comensal mientras la guarnición vendrá dispuesta en la parte opuesta del plato y esta disposición viene respetada durante toda la cena. Nunca giraremos nuestro plato ni moveremos los alimentos en su interior como fichas de dominó. Esta disposición obedece no solo a una razón estética, además favorece la comodidad del adecuado gesto de cortar primero la carne o pescado y luego acompañar el bocado con la guarnición correspondiente.

d. Hay que recordar que existe una abierta preferencia por la disposición central y equilibrada de los alimentos en el plato, y que si estos poseen un ángulo explícito (por ejemplo, en forma de triángulo) el comensal prefiere el alimento que esté orientado en sentido contrario al mismo. En un restaurante este procesamiento cognitivo de la apariencia visual del alimento condiciona la disposición del cliente de pagar más por un plato orientado de manera correcta[49].

e. Las salsas en el plato principal nunca vienen servidas sobre el arroz u otro tipo de guarnición, sino sobre la carne o debajo de esta. Si la salsa no forma parte del plato sino es un complemento del mismo, entonces viene dispuesta a la mesa dentro de la correspondiente salsera.

---

49  MICHEL, Charles, T. WOODS, Andy, NEUHÄUSER, Markus, LANDGRAF, Alberto y SPENCE, Charles. «Rotating plates: Online study demonstrates the importance of orientation in the plating of food». Artículo publicado en la Revista Food Quality and Preference. Vol. 44, septiembre 2015, pp. 194-202.

# SABÍA QUE...

 ¿Una cinta ergométrica o un plato inteligente? Una muy esperada innovación en la cocina contemporánea vine representada por los platos de fabricación vasca llamados «Hola», unos platos inteligentes que gracias a una particular tecnología son capaces de absorber grasas y aceites que acompañan a algunos alimentos pudiendo eliminar hasta 300 calorías. Ya otros estudios que buscaban mejorar los hábitos alimenticios habían propuesto la utilización de platos con superficies tratadas que dieran la ilusión de un espejo en tanto el reflejo de la comida condiciona la percepción de la cantidad de la misma y puede influir a corto plazo en el estado de saciedad del comensal, pero sin duda «Hola» ofrece una alternativa más radical que permite no renunciar al placer del gusto sin necesidad de que el sentimiento de culpa nos haga sufrir luego en la cinta ergométrica.

## ¿TENEDOR O CUCHARA? ESA ES LA CUESTIÓN

En los países latinoamericanos la costumbre generalizada nos ilustra una mesa con todos los alimentos presentados en fuentes y en la cual los comensales van sirviendo contemporáneamente en su plato todo lo que desean comer. No resulta entonces infrecuente que aquellos sean servidos en un plato único, como ocurre, por ejemplo, en Cuba, Santo Domingo y otros países del área del Caribe, Centro y Sur América. En este caso es simple el uso de los cubiertos debido a que por cada comensal solo se requiere cuchara o tenedor y cuchillo. Sin embargo, en países como Argentina, los Estados Unidos de Norteamérica (con algunas excepciones reconocidas fundamentalmente al sur), Canadá, el Reino Unido y los de Europa mediterránea se suelen disponer sobre la mesa y, al mismo tiempo, varios cubiertos de semejante naturaleza que serán utilizados en la misma medida que un plato sucede a otro. Obviamente me refiero a la costumbre en la cual una cena viene compuesta por al menos dos platos atendiendo a la combinación escogida entre aperitivos o entrantes, primeros y segundos platos, y en la que cada plato viene previamente marcado con los cubiertos correspondientes. De ahí que toda buena anfitriona debe valorar que los alimentos con los que agasajará a sus invitados condicionan el tipo de cubiertos que se habrán de utilizar, si bien la atención del ambiente, la conversación, el acogimiento y otros muchos detalles de hospitalidad pueden compensar la eventual ausencia del cubierto preciso a cada plato. A este propósito, nos decía Emily Post:

*«Los modales son una conciencia sensible de los sentimientos de los demás. Si usted tiene esa conciencia, tiene buenos modales, no importa que tenedor usar».*

Lo ideal es poseer al menos dos herramientas de degustación básicas por cada comensal, a saber: tenedor y cuchillo de mesa; de los otros cubiertos debemos poseer al menos uno por cada comensal hasta un número ideal de seis u ocho. Entiéndase como herramienta de degustación cualquier utensilio creado por el hombre o por la naturaleza, condicionado por su uso histórico con el propósito de modificar, contener, fijar y, en sentido general favorecer la ingestión de alimentos y bebidas. Por supuesto que su gusto personal lo guiará al momento de adquirir un juego de cubiertos, pero tenga en consideración que aquellos fabricados en acero inoxidable o plata no solo suelen tener una larga vida sino además nunca crean inconvenientes de cuestionable higiene ni al momento de la combinación de los distintos elementos con los que se prepara la mesa, detalles a tener en cuenta si deseamos comprar cubiertos con el mango de plástico y a colores.

## SABÍA QUE...

 El tenedor es un utensilio joven en justa comparación con el cuchillo y la cuchara. Las crónicas responsabilizan a las princesas bizantinas en su relación con los Dogos de Venecia con su introducción en las mesas de la alta sociedad europea mediterránea. Una de las primeras evidencias registradas del origen europeo del tenedor nos ubica en la Constantinopla del siglo XI y nos lo muestra como la respuesta a los caprichos de la princesa bizantina Teodora Anna Doukaina (1058-1083), hija del Emperador Constantino X Ducas, quien se negaba a tomar los alimentos con las manos, razón por la cual ordenó la creación de un instrumento que le permitiese comer con estas condiciones. Este primer tenedor fabricado presumiblemente en oro y diseñado con un par de púas llamado pincho (fourchette) no fue bien acogido por la aristocracia veneciana por razones de ignorante superstición, al punto que el Cardenal benedictino San Pedro Damián lo calificó como «diabólico» y por lo tanto «un insulto a Dios». Su uso generalizado en Europa tardó aproximadamente ocho siglos si tenemos en consideración que hasta finales del siglo XVI en la mayor parte de la Europa el cuchillo mantuvo su doble función de cuchillo y tenedor.

Cuando nos sentamos a una mesa cuyo menú a degustar desconocemos nos basta fijarnos en los cubiertos a ambos lados de la servilleta o el plato que señaliza nuestro puesto; estos poseen un lenguaje propio, nos dejan evidentes indicios sobre el tipo de comida y el orden en que será servida. Pero para poder interpretar el mensaje de las herramientas de degustación a la mesa debemos previamente saber el propósito que asiste a cada uno y las causas que justifican su estricta disposición. Lo primero que debemos conocer entonces es que el marcaje de los cubiertos obedece a una principal regla protocolar impuesta por el orden según cual vienen utilizados: *los cubiertos se utilizan desde lo externo hacia lo interno siendo los últimos a utilizar aquellos que se encuentran más cerca del plato.* Lo segundo es saber identificar cada cubierto según su función. Le invito pues a un corto repaso a modo de recordatorio (fig. 7):

CUCHARA SOPERA O DE MESA:
Para consomés, sopas, cremas y potajes (d. a. 204 mm), también usada en algunos países, como por ejemplo en los Estados Unidos de América y de Europa del Este, para auxiliar al tenedor con platos de pastas largas. La cuchara cuya pala posee forma redonda es la conocida como cuchara *bouillon* y es destinada a los caldos y otras sopas claras.

## TENEDOR GRANDE O DE MESA (TRINCHERO):

Se utiliza para los tipos de entrantes, pastas, huevos, arroces, ensaladas y carnes; en compañía del cuchillo trinchero da lugar a lo que llamamos un cubierto a la mesa. (d. a. 204 mm).

## TENEDOR ARROCERO:

Una herramienta híbrida de degustación cuya cabeza por mitades es cuchara y tenedor al mismo tiempo. Llamado también en inglés con la palabra «*spork*» es un cubierto destinado particularmente a los menús a base de arroz, particularmente para la degustación de la paella e incluso de arroces caldosos. (d. a. 204 mm).

## CUCHILLO GRANDE O DE MESA (TRINCHERO):

Para segundos platos, excepto pescado y carnes exigentes. (d. a. 240 mm)[50].

## CUCHARA PEQUEÑA:

De dimensión intermedia entre una cuchara grande y una cuchara de capuchino, viene utilizada para postres (helado, parfait, babaroise, budín, mousse, macedonia, panna cotta, etc.) y algunos tipos de entrantes, por ejemplo, la Ensaladilla Rusa o el coctel de mariscos (d.a. 176 mm); en su versión para helado la cabeza puede ser de diseño ancho y ligeramente achatado mientras que aquellas utilizadas para comer huevos duros puede mostrar una forma más puntiaguda. También viene utilizada acompañando los recipientes de mermelada y miel dispuestos sobre pequeños platos.

## TENEDOR PEQUEÑO:

Para entrantes y postres como tartas, bizcochos, frutas cocidas, etc. (d. a. 177 mm).

## CUCHILLO PEQUEÑO:

Para entrantes y postres, por ejemplo las frutas que deban

---

50  Cuentan los historiadores del arte que fue en el periodo Barroco que el cuchillo de mesa adquirió la forma justo como hoy lo conocemos: mango corto, punta redonda y la lama de acero de un solo filo.

ser cortadas y que serán servidas en cenas no formales. (d. a. 208 mm).

CUCHILLO O PALETA PARA MANTEQUILLA:
De mediana dimensión y muy parecido a una paleta, fácilmente identificable por poseer una curvatura al final de la hoja en sentido contrario al lomo (aunque es posible encontrar diseños con ausencia de la misma), viene dispuesto al lado derecho sobre el platillo del pan con la hoja orientada hacia la izquierda; su función es la de aplicar la mantequilla sobre el pan que se ingiere con los entremeses o cuando es requerido el servicio de quesos, como es costumbre en países del Mediterráneo. (d. a. 163 mm).

TENEDOR PARA EL PESCADO:
Para segundos platos a base de pescado, pero también puede ser utilizado para entrantes a base de pescado. Pueden ser diseñados con tres o cuatro dientes, con una discretamente alargada hendidura en la cabeza y justo entre de los dos dientes internos (en el caso de cuatro dientes) y un doble contorno en ambos lados externos de la cabeza; también puede ser diseñado con tres dientes de los cuales el exterior derecho es más ancho que los otros restantes (d. a. 192 mm).

CUCHILLO O PALA PARA EL PESCADO:
Apropiado para segundos platos y entrantes a base de pescado. Aunque es denominado cuchillo se asemeja más bien a una paleta con una hoja ancha carente de filo y a veces contorneada, que presenta un ángulo entre la hoja y el mango que produce una inclinación de la primera. Se emplea para separar la cabeza, la cola, las espinas y en general diferentes partes del pescado, nunca se utiliza para cortar la carne. En el caso del atún, debido a que su carne es algo más dura que los demás peces, se podría utilizar el cuchillo trinchero.

CUCHARA GOURMET O DE DEGUSTACIÓN:
También conocida como cuchara de salsa, fruto de la creación del legendario chef francés Paul Bocuse (1926-2018), importante precursor de la *Nouvelle Cuisine*, y de los revolucionarios

hermanos Jean y Pierre Troisgros. Posee una dimensión media y cuerpo plato con una pequeña irregularidad en su lado derecho que sirve para recoger la salsa que queda en el plato, viene frecuentemente utilizada en lugar del cuchillo para el servicio de alimentos fáciles de cortar y acompañados de mucha salsa, generalmente platos a base de pescado y postres. (d. a. 185 mm)

CUCHARA DE SERVICIO:
De pala muy ancha, utilizada para servir guarniciones y otros acompañamientos en asados y platos de similar composición.

CUCHILLO PARA CARNE:
Para el corte de filetes, bistecs y para cada ocasión en la que el corte de la carne requiere un cuchillo afilado (d. a. 243 mm).

Figura 8. Los cubiertos vienen relacionados en el texto en el orden en que aparecen dispuestos en la imagen, desde izquierda a derecha, con la excepción del tenedor arrocero. Imagen tomada del libro *Salabar.it* cortesía de su autor Oscar Galeazzi.

Valorando el espacio del que disponemos, los cubiertos serán marcados a la distancia aproximada de dos centímetros del bajoplato, a dos centímetros del borde de la mesa y entre uno y dos centímetros de distancia entre ellos.

Distinción aparte merecen unos cubiertos que dedicamos a servir la comida y que son fácilmente identificables por poseer particular forma y tamaño, a saber: el tenedor (d. a. 232 mm) y la cuchara de servicio (d. a. 220 mm), así como el tenedor (d. a. 212 mm) y la cuchara (d. a. 212 mm) para el servicio de ensaladas. Debemos prestar atención a no confundir nuestros cubiertos con los de servicio, error frecuentemente cometido cuando no respetamos la regla de servirnos utilizando siempre aquellos y nunca los de mesa. Debido a que los alimentos excepcionalmente se tocan con las manos, estos cubiertos poseen gran importancia y con un poco de práctica se pueden utilizar formando lo que se conoce como *clips*, resultado de la superposición armónica de una cuchara sopera y un tenedor trinchero haciendo coincidir el lado convexo de ambos formando una especie de pinza[51]; el uso de la clips resulta obligatorio por parte del maître y su brigada en los restaurantes cuyo servicio se encuentra condicionado por las variantes inglesa o francesa.

Si damos un curioso paseo por los estantes o aparadores de un restaurante deberíamos poder encontrar varios tipos de cubiertos perfectamente ordenados y clasificados desde la cuchara grande que todos conocemos, hasta la pinza para los escurridizos caracoles, pasando por tenedores de carne o de pescado, cuchillos para la mantequilla o carne, etc., todo depende del tipo de servicio y del menú que se ofrece, en virtud de que a cada alimento corresponde un cubierto específico. Pues bien, cada cubierto se dispondrá sobre la mesa siguiendo el orden de los platos que habrán de ser servidos. Si por ejemplo ha sido invitado a una cena en cual han sido dispuestos tres tenedores a la izquierda del comensal y a la derecha hay una cuchara al externo, seguida hacia lo interno de dos cuchillos siendo uno de pescado y otro de carne, de inmediato sabremos que la cena viene compuesta de dos segundos platos y se iniciará posiblemente con una sopa, una crema o un caldo, seguido

---

51 Recuerde que cuando deba tomar algún alimento del plato común de servicio lo hará sin ponerse a escoger la mejor porción o pieza, tomará lo que va a comer en un único y decidido gesto.

de un primer plato. Para la sopa, si fuese el caso, utilizaremos la cuchara que se encuentra al externo de nuestro
lado derecho, mientras que para nuestro primer plato utilizaremos el tenedor situado a nuestro extremo izquierdo,
para los platos siguientes haremos uso de los cubiertos que
permanecen en la mesa siguiendo el mismo orden, desde
lo externo hacia lo interno. Es posible que, por razones de
espacio o propuesta de *mise en place*, los cubiertos vengan
marcados a la mesa justo antes del servicio del plato correspondiente (fig. 9).

Figura 9. Marcaje de los cubiertos para un servicio de crema, sopa
o consomé, pan, mantequilla y un plato principal a base de carne.

Si no hemos tenido oportunidad de aprender ni practicar este proceder no nos resta otra cosa que esperar a que
alguien nos anticipe e imitar el uso de los cubiertos que realizan el resto de los comensales, a mí me resultó una óptima
idea cuando me enfrenté por primera vez a los desconocidos

tres tenedores en absoluta posición defensiva. No obstante, en cualquier circunstancia en la que nos encontremos no debemos olvidar que los tenedores van marcados de manera religiosa y sacrosanta del lado izquierdo y cuchillos (con la lama orientada hacia el plato) y cucharas del lado derecho, con la única excepción que la cena inicie con un aperitivo con ostras, en cuyo caso a la derecha se marca el tenedor correspondiente (d. a. 145 mm). Aunque los tenedores suelen colocarse con los dientes hacia arriba este uso no es generalizado visto que en Francia y en el Reino Unido los tenedores se suelen colocar con la parte convexa hacia arriba.

Una vez alzados los cubiertos del mantel nunca regresarán al mismo y esta regla es válida para todos los cubiertos y tipos de cenas. El recorrido es único y en un solo sentido: *del mantel hacia el plato y del plato a la cocina.*

Llegado el momento del *dessert* (postre) recuerde que la mesa debe encontrarse libre tanto del pan, el menaje, copas vacías, etc., pudiendo solo permanecer la servilleta, los elementos de decoración y el *tumbler* o la copa para el agua pues haciendo honor a su origen, *dessert* proviene de la palabra francesa «*desservir*», que significa precisamente «*limpiar la mesa*». En un evento privado doméstico este detalle puede o no poseer alguna importancia atendiendo a la investidura y/o relación existente entre los comensales. Sin embargo, en un restaurante una mesa limpia —o llevada a cero, como se dice en el argot profesional— siempre será condición indispensable para el servicio del postre.

Los cubiertos para el postre vienen dispuestos horizontalmente encima del bajoplato, marcaje que ha venido en desuso, sin embargo, en los restaurantes, especialmente en aquellos de vanguardia que prefieren la tendencia minimalista y el marcaje de cubiertos y copas se realiza al compás de los platos que conforman la degustación. De cualquier manera, la teoría aconseja que el tenedor sea marcado con la cabeza orientada hacia la derecha y justo seguidamente la cuchara orientada hacia la izquierda, es decir, ambos mangos orientados hacia la mano con la cual será utilizados; una vez llegado el postre se tomarán los cubiertos y se deslizarán por el mantel hacia atrás hasta que cada uno se encuentre a ambos lados del plato (en algunos restaurantes de refinado servicio este gesto era realizado por el camarero discretamente situado detrás del comensal). Si el postre es una fruta que debe ser cortada (p.ej., una banana) entonces el primer cubierto será un cuchillo pequeño orientado en el mismo sentido que la cuchara. No obstante, reitero que la disposición a la mesa de los cubiertos para el servicio de postre desde los mismos inicios del montaje de la *mise en place* goza en la actualidad de carácter opcional, pudiendo ser colocados un instante antes de nuestro último plato. Para postres genéricos que así lo requieran (torrejas, empanadas, frutas flambeadas, strudel, ensalada de frutas, etc.) se marcan tenedor (izquierda) y cuchillo (derecha); para dulces blandos servidos con salsa como el flan o la *Crêpe Suzette*, así como cremas, soufflés, pudding, gelatinas, merengues, macedonia, etc., utilizaremos solo la cuchara pequeña marcada a la derecha; para dulces de mayor consistencia como las tartas y terrinas marcaremos tenedor pequeño también a la derecha del comensal.

SABÍA QUE...

 Un estudio publicado en julio de 2015 por Flavour, una página de la londinense BMC (BioMed Central) institución especializada en investigaciones gastronómicas, demostró que los utensilios que se utilizan para comer pueden afectar el sabor percibido y el sabor del alimento. El estudio realizado puso en evidencia que los cubiertos hechos con diferentes materiales condicionan el sabor de los alimentos como consecuencia de las reacciones químicas entre el alimento en sí y el material de los cubiertos. Se demostró además que el color de los cubiertos altera la percepción de ciertos atributos del gusto y que las cualidades hápticas de los mismos pueden tener una relevante influencia en la evaluación de la calidad de los alimentos servidos y su disfrute. Por ejemplo, el peso de los cubiertos puede tener cierta influencia en el valor percibido de los alimentos y condicionan la valoración del entorno en el que se utilizan. Los resultados publicados se encuentran íntimamente relacionados con la comprensión de cómo se genera el placer de los alimentos en la mente humana y que el servicio, es decir, aquello que utilizamos para comer y beber afecta negativa o positivamente la apreciación de la comida.

## USOS Y DESUSOS DE LOS CUBIERTOS
## LOS ESTILOS AMERICANO Y CONTINENTAL

El título de este apartado al lector quizás le parezca bizarro, pero le aseguro que dista de serlo. He asistido a muchos eventos gastronómicos en los cuales he visto un inadecuado uso de los cubiertos: cuchara para comer el arroz y todo lo demás, el cuchillo trinchero para cortar la ensalada (particularmente equivocado si se encuentra en Francia), el tenedor de las ostras para comer espaguetis o el cuchillo para carne utilizado para cortar el pescado, la cuchara para el té empleada para comer postres, etc. Por compensación he tenido las mejores compañías, muy agradables momentos lúdicos y, en sentido general, he sido feliz.

En otros escenarios he presenciado que aún persiste el hábito de comer usando las manos por comodidad, haraganería o simple ignorancia, sin embargo, no nos engañemos, pues a menos que usted esté visitando una casa o restaurante cuya cocina se encuentre orientada hacia la degustación de alimentos con la modalidad de *finger food*, o se encuentre disfrutando del té de las tardes según la etiqueta inglesa, o viva en India, Malasia o Marruecos, por solo citar algunos archiconocidos ejemplos, comer con las manos es abiertamente contrario a los buenos modales pues los cubiertos son herramientas de degustación resultado de un largo proceso de civilización, al menos de aquella occidental y que ha sido emulada en casi todo resto del mundo. Y si bien es cierto que un día, y siempre en la intimidad de casa, podemos ser flexibles con la presencia de los mismos, en público no debemos olvidar que su correcto uso es una clara manifestación de comportamiento cívico.

# SABÍA QUE...

 Desde hace ya varios años los mejores restaurantes vanguardistas del mundo están apostando por introducir en sus menús un paseo de degustación que permita conjugar con acierto la alta cocina con platos que puedan comerse íntegramente con las manos, con uno o dos bocados, sin ayuda de los cubiertos, como ocurre, por ejemplo, con las tapas españolas. Así se ha ido expandiendo con aceptación la filosofía de que el comer con las manos acerca al hombre a la verdadera naturaleza del alimento incorporando el tacto a la experiencia culinaria, alejándose entonces de las normas protocolares que regulan el obligado uso de las clásicas herramientas de degustación.

Los cubiertos, dignos símbolos de la evolución humana, representan un momento de historia si tenemos en consideración que el alimentarse en sus inicios no venía relacionado con el hecho de emplear utensilios para la manipulación de los alimentos y que el uso de las manos fue paulatinamente sustituido por el empleo del cuchillo y la posterior aparición de otros cubiertos que hoy consideramos esenciales. ¿Acaso se ha detenido a pensar cuántos siglos ha requerido la creación y uso extendido de un instrumento tan elemental como lo es un tenedor y cómo este viene unido a los conceptos educación, desarrollo de la individualidad y transformación del alimento? Si el fuego representó un papel determinante en la alimentación del hombre entre lo crudo y lo cocinado, los cubiertos representan una manifestación de la interpretación humana del alimento y el cuidado de la higiene como cultura y del reconocimiento y defensa de la propia individualidad en el trato y uso sociales. Sobre este particular tomaré prestadas las palabras de Ramón Maruri Villanueva, un respetado Profesor de Historia Moderna y Contemporánea de la Universidad de Cantabria:

*«Será a finales del siglo XVII cuando la cuchara y el tenedor se incorporen definitivamente, desde la Corte, a los usos de las élites sociales; junto a ambos objetos se incorporaron también el plato, el vaso y el cuchillo para cada comensal. Incorporaciones que si tienen que ver con*

*el avance de la preocupación por la higiene, más aun lo tienen con el*
*progreso del individualismo. Desde la Edad Media todos se servían*
*del plato común con la mano, sorbían la sopa dos o tres juntos en la*
*misma escudilla, comían la carne en la misma fuente, mojaban los*
*labios en la misma copa que circulaba por toda la mesa, compartían*
*cuchillos y cucharas y metían el pan o los trozos de carne en salseras*
*y saleros comunes. En cambio, a partir de finales del siglo XVII cada*
*comensal tiene un territorio propio de objetos para su único servicio*
*sobre el que ejerce plena soberanía».*

La cuchara es un cubierto diseñado para comer alimentos sólidos, líquidos o semilíquidos[52], aunque en la
práctica venga en ocasiones erróneamente utilizada para
comer casi todo; su versatilidad viene expuesta por ejemplo
cuando observamos su uso en platos para los que consuetudinariamente se destina otro cubierto, caso que coincide
cuando vemos a una persona, generalmente no mediterránea, comer la pasta larga con el tenedor auxiliado de una
cuchara, o cuando nuestro plato principal tiene como base
un tipo peculiar de arroz como lo es el *Caldoso*, en cuyo caso
el marcaje de los cubiertos en la mesa es cuchara a la derecha y tenedor a la izquierda.

La cuchara viene utilizada con la mano que corresponde
a su disposición en la mesa en relación con el comensal, esto
es, con la mano derecha y su uso viene condicionado atendiendo a lo que debamos comer, teniendo en cuenta que su
disposición con la parte cóncava hacia arriba puede variar
según las costumbres de cada país. Si fuese una sopa que
contiene elementos sólidos la cuchara se llevará a la boca
de punta y al contacto se alzará levemente el mango, si el
alimento es un consomé deberemos usarla dejando reposar
su lado izquierdo sobre los labios inclinándola hacia la boca
con un leve giro de la muñeca; esta costumbre proviene
del hecho de que las primeras cucharas poseían dimensio-

---

52  Herencia de la exuberante formalidad gastronómica victoriana, en las mesas
    inglesas de las familias nobles y pudientes resultaba obligatoria la presencia
    de seis cucharas atendiendo al tipo de menú en cuestión y cuyo marcaje debía
    ser inexcusablemente memorizado por el mayordomo y sus Footmen (cama-
    reros): cuchara para el té, el melón, el huevo, la toronja, la mermelada, los
    caldos y otras sopas claras.

nes demasiado grandes como para introducirlas completamente en la boca. Por otra parte, si el caldo es servido en una tasa de consomé será entonces bebido como si fuese una infusión.

Imaginemos el plato como un reloj, de manera que la sopa se bebe introduciendo la cuchara en el extremo opuesto al comensal hacia las veinticuatro y se deslizará por el borde del plato, siempre en sentido vertical y hacia el externo, de manera que al alzarla hacia la boca sea libre de restos de alimento que pueden eventualmente terminar en el mantel o en sus ropas. El plato nunca podrá inclinarse por comodidad, tomaremos el alimento hasta que el uso normal de la cuchara nos lo permita siendo irrelevante que queden restos en el plato. Sin embargo, algunos expertos en buenas maneras afirman, no sin carencia de lógica, que si debemos inclinar el plato lo hagamos en sentido contrario al comensal, de manera que se puede disfrutar de la sopa hasta agotarla y además se posee un mayor control del plato si tuviese lugar cualquier pequeño descuido. Una vez que hayamos concluido de comer la cuchara debe ser colocada en el centro del plato orientado el mango hacia las quince.

Por último, si debemos tomar el té, un café[53] o un capuchino, por ejemplo, recuerde que solo los dos últimos pueden ser removidos haciendo controlados movimientos circulares con la respectiva cuchara, preferiblemente en el sentido de las agujas del reloj. En la ceremonia del té[54],

---

53  Algunas investigaciones sobre la percepción sensorial en la gastronomía han revelado que existe una relación de correspondencia entre la forma de la tasa del café y la percepción del gusto en los seres humanos, resultando probado que el consumidor espera que el café sea muy aromático si es servido en una tasa de estrecho diámetro, que sea amargo e intenso en tasas cortas y dulce en tasas de mayor diámetro. Obviamente estas investigaciones son incipientes pero los resultados provisionales pueden ser aprovechados por la industria productora de café para proporcionar mejores estímulos a los consumidores de este particular producto.

54  Preparar la mesa para la ceremonia del té requiere en determinadas culturas de un particular cuidado de los detalles, como ocurre en Japón, en China o en Inglaterra. En este último país las personas le conceden el acto de tomar el té la misma importancia que a una cena, por lo tanto, no es infrecuente que para tomar el té sea incluso requerida la reservación de una mesa en un

una vez que haya colocado la servilleta sobre sus piernas, procederá a versarlo en la tasa (siempre redonda) con el auxilio de un colador, seguidamente, si es de su agrado, versará la leche fría y azúcar (blanca en todo caso) y luego, utilizando el pulgar, el índice y el dedo del medio (no toda la mano) deberá realizar con los dedos suaves movimientos oscilatorios perpendiculares desde las dieciocho hasta las veinticuatro y viceversa, que además de ser elegantes favorecen en mayor medida la disolución del azúcar, especialmente si tiene forma de cubos. No descuide en momento alguno que la calidad de té se puede ver afectada por la inadecuada temperatura del agua y por el insuficiente o excesivo tiempo en contacto con la misma. La tasa del té se sostiene entre los dedos pulgar e índice mientras el dedo del medio se coloca justo debajo del asa. Una vez culminado el momento del té, en el que además se degustarán mono porciones de alimentos salados y luego dulces, dejará la cucharilla en posición perpendicular en el platillo en su parte externa y orientada hacia la izquierda. Recuerde que si se le ofrecen panecillos (*scones*) o tostadas estas no vienen embadurnadas completamente de mantequilla, crema (*clotted cream*) o mermelada, sino que una vez que ha depositado discretas cantidades en su plato utilizando las paletas correspondientes, procederá a untar sobre el panecillo o tostada primero la crema o mantequilla y luego la mermelada en la misma medida que lo va degustando.

Cuchillo y tenedor son los cubiertos de la armonía perfecta y, salvo contadas excepciones representadas por los primeros platos, se utilizan casi siempre juntos, al unísono como corceles de un mismo carruaje. Si bien es cierto que algunos alimentos pueden ser consumidos con las manos, por ejemplo, el pan y otros genéricos, el jamón en finas lonchas, el sushi, moluscos y crustáceos crudos o el menú degustación así concebido en un restaurante, sentarse a la mesa a comer es sinónimo del correcto uso de los cubiertos

---

restaurante y ciertamente la mise en place suele ser rica en elementos que la componen y rigurosa la etiqueta que la preside.

y el buen manejo del cuchillo y el tenedor es un notable paso hacia un comportamiento civilizado. Para ello debemos considerar que existen dos estilos para el manejo de los cubiertos, el estilo llamado continental o europeo y aquel conocido como americano.

Al primero ya hemos hecho referencia en anteriores líneas, me refiero a la variante en la que el tenedor viene marcado a la izquierda del comensal y el cuchillo a la derecha:

a. Para cortar los alimentos debes agarrar el tenedor con la mano izquierda colocando gentilmente la punta del dedo índice de manera cercana a la cabeza del mismo mientras los demás dedos sujetan el mango, que nunca podrá quedar al descubierto, los dientes orientados hacia abajo; el cuchillo a su vez debe ser asido con igual disposición colocando el dedo índice estirado sobre el mango del cuchillo justo hasta la virola del mismo, esto es, donde se unen lama y mango (ver figura 10).

b. Seguidamente inclinamos ambos pulsos con el dedo índice apuntando hacia el plato. En este momento debes prestar especial atención a la posición de los codos, los que deben permanecer relajados y jamás deberán ser abiertos o alzados o colocados sobre la mesa. Un entrenamiento efectivo para lograr esta postura es practicar comiendo con un libro debajo de cada brazo.

c. Luego se debe penetrar el alimento fijándolo delicadamente contra el plato y proceder al corte firme en pequeñas porciones aplicando una delicada presión con el dedo índice y de manera cercana a los dientes del tenedor; realizamos un corte cada vez que vayamos a llevar el alimento a la boca, sin excepciones.

Figura 10. Manipulación correcta de los cubiertos.

Sobre este particular, si el plato es a base de carne y usted advierte dura su textura y se encuentra en un restaurante, entonces podrá pedir que le traigan un cuchillo más apropiado, pero sí lo mismo acontece en una casa la etiqueta prohíbe pedir cualquier otro cubierto extra de los que han sido marcados a la mesa, si lo hace, el anfitrión obviamente inferirá que la carne ha sido cocida a un punto que no es de su agrado o que se ha equivocado al marcar el plato con un cubierto no adapto; en ambos casos quedan expuestas una sutil crítica al plato o al protocolo del servicio.

d. Llevamos pequeños trozos de alimentos a la boca colocando hacia abajo los dientes del tenedor e intentando no inclinar la cabeza hacia el plato, cosa permitida de manera muy ligera en el caso de las pastas con salsas.
Como advertirá el atento lector la posición del dedo índice no solo garantiza el asir correctamente el cubierto, sino además el dominio de las operaciones

de fijar y cortar los alimentos en el plato pues no es infrecuente que en la acción terminemos ensuciando el mantel, nuestra ropa o la de otro comensal.

Muchas veces hemos presenciado discusiones sobre si se debe utilizar el tenedor con la mano derecha o con la mano izquierda, visto que la clásica preparación de la mesa así lo prevé; ambos criterios son correctos y gozan de gran difusión internacional dependiendo del estilo de comer que utilicemos.
Veamos las particularidades del estilo americano:

a. Se caracteriza por el uso del tenedor como si estuviésemos sujetando un lápiz, colocando el mango del mismo entre el dedo pulgar y medio, quedando el dedo índice colocado sobre la parte alta del tenedor. En este estilo los dientes del tenedor apuntan hacia abajo.

b. Cuando debemos cortar el alimento utilizamos el cuchillo del mismo modo que el descrito en el estilo europeo. La diferencia básica entre ambos estilos radica que una vez producido el corte del alimento colocamos el cuchillo sobre el plato con la punta a las doce y el mango hacia las quince y cambiamos el tenedor hacia la mano derecha rotándolo de manera que los dientes del mismo se encuentren hacia arriba.

c. Si no debemos utilizar el cuchillo para cortar el alimento usaremos el tenedor hasta terminar nuestro plato.

d. Para el arroz, algunas pastas y alimentos de pequeño tamaño el tenedor viene utilizado en modo muy parecido al de la cuchara en los movimientos sobre el plato, sin auxilio de ningún tipo, mientras en el estilo europeo es común que el cuchillo o el pan vengan utilizados como asistentes del tenedor para este tipo de alimentos.

En ambos estilos debemos recordar que tanto la ensalada de verduras como los alimentos a base de huevo y papas no vienen cortados con el cuchillo sino preparados y servidos de forma tal que puedan ser fácilmente manejables con el tenedor; que el alimento que se encuentra en el plato no viene cortado de una sola vez en varios trozos sino cada vez que debamos llevar un trozo a la boca, lo que también significa que una vez fijado el alimento al tenedor lo debemos comer inmediatamente y no dejarlo en esta particular exposición. Debemos recordar además que el cuchillo debe ser utilizado principalmente para cortar el alimento o para asegurarlo sobre el tenedor, luego será colocado sobre el plato en la correcta posición, por lo que evitaremos sostenerlo constantemente durante toda la cena, rol reservado al tenedor. En otras palabras, cada vez que lo utilicemos debe ser devuelto sobre el plato, con la excepción de cuando se nos presenta un plato solo a base de carne o cuando nos auxiliemos de este para favorecer al tenedor cuando de guarniciones se trata. No olvide que la guarnición se come en el mismo bocado con la carne o el pescado, o en bocados diferentes seguidos uno del otro, pero nunca mientras en la boca queden restos del bocado anterior.

Además, en ambos casos observamos lo que llamo «la excepción del primer plato», es decir, siempre que estemos en presencia de un primer plato ya sea pasta seca, al ragú, risotto, etc., el marcaje será solo tenedor a la derecha, único cubierto necesario. A propósito de las pastas largas recuerde que se comen «al dente»[55] y enrollando una pequeña cantidad en el tenedor, justo la proporción ade-

---

55  Expresión italiana que significa que las pastas en general deben cocinarse hasta el punto de que al comerlas ofrezcan una cierta resistencia a la masticación. Siguiendo un discurso puramente nutricionista es aconsejable el consumo de la pasta cocida al dente en comparación con aquella muy cocida. La razón obedece al hecho de que la menor digestión de los almidones permite una eliminación más lenta de las moléculas de glucosa contenidas en el propio almidón. En consecuencia, la pasta al dente tendrá menos impacto en el índice glucémico y menos estimulación para la producción de insulina, de ahí que la misma tendrá menos impacto en el depósito de grasa en el cuerpo. Por el contrario, cocinar excesivamente la pasta provoca la liberación del almidón y absorberá una mayor cantidad de agua. Tendremos entonces con una pasta con mayor dificultad de digestión y con un índice glucémico

cuada para llevarla a la boca tomando el alimento desde la parte más exterior del plato hacia el centro del mismo. Las pastas largas no se cortan ni se alzan del plato para controlar su extensión, cualquier maniobra deberá hacerse en el plato y solo alzaremos el tenedor cuando esté listo para llevarlo a la boca.

SABÍA QUE...

 Atendiendo al número de personas que los utilizan en todo el mundo hay un tipo de cubiertos presentes en casi todas las geografías donde se respeten las tradiciones orientales: los palillos (hashi). Su uso, sin embargo, viene también corregido por ciertas reglas por lo que, si usted no es un ciudadano del extremo oriente ni del sudeste asiático, pero sabe utilizar los palillos en presencia de los nativos este será un gesto muy apreciado. Primera regla, cuando se requiere hacer una pausa los palillos se colocan en forma horizontal entre el cuenco o plato y los vasos, nunca en forma vertical; segunda, los palillos vienen considerados como una extensión de las manos, por lo tanto nunca debemos apuntar o señalar a persona alguna con estos instrumentos: es considerado grosero; tercera, nunca dejarlos fijos en posición vertical dentro del plato con comida, pues se asemeja a la tradición con los palillos de incienso con la que se honra a los muertos y esto atrae la mala fortuna; cuarta, no utilizarlos nunca para pasar comida de un plato a otro, en tanto imita la tradición funeraria japonesa en la que los restos del fallecido se pasan de persona a persona y, por último, si nota que los palillos tienen alguna astilla que le puede lastimar y quiere eliminarla frotando un palillo con otro, hágalo de la manera más discreta posible pues hacerlo abiertamente puede ser interpretado en el sentido que está sugiriendo que aquellos no son de buena calidad y el anfitrión puede sentirse ofendido.

---

más elevado, poco recomendable para personas que padecen la diabetes y las que practican una dieta para perder peso.

## EL CASO ESPECIAL DEL PESCADO, LOS MOLUSCOS Y CRUSTÁCEOS

Diferente discurso merecen los cubiertos que vienen utilizados en un menú a base de pescado, moluscos y crustáceos. Si bien su presencia en la mesa es ocasional, la etiqueta aconseja que sea imprescindible si deseamos preparar una degustación con alimentos provenientes del mar. Veamos entonces cada cubierto por separado (fig. 11).

El cuchillo para pescado es un cubierto que tiene la virtud de poder realizar la labor para la cual se requería una cuchara y un tenedor hasta el siglo XVIII. Usualmente no es un cubierto que viene acompañando al kit básico de cocina por lo que generalmente debe adquirirse de manera independiente junto al correspondiente tenedor, caracterizado por tener tres dientes más cortos que el tenedor trinchero y una cabeza con mayor cuerpo, aunque no es raro encontrarlo con un diseño a cuatro dientes. La presencia de estos cubiertos a la mesa significa que se encuentra usted en un restaurante con una cocina y un servicio que valoran la excelencia. Si no está acostumbrado a usarlos y ante la duda siempre podrá hacer como Julia Roberts en su antológico film «*Pretty Woman*» y contar discretamente los dientes de los tenedores, aunque es más fácil aprender las reglas de la etiqueta y practicar en casa con la debida constancia. Si ocurre que se ha equivocado y se ha dado cuenta cuando ha ya comenzado a utilizar el cubierto incorrecto pues termine tranquilamente su plato, a fin de cuentas, *errare humanum est*; el camarero del rango o el anfitrión con placer le proporcionarán un cubierto sustitutivo.

En cuanto a su uso, lo importante es que definamos una regla esencial cuando de menú a base de pescado se trata: el pescado no se corta con el cuchillo trinchero. Ergo, el único cuchillo que admite la *mise en place* es el de pescado, el cual tiene como impar propósito el separar de la carne la piel y las espinas; para separar la carne en pequeños trozos, acompañarlos de la guarnición y llevarlos a la boca se utiliza el tenedor para pescado. Recuerde que el pescado nunca se mueve en el plato, se come el filete superior después de separadas la cabeza, la cola —y la piel, si fuese el caso—, se retira luego la espina con la ayuda de ambos cubiertos, se deposita en un costado del plato —o en otro plato dispuesto con este propósito— y solo entonces se procede a comer el filete inferior.

Figura 11. Descripción: 1. Cuchara larga para el *long drink*, 2. cuchara para helado; 3. Cuchara para el té; 4. Cuchara de café; 5. Tenedor para ostras; 6. Tenedor para postre; 7. Tenedor para caracoles; 8. Pinza para caracoles; 9. Tenedor para crustáceos; 10 pinza para crustáceos. Imagen tomada del libro *Salabar.it*, cortesía de su autor Oscar Galeazzi.

He conocido varios cocineros cuyas cicatrices en las manos me recuerdan que abrir una ostra puede ser de grande riesgo hasta para los hombres más experimentados. Las ostras, ya sean planas (v. g. *Belon*) o cóncavas (v. g. *Fine de Claire*) son generalmente abiertas con el cuchillo para ostras que se introduce por el umbo (su vértice) y tal peligrosa maniobra requiere determinada destreza que proviene de su larga práctica, razón por la cual evitaremos proponer a nuestros invitados a realizarla, a menos que entre ellos se encuentre Xavier Caille[56]. A pesar de lo que hayamos visto o experimentado, la ostra no debe ser abierta al momento de su consumo, sino preferiblemente media hora antes y conser-

---

56   Gastrónomo de origen francés, varias veces vencedor del Campeonato Mundial de abridores de ostras.

vadas a temperatura ambiente. Una vez abierta, la primera agua se desecha para eliminar la posible presencia de partículas de caliza. Se debe propiciar que el molusco produzca de nuevo su propia agua, lo que espontáneamente ocurre en una ostra fresca durante los próximos treinta minutos; esta segunda agua resulta mucho más delicada, llena de elementos nutritivos y de agradable gusto en boca.

Si deseamos organizar una cena formal, las ostras y crustáceos deben ser servidos ya abiertos y colocados en un *plateux* o bandeja preferiblemente sobre hielo pilé, acompañados siempre de rodajas de limón, sin olvidar situar junto al plato la pimienta, alguna salsa picante y/o vinagreta. Yo, sin embargo, considerándome un tradicionalista, prefiero y sugiero comerlas siempre crudas y sin añadiduras de sustancias o especias que modifiquen su sabor, especialmente en ostras de calidad superior. Sobre el modo de consumirlas os diré que la ostra se sujeta con la mano izquierda y con la mano derecha y utilizando el tenedor correspondiente, se separa el músculo aductor y se extrae el molusco, aunque un servicio más pretensioso y recomendable prevé que la ostra sea servida ya separada de la concha. Recuerde que la obstinada resistencia a su apertura es la inconfundible señal de que la ostra está viva y es apta para el consumo humano. Una vez colocada la concha en los labios se realiza una pequeña inclinación de la cabeza hacia arriba y se ejecuta una discreta aspiración para favorecer el recorrido de la ostra hacia el interior de la boca, una vez allí no se traga, sino se mastica para liberar las moléculas olorosas que, una vez transportadas hacia las cámaras nasales estimularán los receptores olfativos. Mastíquela con calma, deje que los jugos bañen toda su boca, y luego trague con paciencia.

SABÍA QUE...

 Existe la arraigada creencia que las ostras solo deben ser consumidas en los meses con la R, es decir, no en los meses cálidos, debido fundamentalmente al hecho de que las ostras poseen una estructura lechosa en los meses de reproducción (desde mayo hasta agosto) y a que las altas temperaturas acortan los tiempos de conservación y transporte. Hoy las ostras se consumen todo el año, aunque es reconocido que durante el verano su sabor es menos acentuado. Sin embargo, existen además causas históricas de esta vieja costumbre pues cuenta la memoria que en la Francia de Luis XIII se prohibió la recolección de ostras durante su reproducción, debido al elevado número de víctimas por intoxicación alimentaria condicionado por las técnicas inadecuadas de conservación, manipulación y transporte propias de la época. El egocéntrico Rey Sol, adicto a las ostras, reforzó la prohibición para evitar que personas cercanas al mar pudieran disfrutar de un placer que en el verano «él» no podía satisfacer.

A pesar del infundado temor que en algunos puede causar el consumo de alimentos crudos, entre estos las ostras, debo reafirmarle al lector que estos moluscos provocan la secreción de jugo gástrico, por lo tanto, son excelentes en su rol de aperitivos, y los nutricionistas lo recomiendan en casos de anemia y otras enfermedades por carencias nutricionales, enfermedades del tubo digestivo e intestinales, así como en casos de insuficiencia hepática. De otro lado, la producción y comercialización de las ostras es siempre objeto del más riguroso control por parte de las instituciones sanitarias, y la actividad goza de una minuciosa estructura legal que combate fraudes, especulaciones y descuidos, comparable solo con la prevista para el vino.

Sobre la apropiada herramienta de degustación se describe al tenedor para ostras como uno muy parecido a un tridente, resistente, compacto y con una dimensión aproximada de 175 mm.

Para los caracoles (notoriamente conocidos con el término francés *escargot*) viene utilizado un cubierto en forma de pinza (d. a. 160 mm) que sirve para retener el caracol asegurado y un tenedor de dos dientes (d. a. 154 mm) para extraer el caracol de su concha. Si la pinza no viene dispuesta a la mesa entonces estamos autorizados a sujetar al caracol entre los dedos, cuidando de que este no resbale y salga volando sin curso alguno. Hay caracoles muy pequeños, como aquellos catalanes que se toman con las manos y se comen con el auxilio de un mondadientes.

En el caso de los crustáceos que son servidos enteros (por ejemplo bogavante, langosta, cangrejo) debemos utilizar también los correspondientes tenedor y pinza. El tenedor (también conocido como pincho de marisco), que es llamado así aunque su diseño se asemeja a algún tipo de instrumental utilizado en la cirugía, es de forma alargada y plana, generalmente contorneada en el medio cuyo delgado extremo termina en dos pequeños dientes inclinados que permiten excavar y extraer la pulpa de las muelas y de otras partes del exoesqueleto del crustáceo (d. a. 200 mm). Por su parte la pinza no es muy distinta de aquellas con el extremo alargado y terminado en punta, su diseño, sin embargo, con una zona lisa y otra dentada, ha sido pensado para romper el caparazón sin lastimar la carne en su interior. Para comer la carne limpia de cualquier crustáceo debe utilizarse el tenedor y el cuchillo para pescado. Semejante función a la pinza antes mencionada ejerce un tipo de tenaza que en su interior posee forma dentada, ideal para romper las resistentes y codiciadas muelas.

En muchas ocasiones he observado a la misma mesa personas que comían las cigalas, los langostinos y gambas tanto con las manos como utilizando los específicos cubiertos. Podría decirles que tomar posición en este caso se encuentra fuera de discusión pero ahí es cuando recuerdo las palabras de Maira Álvarez Mateos, Docente de Protocolo y Organización de Eventos de la Escuela de Estudios Superiores Abiertos de Hostelería de Sevilla cuando repetía con vehemencia que «tan malo es comer de forma insultante como pecar de corrección», para referir que nuestra decisión debe ser guiada por el respeto y el sentido común que imponen las personas con las que compartimos a la mesa. En otras palabras déjese guiar por la mayoría o por los gestos de las personas de mayor dignidad a la mesa. En la más limpia etiqueta la gamba y el langostino se comen con el auxilio del tenedor y el cuchillo para pescado. Se fija el cuerpo con el tenedor a la altura del abdomen, se separan cabeza y cola y finalmente, haciendo guiados movimientos de palanca con el cuchillo se separa el exoesqueleto, primero arriba y luego debajo.

Cuando degustamos la cigala utilizaremos manos y cubiertos. Se puede extraer la carne de las pinzas de manera manual o utilizando los cubiertos pinza y pincho, luego se separan cabeza y cuerpo limpiando la primera. Seguidamente se rompe la membrana inferior de la cola haciendo presión entre los dedos y luego abriendo el abdomen de abajo hacia arriba con la ayuda de la pinza para finalmente proceder con el pincho a la separación de la carne.

Cuando hablamos de cangrejos la operación es un tanto más compleja pues con las manos se le retiran las patas, cola y cuerpo ordenadamente, luego se limpia la membrana que cubre el interior del caparazón y con una cuchara se mezcla la carne contenida. Al cuerpo lo despojamos de su parte esponjosa y lo cortamos en cuatro partes para facilitar su degustación. En fin, operaciones todas que requieren cierta destreza en la que manos y cubiertos serán siempre necesarios aliados. Finalmente, me resulta oportuno recordar que si tenemos en cuenta la cantidad de colesterol y cadmio que se concentran en la cabeza de las gambas y langostinos pues quizás chupar esta parte del cuerpo no es aconsejable a pesar de sus muchos usos en la cocina y de lo apetitoso que se nos antoja. Permanece indiscutible que en comidas formales el acto de chupar las suculentas cabezas es severamente sancionado por los buenos modales.

Preparar una cena a tema con moluscos y crustáceos obliga a meter a la mesa un platillo para los residuos, que será situado justo después de los cubiertos para el postre. Si se desea agregar otro detalle de elegancia que suele ser muy apreciado por los comensales debido a su utilidad, se puede disponer a la mesa un *fingerbowl* o utilizar por cada comensal alguna de las modernas alternativas[57], obviamente esto requiere una detallada valoración del espacio disponible.

---

57   Pequeños sobres con servilletas húmedas o las Pill Towel.

## ¿LOS CUBIERTOS HABLAN?

«*¡¡Siii, los cubiertos hablan!!*» Así me respondía Luigi Vasallo, el entonces elegante y sabio maître del irrepetible restaurante romano-francés Casa Coppelle en una de sus inapreciables lecciones del servicio en sala mientras lo miraba incrédulo sin entender la codificación oculta tras una hábil manipulación de los cubiertos sobre el plato. ¿Cómo era posible? En verdad, con los cubiertos estamos transmitiendo un constante mensaje que se repite en continuación y que sin palabras expresan, por ejemplo, nuestra opinión sobre la comida, sobre nuestra disponibilidad de pasar de un plato a otro, que hablan por nosotros si nos ausentamos de la mesa. Por supuesto, este lenguaje y simbología adquieren sentido y utilidad especialmente cuando vamos a un restaurante, pero vienen condicionados por el hecho de ostentar el comensal la calidad de invitado o de anfitrión, en tanto este se puede permitir la emisión de cualquier opinión sobre la comida, mas el primero jamás utilizará el lenguaje de los cubiertos para criticar un plato o expresar su disgusto. (fig. 12)

Hace mucho tiempo que hemos dejado atrás la antigua regla que imponía silencio en las comidas y ha sido reemplazada por la regla que invita, o mejor, que afortunadamente impone el deber de conversar mientras estamos a la mesa. En consecuencia, se conversa antes, durante y después de la cena, no hay interrupciones excepto cuando tenemos alimento dentro de la boca. ¿Qué hacemos con los cubiertos mientras sostenemos las conversaciones de mesa? Esta pregunta nos recuerda la regla que establece que los cubiertos, una vez alzados del mantel, se alternan entre las manos y el plato; ahora bien, tanto en uno u otro lugar debemos ser cuidadosos con el manejo de los mismos. Si estamos conversando mientras comemos y tenemos los cubiertos en la mano, estas no se moverán, si tenemos necesidad de gesticular, pues forma parte de nuestro modo de expresarnos, seguiremos el ejemplo francés y colocaremos los cubiertos sobre el plato, con los dientes hacia abajo, la punta hacia las veinticuatro y el mango hacia las dieciséis (cuchillo) y hacia las veinte (tenedor). Esta posición indica que estamos en medio de una pausa que nos permite conversar y ausentarnos de la mesa sin que esto quiera decir que hemos terminado de comer. Curiosamente en Inglaterra y con el mismo significado los cubiertos se superponen en el centro del plato, debajo cuchillo y tenedor con la parte convexa hacia arriba. En tiempos medievales la superposición de los cubiertos sobre el plato significaba que el comensal no tenía intención de utilizar el cuchillo como un arma.

A esta forma de marcar los cubiertos se debe prestar especial atención pues en no pocas ocasiones y con consecuencias desagradables para el servicio, los camareros del rango han retirado o han intentado retirar un plato porque el cliente ha dispuesto erróneamente los cubiertos transmitiendo el mensaje: he terminado o estoy listo para el siguiente plato.

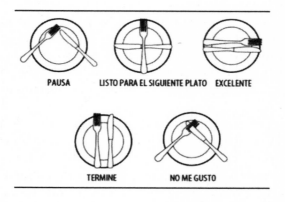

Figura 12. El lenguaje de los cubiertos.

Imaginemos de nuevo que estamos en un restaurante y que nuestra cena viene compuesta por más de una pitanza, en esta ocasión lógicamente una vez que nuestro plato esté limpio deberá ser retirado por los camareros del rango, pero ¿qué sucede cuando aún hay comida en el plato, usted no ha declarado la pausa con los cubiertos y además ha salido un momento a fumar? ¿Cómo eliminamos la duda?

Muy fácil, volvemos a hacer uso del lenguaje de los cubiertos esta vez colocando el tenedor con los dientes hacia arriba, la punta hacia las veinticuatro y el mango hacia las dieciocho, mientras el cuchillo viene orientado con la punta hacia las veintiuna y el mango hacia las quince. Ya sea que estemos a la mesa o regresemos de nuestra pausa agradeceremos que, sin necesidad de pronunciar palabra alguna, nuestro plato haya sido retirado y que en breve llegue el próximo.

Finalmente, la cena ha llegado a su ocaso y a este punto solo nos resta tres cosas:

a. indicar al personal de sala que hemos terminado sin penas ni glorias y sin pecar de mala educación;

b. que la comida nos resultó exquisita o

c. que lamentablemente no fue de nuestro agrado.

En cualquiera de los tres casos el maître o el camarero jefe del rango se acercarán a la mesa para conocer su opinión sobre la comida basándose fundamentalmente en la forma en la que usted ha dispuesto los cubiertos sobre el plato. Veamos. Para indicar que simplemente terminó de comer colocamos ambos cubiertos de manera paralela con las puntas hacia las veinticuatro. Para expresar que se encontró muy a gusto con un plato que agradeció en particular colocará paralelamente ambos cubiertos con las puntas hacia las quince. Pero, si desafortunadamente el plato no cumplió sus expectativas o simplemente no fue de su agrado y desea hacerlo presente, introducirá el cuchillo entre los dientes del tenedor, estando orientados el mango de este hacia las veinte y el de aquel hacia las diecisiete.

Podría resultar obvio, pero es relevante recordar que cuando se nos invita a cenar, ya sea en una casa o en un restaurante, la máxima cortesía nos obliga a ser extremadamente cuidadosos con el lenguaje de los cubiertos y si hemos terminado de comer solo nos queda con estos expresar una palabra: ¡¡Exquisito!!

## ¿UN FUTURO SIN CUBIERTOS?

Las manos en el plato es una idea que en sí misma puede causar animadversión y prejuicio en la mayoría de las personas, obviamente saltando las diferencias culturales con países árabes del norte de África, del Medio y Lejano Oriente y Asia. Comer con cubiertos es siempre una de las primeras lecciones de básicos modales a la mesa que aprendemos desde que somos capaces de sostener una cuchara con total autonomía. Desde entonces, tenedores, cucharas y cuchillos se convierten en una suerte de extensión de la mano que nos separa conservadoramente del alimento, herramientas de degustación que se nos antojan imprescindibles aun en ocasiones de la más absoluta simplicidad.

El mundo de los cubiertos, sin embargo, está cambiando gracias a la ciencia[58] y a la creatividad de los revolucionarios chefs que han contribuido a redefinir el *finger food* como digna manifestación de la alta cocina. Un reconocido ejemplo es el chef Andoni Luis Aduriz, discípulo en su tiempo del interminable Ferrán Adriá, premiado con dos estrellas Michelin, que defiende desde el 2006 en su restaurante *Mugaritz* (posicionado en el número 9 entre los mejores 50 restaurantes del mundo en el 2018), casa que refleja un menú concebido para su degustación casi íntegramente con los dedos. Pero Aduriz no es el único pues otros muchos magníficos e innovadores cocineros en el mundo están apostando por una cocina que pueda disfrutarse sin intervención de cubiertos, alejándose cada vez más de los convencionalismos culturales. Resalta entonces la figura del chef Grant Achatz (Restaurante *Alinea*, Chicago, dos estrellas Michelin), cuyo trabajo demuestra una gran inversión imaginativa en la personalización de los recipientes de servir para cada micro curso de su menú de degustación; tanto es así que uno de sus más famosos platos es una tempura[59] de camarón ensartada en una vaina de vainilla que

---

58  Resulta probado científicamente que la textura percibida de los alimentos en la boca puede alterarse simplemente cambiando la información háptica proporcionada a las manos del consumidor.

59  Técnica japonesa de freír alimentos, fundamentalmente mariscos y verduras.

los comensales deben comer en un solo bocado inclinando hacia atrás la cabeza.

Son los nuevos protagonistas de una filosofía que defiende la proximidad del comensal al alimento, que retoma la idea de redescubrir el contacto directo entre las manos y la comida transmitiendo placenteras sensaciones que un cubierto es incapaz de proporcionar, especialmente cuando hoy es una verdad incontestable que el aroma de un alimento (señales olfativas), cómo se presenta (indicaciones visuales) y cómo se siente su textura en la boca o en las manos (señales somatosensoriales) influyen significativamente en la percepción del sabor resultante.

SABÍA QUE...

 En Londres existe un restaurante llamado House of Wolf (Casa del Lobo), cuyo menú de apertura fue creado por la chef Caroline Hobkinson, muy conocida por sus cenas que estimulan la percepción táctil de sus comensales, en el que el plato principal a base de carne de venado, pasas y níscalos, fue concebido para su degustación utilizando exclusivamente ramas de árboles talladas a mano de manera que se mantuviese inalterable la sensación salvaje del plato. En fin, como dijera Einstein en una ocasión: «La imaginación es más importante que el conocimiento».

Desde hace mucho tiempo ha sido superada la idea del comer con las manos como un rasgo de barbarie o de escasa educación y me atrevo a afirmar que en cualquier cocina del mundo hay platos creados para comer exclusivamente con las manos, desde la comida más tradicional hasta la cocina de autor, de fusión y la molecular. Se habla entonces de una reivindicación de la cultura de comer con los dedos, algo tan antiguo como el alimento en sí mismo para la especie humana, y se argumenta con acierto que el acto de comer debe causar íntegramente un placer liberado de inhibiciones, más allá de la social censura. Tan es así que en las últimas guías de etiqueta de Debrett, el más influyente referente de los buenos modales ingleses, por primera vez se sugiere que comer con las manos constituye una práctica aceptable, siempre y cuando los comensales recuerden no lamer sus dedos después.

Pero esto no viene relacionado precisamente con el grado de formalidad de la ocasión que compartimos, sino por la relación que nos une con los demás comensales y las estrategias de socialización que en cada caso se revelan de cierta utilidad. ¿Puedo tomar alimentos con las manos si a mi mesa hay personas desconocidas y sin contradecir las normas de etiqueta en la gastronomía? Seguramente una de las posibles respuestas se debe buscar en el comportamiento del anfitrión, por ejemplo, si el mismo decide limpiar los camarones grillados con las manos o a comer los mejillones sin ayuda del tenedor, nos está invitando/autorizando a realizar el análogo gesto que, por otra parte, puede ser realizado con graciosas maneras. En ausencia del anfitrión podrá imitar el comportamiento mayoritario de los demás comensales, si lo entiende favorable a la complicidad de la convivialidad a pesar de contradecir la etiqueta, o por el contrario podrá permanecer fiel a la misma y seguir la propia educación que lo induce a comer en diverso modo. A propósito, nos dice Patricia Fuente, responsable del área Académica del Instituto Superior de Protocolo y Eventos con sede en Madrid[60]:

> *«El protocolo que ha de seguirse se determina por el nivel de confianza que tenemos con las personas que están con nosotros, no por el escenario (…) por lo que el comer con las manos o no dependerá de con quién estemos, no de dónde estemos. Las normas que se han de seguir en todo caso son las de no molestar a los otros a la hora de comer, no hacer ruidos y no hacer del acto de comer algo grotesco. En la mesa se dan todas las filias y todas las fobias. Mantener la elegancia, esa es la clave».*

Hoy los retos a enfrentar tienen dos protagonistas. El primero es el comensal, quien deberá ir progresivamente enriqueciendo su cultura en su aproximación a la cocina creada para su degustación con las manos sin descuidar las normas de buenos modales a la mesa. El otro reto le corresponde a los cocineros

---

60 Citada por el periodista Miguel Llano en su artículo: «Comer con las manos: qué se puede hacer y qué no». Publicado en *IDEAL*, Diario informativo de Granada y Provincia, edición de 26 de noviembre de 2016.

y a la industria culinaria quienes, en mi visión, tienen la más alta responsabilidad para con el consumidor y quienes deben, en primer lugar, aprovechar los resultados de las más recientes investigaciones sobre cómo la estimulación del sentido del tacto[61] puede mejorar significativamente la experiencia gastronómica del comensal; y en segundo lugar, procurar eliminar eventualmente la sinonimia entre la creación de menús de degustación bajo la modalidad de *finger food* y el elevado costo del cubierto. La filosofía detrás del menú es correcta y revolucionaria, pero continúa siendo elitista. ¿Es posible crear un menú degustación de manera éticamente sostenible al alcance del comensal medio? Absolutamente sí. La madre naturaleza nos provee de comunes ingredientes y muchas respuestas pueden encontrarse en la reinterpretación de la cocina criolla, sin necesidad de recurrir necesariamente, por ejemplo, a raros y costosos ingredientes o al nitrógeno líquido y a la cocina molecular, a pesar de sus reconocidas bondades.

## *LIBIAMO NE'LIETI CALICI*

Amigo lector/bebedor, ¿recuerda haber tenido en casa una colección de vasos intocables pertenecientes a la abuela y resguardados celosamente bajo llave dentro de una precolombina vitrina? Vasos de bellos diseños y colores para diferentes servicios, fabricados en fino cristal, por desgracia, una función puramente ornamental además de auxiliar visualmente a la recurrente narración histórica sobre cómo entraron al patrimonio doméstico. Debo confesar que en mi hogar de nacimiento nunca hubo copas a la mesa, no era nuestra costumbre, como no lo era para la gran mayoría. Si tenemos en cuenta la arraigada predilección nacional por los destilados, que además el vino no ha sido una bebida constante en el

---

61  La ciencia ha demostrado, por ejemplo, que los cambios en las cualidades hápticas del vaso, taza o cualquier tipo de contenedor en el que se sirve un alimento puede tener efectos importantes en la evaluación del consumidor de la calidad del producto. Asimismo, se ha demostrado que el peso y la textura, incluso la temperatura de cubiertos y cristalería pueden ser modificadas para mejorar la experiencia multisensorial de un comensal.

maridaje con la cocina tradicional cubana y que nos habituamos a beber la cerveza directamente de la botella o de la lata, es comprensible esta grande ausencia. Afortunadamente, el vino y la cerveza están siendo progresivamente entendidos como bebidas para las que se debe destinar un adecuado recipiente de cristal, tal y como se concibe para la presentación de un cóctel *long drink* o para servir una bebida espirituosa.

De manera inexorable cuando hablamos de bebidas debemos reservar unas líneas a los vasos que utilizamos y a la disposición que les viene reservada. Estos y el resto de los elementos que componen la preparación de la mesa comparten una gran variedad si bien todos los diseños vienen condicionados por el tipo de bebida que habrán de contener, como ocurre magníficamente con los vinos.

Si bien las otras bebidas pueden o no estar presentes a la mesa, el agua nunca podrá estar ausente. No en vano cuando vamos a un restaurante el tipo de agua es lo primero que se nos pide por el maître o el camarero jefe del rango y es lo que constantemente viene reemplazado. Consideremos que cuando tenemos invitados en casa debemos organizarnos, en la medida de lo posible, para poder brindar agua mineral natural o con gas, fría (sin hielo) o a temperatura ambiente, según la tendencia creciente de los últimos años. La ocasión nos obliga además a servir el agua en botellas o jarras de vidrio o cristal, lo que excluye la disposición del agua en envases de plástico pues el protocolo dispone que nada etiquetado, con la sola excepción del vino y botellas de vidrio, puede ser llevado a la mesa. En un restaurante con un elevado estándar del servicio en sala prevé que el agua sea versada a los comensales y luego dispuesta la botella en el gueridón o en la mesa de servicio, debidamente tapada y con la etiqueta orientada hacia la mesa; un buen maître o camarero estarán siempre atentos a su copa, pero si ocurriese que desea más agua o beber una perteneciente a otra marca o de diferente composición, bastará con hacerlo presente de manera discreta y cortés. El servicio de agua no es algo que hoy pueda ser tomado a la ligera en tanto en los últimos años viene creciendo una tendencia a la selección y cuidado del agua que bebemos, llegando este producto a alcanzar la categoría *luxury gourmet*; incluso, en el más entonado y vergonzoso absurdo humano de la exclusividad, determinadas marcas de agua superan por unidad los precios de venta de algunos lujosos coches deportivos.

Regresando al discurso gastronómico sobre las aguas, los expertos nos hablan con criterios de ciencia y dirigen cada vez más su atención hacia la calidad, la mineralización, el pH, la carbonatación, etc., en la búsqueda de las aguas más propicias para el maridaje, llegándose a afirmar, por ejemplo, que con los aperitivos es más apropiada el agua efervescente, con una adecuada dosis de dióxido de carbono, para estimular los jugos gástricos; con los primeros platos el agua mínimamente mineralizada; con el pescado el agua con poco sodio; con la carne el agua con abundancia de sales minerales y dióxido de carbono, ideales para la limpieza del paladar, servidas en copas semejantes a los catavinos y; finalmente, con el dessert, agua bicarbonatada para facilitar la digestión. Conviene señalar que, en la elaboración de una carta de aguas, si ha sido la elección del restaurante, debe señalarse esta clasificación, así como la región de proveniencia, recordando siempre que la botella de agua mineral se abre, sin excepciones, delante del cliente y se sirve fresca pero no congelada.

## SABÍA QUE...

 El mundo conoce gran variedad de aguas embotelladas en sus tres grandes clasificaciones (mineral natural, de manantial y preparada) pero en el año 2011 se produjo una curiosa novedad pues una empresa canadiense comercializadora de agua lanzó al mercado internacional la marca BLK, un agua artesiana de color negro en formato de 500 ml obtenida de un manantial que se encuentra en la Reserva Forestal de Sandiland. Con un pH 8 y rica de minerales, el color negro lo aporta, principalmente, el ácido fúlvico presente en su composición; la etiqueta asegura que no contiene colorante o sabores artificiales. Su valor y particularidad lo han clasificado como un producto gourmet aun en medio del gran debate internacional sobre los efectos medioambientales de la producción del agua embotellada.

Los vasos para el agua pueden ser colorados, siempre que tengan alguna relación cromática con al menos uno del resto de los elementos de la mesa y gocen de una apreciable estética. Utilizamos el nombre genérico vasos porque las definiciones vienen de la mano según el uso que va a tener el vaso en particular y el diseño al que responde, por ejemplo, la copa es un vaso que tiene un tallo o fuste que separa la base del cáliz y puede ser utilizada tanto para el vino como para el agua. Sin embargo, también es cierto que la costumbre nos invita a denominar vasos a los carentes de tallo.

Recuerde que al servir el agua debemos llenar el vaso casi en su totalidad o la copa en algo más que su mitad, a diferencia de los vinos (1/3 de su capacidad para blancos y algo menos de 2/3 para los tintos). Si nos encontramos en un restaurante y al escanciar el vino nos excedemos de la cantidad recomendada, especialmente con blancos y espumantes, estamos transmitiendo un audible mensaje de escasa cultura tanto a los miembros del servicio como al resto de los comensales. Coherentemente, en un encuentro formal trataremos de beber a un ritmo moderado, o al menos al ritmo de los anfitriones, luego, si vuestra copa se encuentra vacía, por favor, no pida más vino ni intente servirse de iniciativa propia, un atento anfitrión notará su necesidad y le ofrecerá más si está en condiciones de hacerlo.

Tradicionalmente las copas de agua eran las de mayor tamaño mientras las otras más pequeñas eran destinados al vino. Sin embargo, actualmente las copas de mayores proporciones suelen ser precisamente aquellas para el vino. En algunos países como España, por ejemplo, hay escuelas de hostelería que suelen dar mayor atención al orden en que son marcadas las copas, de ahí que sea posible encontrar mesas en las que al agua se le ha reservado un vaso tipo tumbler bajo o una copa mayor o igual a las demás, pero presentada en el correcto orden para indicar su destino. A continuación, observaremos como vienen ordenados los vasos atendiendo al menú escogido, al espacio del que disponemos y al efecto estético que se persigue. Pero antes compartiré un truco que viene utilizando por las escuelas de etiqueta y protocolo en la gastronomía, especialmente de origen anglosajón. Si al sentarnos a la mesa, junto a otros comensales, no estamos seguros de cuáles son nuestros vasos o cuál es nuestro platillo para el pan haga lo siguiente: con los dedos índice y pulgar de cada mano forme un círculo mientras los demás dedos permanecerán completamente erguidos, como verá su mano izquierda formará la letra *b* (bread, pan en inglés), mientras su mano derecha formará la letra *d* (drinks, bebidas en inglés), de esta manera usted fácilmente identificará que el pan situado en el extremo superior izquierdo es el suyo, mientras que los vasos situados a su derecha son los que deberá utilizar para las correspondientes bebidas.

El *estilo clásico* prevé para el agua un vaso con tallo de mayor capacidad de aquellos destinados al vino. Luego, coincidiendo con la punta del cuchillo más próximo al plato colocaremos la copa de vino blanco y a continuación, en forma diagonal y con un ángulo de cuarenta y cinco grados, la copa de vino tinto, la de agua y finalmente la de vino dulce; si fuese el caso, en lugar de la copa para vino del postre dispondremos la copa tipo flauta, la llamada tulipa, una copa para vino blanco o la histórica copa *pompadour*, por ejemplo, para los espumantes genéricos. Debemos tener en consideración que la disposición clásica requiere de considerable espacio.

En el *estilo moderno* la copa de agua viene sustituida por el tumbler o una copa de tallo muy corto y ocupa el puesto que en el estilo clásico es reservado para la copa de vino blanco (fig. 13). Como en el clásico, los vasos se distancian aproximadamente dos cm de la punta del cuchillo conservando en su alineación hacia la izquierda un ángulo de cuarenta y cinco grados, si el espacio lo permite, en caso contrario el ángulo puede ser menor o se podría marcar las copas de forma alineada de izquierda a derecha copas tomando como referencia el centro del plato. Si en vez del cuchillo de mesa debemos disponer uno para el pescado, pues es nuestro único segundo plato, deberemos considerar la colocación de los vasos como si el cuchillo para el pescado tuviese el mismo largo que el cuchillo de mesa; en otras palabras, es irrelevante el tamaño del cuchillo, la distancia es siempre la misma. Si no tuviésemos espacio suficiente hacia arriba colocaremos el tumbler del lado derecho de la punta del cuchillo mientras que encima de la misma haremos coincidir la copa de vino blanco. También por razones de espacio y en ambos estilos, podemos colocar la flauta o la copa de vino dulce justo detrás de las copas de vino tinto y blanco.

Figura 13. En disposición diagonal el estilo moderno realiza un óptimo aprovechamiento del espacio haciendo coincidir el tumbler para agua con la punta del cuchillo seguido de la copa para vino blanco, luego aquella para el vino tinto y justo detrás la copa para espumante

Son varias las combinaciones que podemos utilizar para el marcaje de las copas, basta con considerar razonadamente el espacio del que disponemos y que coincidiendo con la punta del cuchillo trinchero debemos colocar siempre la copa de agua o la de vino blanco, nunca la de tinto y que, en todo caso, si las copas portan un estigma, el mismo debe ser siempre orientado hacia el comensal. Visto que el servicio de bebidas se realiza por la derecha, pues en ese orden, de derecha a izquierda usted utilizará las copas, primero el agua seguido del blanco y luego tinto. Obviamente si la cena inicia con un espumante a modo de aperitivo esta será la primera copa para utilizar y solo haremos el marcaje del vino de postre cuando llegue el momento de su degustación, es decir, después de terminada la cena.

En los banquetes, sin embargo, no es infrecuente que las copas sean todas del mismo tamaño y lo que varía es la posición de las mismas. Uno de los tipos de marcaje más utilizados en este caso de uniformidad es colocar la copa del agua encima del bajoplato, centrada, a una distancia aproximada de cinco cm del mismo; luego al lado marcaremos las copas de los vinos siendo el uso de izquierda a derecha: agua, vino blanco y vino tinto.

En cualquiera de los casos viene aconsejado que no coloquemos a la mesa más de tres o excepcionalmente cuatro copas, una quinta (para vinos de postre) requiere más espacio y puede crear confusión entre los comensales. Viene dispuesta en segundo lugar la copa de vino blanco y luego la de tinto porque se ha de respetar el orden de degustación de cada plato, primero el pescado y luego la carne aun cuando venga frecuentemente recomendado por los especialistas el separar ambos platos entre almuerzo y cena, o mejor, distanciarlos en la semana. Si la cena no prevé el maridaje con el vino sino con la cerveza evitaremos de introducir a la mesa las botellas o latas, por el contrario, deberán ser servidas en el vaso correspondiente que ocupará el lugar de aquel para el servicio de vino blanco. Durante las cenas familiares o entre amigos estas reglas pueden ser más o menos flexibles a modo de garantizar la preparación de una mesa menos exigente.

SABÍA QUE...

Los expertos aseguran que debido a su diversa composición bromatológica, particularidades de la acción de los ácidos grasos, comportamiento durante la fase digestiva de las sustancias proteicas, diferencias de asimilación, etc., se recomienda decididamente la separación de las carnes y el pescado en una misma comida; estos (además de la leche y sus derivados y los huevos) son el principal grupo de alimentos que aportan proteínas necesarias para el organismo; quedan las legumbres que, por otro lado, presentan un cuadro proteico incompleto. En un régimen alimentario variado en condiciones normales es prevista una subdivisión entre los alimentos en: carbohidratos 55%, lípidos 25%, proteínas 20%. Por lo tanto, ingerir al mismo tiempo carne y pescado significa aumentar el ingreso diario de proteínas y, de consecuencia, de los derivados más importantes para el organismo, fases digestivas más largas con mayor esfuerzo hepático, aumento de los productos nitrogenados en el organismo, carga mayor para los riñones, etc.

Escoger las copas adecuadas implica no menospreciar el color ni la forma. Los amantes del mundo de los restaurantes y de la enogastronomía prefieren siempre las copas transparentes pues es casi unánime el criterio de que el comensal debe poder mirar lo que está bebiendo, especialmente en el caso del vino y los destilados como el coñac, la grappa o el whisky. La forma de la copa se encuentra en íntima relación con la bebida y con la temperatura de servicio, por ejemplo, para la degustación de un ron añejo se recomienda, en lugar del tumbler *old fashioned*, la copa *snifter*, conocida además como copa napoleón o *balloon*, que facilita la rotación del destilado por las paredes del mismo y, en consecuencia, la mejor conducción y apreciación de los aromas volátiles; de otro lado, permite ser sostenida cómodamente entre las manos para aumentar la temperatura del destilado acercándola a aquella del interior de la boca. Por ello, aunque le pueda parecer muy hermosa la combinación de copas a color o de formas, lo que cuenta es su correspondencia con el resto de la *mise en place* y los platos y bebidas que se habrán de degustar.

Una vez que hemos aprendido la disposición de las copas a la mesa solo nos resta saber identificar que copa es la adapta a cada vino[62] y luego utilizarla correctamente. Hoy la producción de copas llega incluso a individuar un tipo de copa hasta por la uva con la que se produce el vino (v. g. la producción individual que la *Riedel* realizó para los vinos españoles, destacando la copa Tinto Reserva), detalle que personalmente entiendo que a largo andar impone a los consumidores apasionados un gasto innecesario, aunque reconozco que, dentro de los tintos, los jóvenes y los añejos se disfrutan de manera

---

62  El hoy ya mítico Abel Valverde, considerado uno de los mejores Directores de Sala de España ha expresado con acierto que «la copa es tan importante que puede cambiar el comportamiento y el destino de un vino, hasta el punto de que a veces se ha hecho un juicio injusto a un vino por haber sido servido en una copa poco apropiada, y es que una copa poco adecuada puede llevar a malinterpretar un gran vino y, del mismo modo, un vino con pocas pretensiones se puede beneficiar de ser servido en la copa oportuna».

diferente según el fondo y la boca de la copa. Por otro lado, lo ideal para evitar mortificaciones es adquirir seis copas para vino blanco (tallo largo y forma de tulipán), seis copas tipo burdeos (forma abombada para tintos) y otras seis copas, aflautadas o no (para espumantes en general). Estas son copas conocidas en el mundo hispano si bien debo reconocer que cada país con gran cultura vinícola produce sus propias copas. Entre las copas más apreciadas internacionalmente destacan las series *handmade* de la *Riedel* (Austria), las *Spiegelau* y *Shott-Zwiesel* (Alemania) y las de *Bohemia* (República Checa).

Recuerde controlar que cada copa no posea olor alguno, aun cuando estén perfectamente limpias, para ello debemos prestar especial atención al método, tejidos y sustancias que utilizamos para el lavado y secado de las mismas. En cualquiera de los casos, lo ideal es que una vez abierta una botella de vino tinto, por ejemplo, vertamos un poco en una de las copas, lo hagamos girar por las paredes de la misma a modo de prepararla para la degustación, y luego repitamos el gesto con el resto de las copas a utilizar empleando siempre aquel poco de vino vertido en la primera. Cuando todo esté listo y los ánimos dispuestos entonces alcemos nuestras manos para brindar rememorando a *La Traviata* de Verdi y *libiamo ne´lieti calici* («bebamos de las alegres copas»).


## LA DECORACIÓN
## EL TOQUE DE ELEGANCIA

Una mesa decorada sin gracia ni arte es como una triste adaptación cinematográfica de una novela de éxito, por ello toda mesa, incluso la menos desafiante, debe ser siempre dispuesta con los elementos decorativos que la presiden e identifican. Y no hablo de elementos rimbombantes pues hasta una simple piedra dispuesta como decoración minimalista puede poseer un fuerte significado, como ocurre, por ejemplo, en el *Celler de Can Roca* de la emblemática Girona (España), dos veces elegido el mejor restaurante del mundo.

Cuando hablamos de decoración son las flores las reinas de la escena aun cuando la subjetividad y el gusto personal de los anfitriones dicten la última palabra. Si la elección son las flores, recomendamos escoger entonces aquellas frescas de sutil aroma para no invadir los olores de la degustación y se preparará una confección de pequeño tamaño, de manera que su disposición al centro de la mesa no constituya jamás un obstáculo para la adecuada conversación entre los comensales quienes deben poder mirarse e intercambiar sin dificultades, argumento muy antiguo del que han llegado a nuestros días interesantes evidencias[63] que confirman que la decoración de una mesa debe ser condicionada por el libre y cómodo intercambio social que en esta se produce.

Si lo prefiere puede sustituir las flores por una confección de frutas frescas, buscando siempre la riqueza de colores. En todo caso los centros de mesa siempre se encontrarán en agradable combinación con los demás elementos decorativos que pretende utilizar.

En cuanto a la existencia de otros elementos que también han sido utilizados como decoración, debo decir que desde que en el siglo XVII los cocineros franceses descubrieron que la sal y la pimienta eran los únicos condimentos que no alteraban el sabor de los alimentos debido a sus propiedades y que merecían, por tanto, estar siempre a la mesa. Las composiciones de salero y pimentero han sido construidas de manera cada vez más compleja y de creciente belleza,

---

63  En el intercambio epistolar a finales del siglo XIX entre el cocinero del Rey Alfonso XII, José Castro Serrano, y Mariano Pardo de Figueroa, notable gastrónomo español hay referencias muy interesantes sobre la decoración de la mesa que me permito reproducir literalmente por su exquisita y refrescante redacción:
«Lo primero que repugna de la mesa de nuestros días es el uso inmoderado del adorno o adornos que se conocen con el nombre de plateau. Esa sucesión de adminículos, más o menos bellos, que se desarrollan a lo largo de la mesa para colocar frutas, flores o luces, constituye una especie de barricada, si no de tabique, que perjudica a los comensales con perjuicio de uno de los mejores goces de la comida, que es la contemplación de los rostros de las señoras. Si el plateu se ha inventado para que el marido no vea a su mujer y viceversa, me parece una excelente invención; pero limítese entonces al centro de la mesa y no se prive a los amigos del placer de estar admirando cuando comen a las mujeres extrañas. Una mesa dispuesta con ese catafalco podrá estar muy bonita para que la pinten o para que la contemplen los músicos desde la tribuna, pero es detestable para comer, y sobre todo para comer en la plácida comunicación que brinda el trato moderno (…)».

de ahí que, utilizadas con gusto, pueden favorecer notablemente la decoración de una mesa de correctas pretensiones.

Figura 14. La decoración de la mesa es uno de los aspectos que condicionan sensiblemente la experiencia del comensal. Imagen con Licencia CC0.

Curioso lector, aun cuando no las haya utilizado nunca recuerde que las velas de ningún modo sobran y que los candeleros y candelabros —que jamás pasan de moda— poseen la mágica virtud de convertir a una mesa ordinaria en una mesa de imbatible elegancia. En las cenas de cierto prestigio los candelabros y las velas son los herederos de una milenaria tradición que combina los elementos decorativos con una iluminación natural cálida (temperatura de color de 1500 grados Kelvin). Es cierto que para su uso debemos prever crear el adecuado ambiente de iluminación pues carece de sentido encender nuestros candelabros en una sala completamente iluminada, para ello recomendamos garantizar una luz artificial con un adecuado índice de reproducción cromática que provenga de los lados (de las paredes) y no directamente del techo. Dicho esto, debemos recordar que los candelabros y las velas solo se utilizan de noche, en la cena, que no existe un número específico para su disposición basta solo utilizar el sentido común, que al igual que las flores no deben desprender perfumes por análoga razón y que es recomendable usar aquellos fabricados en metal, vidrio o madera por la neutralidad que sus colores aportan al resto de la decoración y a la preparación general de la mesa.

## UN SERVICIO PARA COMER CON ESTILO

En cierta oportunidad, hace ya mucho tiempo, mientras me iniciaba en el mundo de la restauración, el maître del restaurante en el que trabajaba nos informó que debíamos preparar un banquete para cien invitados y que su organizador había pedido específicamente que se dispusiera todo para ofrecer el servicio a la rusa. Mientras seguía hablando tuve la impresión de que solo galimatías salían de su boca. ¿Servicio a la rusa?, pero si los invitados eran italianos, pensé en mi fiel ignorancia.

El maître obviamente nos hablaba de lo que se conoce como estilos de servicios, es decir, las técnicas que auxilian a los camareros para servir los alimentos a los clientes y condicionan un mayor o menor protagonismo de aquellos. Si es usted un profesional de la restauración pues esto no es más que el pan de cada día; si por el contrario es usted el cliente que ha sido invitado a un banquete organizado con el servicio a la inglesa, por ejemplo, entonces podría sentirse desconcertado al ver bandejas que vienen y van mientras mira a diestra y siniestra sin saber qué hacer con la comida, la clips, o qué cosa debe comunicar al camarero, especialmente si está acostumbrado a degustar el alimento emplatado.

En las siguientes líneas haremos una aproximación a los estilos de servicio que en su condición de comensal le permitirá desenvolverse de manera cómoda y segura cuando el alimento llega a la mesa, siendo indiferente el escenario gastronómico en el que se encuentre. El anfitrión deberá tener en consideración cuál estilo de servicio es el más adecuado al tipo de evento que pretende organizar atendiendo siempre a la armónica conjugación de su gusto personal con el sentido práctico que mejor favorece a las circunstancias. Veamos.

*Servicio a la italiana.* También conocido como *servicio al plato* es quizás el de mayor difusión en la hostelería. En este el género viene dispuesto directamente en el plato para su degustación por el cliente. Es un servicio de simple ejecución, limpio, sin otras exigencias que no sean las referidas a la decoración y a la estética de la presentación del plato, el que será trasportado por el camarero desde la cocina hacia su mesa y le será servido por su derecha. Este estilo de servicio posee una modalidad muy elegante conocida como *Servicio a la italiana con bandeja,* muy usual en los restaurantes de lujo y estelados. También en este caso los platos son preparados en la cocina, colocados en amplias bandejas y cubiertos con la cloche[64] para así ser transportados hacia el gueridón o mesa auxiliar, desde donde el camarero los servirá a los comensales. Usted no debe tocar la cloche, es tarea del camarero alzarla elegantemente para que en la sorpresa pueda apreciar mejor la decoración y los aromas liberados en el acto.

*Servicio a la inglesa.* También conocido como *de fuente al plato* es igualmente difundido y requiere particular destreza en el uso de la clips. Los géneros salen de la cocina dispuestos en la bandeja y el camarero, colocándose a la izquierda del comensal, sirve los alimentos con el auxilio de la clips en la cantidad que le sea requerida. En el más estricto protocolo es el único servicio recomendado para cremas, sopas y potajes que en este caso serán servidos por la derecha del comensal. Si el espacio resulta discreto, el comensal de marras realizará una ligera y colaborativa inclinación hacia la derecha o a la izquierda atendiendo a la dirección de la ejecución del servicio.

*Servicio a la francesa directo.* Es el más antiguo según reconocen las fuentes históricas y el preferido por la aristocracia

---

64  La cloche es un utensilio de cocina construido en metal con forma de sombrero o campana cuya función es mantener cubierto un plato con el propósito de crear un efecto de escena a favor de la decoración de este ante el comensal, que solo ve el alimento cuando la cloche es alzada a la mesa por el camarero jefe del rango. Por otro lado, la campana atrapa los aromas que surgen del plato y que producen erupción al descubrirlo multiplicando las sensaciones olfativas que surgen del alimento.

europea de los siglos XIX y XX. En la literatura es referido además como una variante del servicio de fuente al plato. Aunque muestra un brillante pasado, su futuro resulta incierto en tanto su uso ha sido casi abandonado en la restauración. No obstante, se practica aun eventos de privada naturaleza y particular oficialidad. En este se disponen los géneros en la bandeja que será presentada a la izquierda del comensal junto con la clips, con la que el mismo se servirá moderada y directamente. Es un tipo de servicio en el que usted deberá poseer cierta destreza en el uso de una cuchara y tenedor para fijar el alimento y llevarlo de la bandeja hacia su plato, razón por la cual quizás no sea la primera opción para valorar por el anfitrión, a menos que las características de los invitados y de la ocasión posean un insoslayable efecto persuasivo. Por naturaleza es un servicio lento, de ahí que si los comensales consideradamente se sirven con un mínimo de tiempo contribuyen a que el alimento llegue al último comensal conservando la temperatura y textura adecuadas. Recuerde que en esta modalidad el servicio se inicia por la persona invitada, priorizando a las damas y se termina en la figura del anfitrión; como excepciones a esta regla se valora la posible alta dignidad de una persona presente, o cuando desarrollamos un matrimonio en el que el protocolo prevé el servicio primero a la esposa, luego al esposo y solo entonces se procederá con el resto de los invitados.

*Servicio a la rusa.* Es este el estilo reivindicado por el cocinero, restaurador y escritor culinario francés Georges Auguste Escoffier (1846-1935), el hombre que revolucionó la cocina tradicional francesa del siglo XIX, responsable de la introducción por primera vez del menú «*a la carta*» y autor de muchas de las reglas de organización y gestión que uniforman la cocina y la sala modernas. En 1885, colaborando con Cesar Ritz, percibe y aplica la idea de organizar el personal de sala de un restaurante atendiendo a un criterio jerárquico que comprende las figuras que conocemos en la actualidad.

De origen histórico discutido es también conocido como *Servicio al Gueridón*. Es, sin duda, uno de los estilos que demuestra mayor refinamiento y elegancia en tanto los géneros son elaborados para su consumo al instante delante del cliente, como lo es, por ejemplo, el *filete tártaro*. Dicho esto, es un servicio que representa cortar, trinchar, rebanar, flambear, condimentar, etc., operaciones todas que exigen una probada profesionalidad que nace de una adecuada formación y larga práctica. Tradicionalmente era ejecutado en cada rango por un chef y un camarero, una copia indispensable para el tipo de servicio. Actualmente el mismo viene realizado además por un experimentado y versátil maître y un camarero. En este servicio usted tiene la oportunidad de intercambiar con el chef o el maître para hacerle preguntas relacionadas con los ingredientes y la preparación del plato, así mismo puede requerir que el mismo sea elaborado atendiendo a su gusto particular. Si es usted una persona que disfruta de comer en restaurantes y de experimentar nuevas experiencias culinarias entonces el servicio a la rusa es un estilo digno de probar al menos en una ocasión.

# 9. ELIGE EL VINO, LUEGO COMES
## NOTAS SOBRE EL MARIDAJE

*«Un buen vino es como una buena película: dura un instante*
*y te deja en la boca un sabor a gloria; es nuevo en cada sorbo y,*
*como ocurre con las películas, nace y renace en cada saboreador.»*
Federico Fellini

El lector podrá preguntarse a estas alturas de la lectura qué relación puede tener el maridaje con la etiqueta y el protocolo en la gastronomía. La respuesta es la siguiente: así como hemos empeñado tiempo y gran dedicación a la organización de la cena para agasajar a nuestros invitados, pensando en los detalles de la fatigosa preparación de la mesa y la comida, la cuestión de la selección del vino y su unión armoniosa con los platos es una obligación de protocolo del anfitrión que no puede quedar al descuido, precisamente porque cuando hablamos de maridaje una de las funciones del vino, más allá de favorecer la deglución de un bocado, es apaciguar o reequilibrar los distintos gustos del alimento evitando que las papilas gustativas sufran una saturación, permitiendo que en cada bocado este sea percibido con la plenitud de sus características gusto olfativas. Deseo que piense en el vino como la virtuosa continuidad y leal complemento de aquello que se habrá de comer, en tanto un vino erróneo puede limitar la plena degustación de los sabores del alimento y viceversa. Vino y comida constituyen un binomio de esos perfectos que ha creado el hombre tales como el ron y la coca cola, ostras y champagne, Laurel y Hardy.

Asimismo, usted podría legítimamente preguntarse ¿por qué el vino?, especialmente si no posee la cultura de acompañar la comida con esta bebida a pesar de su protagonismo en las históricas relaciones entre la Europa mediterránea y el resto del mundo, particularmente con sus excolonias americanas. Podría darle varias razones todas de diversa naturaleza. Podría decirle que la historia del vino viene unida a la historia de la humanidad, que existen referencias que prueban que el hombre dominaba conocimientos de enología en el medio oriente antiguo en tiempos muy anteriores a la redacción de los Evangelios. Podría fácilmente demostrar que el vino ha sido protagonista de legendarias disputas, precioso botín de guerra, testigo de todas las grandes pasiones e inspiración de todas las manifestaciones del arte. Podría contarle, por ejemplo, que el vino fue escogido por un hombre conocido como Jesús de Nazaret para realizar su primer milagro en las bodas de Caná de Galilea y que ateos y creyentes no desconocen la simbología que representa el vino en la última cena con sus discípulos, lo que además nos puede inducir a pensar que ese año hubo una gran cosecha[65].

«*Vinum bonum laetificat cor hominum*» (El buen vino alegra el corazón de los hombres), así decían los antiguos romanos para quienes el vino estaba íntimamente relacionado con el rol del hombre que vivía en sociedad desde dos puntos de vista; primero como medio vehicular de socialización; segundo, beberlo adecuadamente mostraba comportarse según las reglas sociales, como nos lo explican las palabras de Núria Baguena, fecunda investigadora española e historiadora de la Gastronomía:

---

65  En el 2015 la cadena CNN realizó un reportaje en Palestina para intentar echar luz sobre el tipo de vino que envejece en la bodega de Cremisan, situada a cinco kilómetros de Belén, y sobre el que se sospechaba poseía características similares al vino que se bebía en tiempos de Cristo. Así, el reportaje nos habla de que un número pequeño pero creciente de bodegas en Israel y Cisjordania están tratando de recrear el vino de la Biblia, combinando antiguas castas de uva con la ciencia moderna para identificar y producir el tipo de vino consumido en Tierra Santa. En la actualidad un vino blanco llamado Marawi, fabricado con uvas israelitas de mismo nombre, es el primer intento comercial internacional con el respaldo histórico de uvas nativas reseñadas en el 220 A.D.

*«Estaba mal visto beber vino sin mezclarlo con agua, y consideraban muy triste y peligroso beber en solitario. El vino pertenece a la civilización y, por tanto, era para beberlo con los amigos y para hacer largas las sobremesas; consideraban los romanos que iba bien para hacer hablar y para dar agudeza a la conversación».*

En un discurso puramente gastronómico podría contarle además que desde la antigüedad el vino ha estado presente en la cocina como ingrediente para la elaboración de los alimentos y como compañero de degustación, costumbre que llega hasta nuestros días; bastaría mencionar la marinada[66], la salsa *demi glacé*[67], la reducción[68] y el *deglassage*[69]. Podría agregar que los componentes del sabor de un alimento vienen valorizados y compensados con el vino gracias a una característica única en el mundo de las bebidas y es que este es un alimento que posee tres de los cinco sabores básicos: dulce, ácido y amargo.

## SABÍA QUE...

En febrero de 2017 se celebró en La Rioja, España, la octava edición del Wine & Health, la reunión científica más importante de su tipo que reúne a especialistas internacionales de la medicina y la ciencia para presentar las actuales líneas de investigación sobre los beneficios del vino sobre la salud humana. En esta edición los ponentes destacaron cómo la dieta mediterránea y el consumo de vino dismi-

---

66 Marinar: Macerar carnes, pescados y caza, normalmente en una mezcla de vino con especies, con el objetivo de ablandarlos y completar su sabor y aroma.

67 Una de las grandes salsas de la cocina moderna y que sirve de base para la elaboración de otras muchas. Se elabora a partir de un buen fondo oscuro mezclado con un roux, perfumado con vino Oporto y dejándolo reducir hasta que se obtiene media glasa. El roux es una sustancia que da cuerpo y sabor a otras salsas y sopas, resultado de la mezcla de harina, mantequilla, maicena, aceites o grasa animal aromatizada y curada; puede ser blanco, rubio y oscuro. Un ejemplo del uso del roux blanco es que viene utilizado para la preparación de la salsa besciamella.

68 Acción de hervir vinos, salsas, caldos, etc., hasta que el volumen del líquido se ha reducido.

69 En la cocina se le llama deglassaje al acto de agregar un líquido (vino o un caldo) a un fondo de cocina concentrado, siendo este último el líquido que queda en el sartén después de haber cocinado por largo tiempo elementos nutritivos y aromáticos dando origen a las conocidas como salsas madres.

nuyen la incidencia de diabetes, la obesidad, el síndrome metabólico, enfermedades cardiovasculares y enfermedades de deterioro cognitivo, además de exponer cómo el vino actúa de forma positiva sobre la macrobiota intestinal.

El vino es una de esas cosas hechas por el hombre sobre la que más especulación existe y algunos retienen que es el padre putativo de todas las bebidas. Una cena puede ser muy económica o extremadamente costosa gracias a un único y singular elemento: el valor del vino. Si bien en los Estados Unidos de Norteamérica un famoso productor llamado Charles Shaw ha demostrado que un óptimo vino puede costar dos dólares, una cena en la cual ha sido servido un *Aurum Red*, un *Pingus*, un *Pomerol Petrus*, un *Romanée Conti*, un *Châteu Lafite* o un *Conterno Monfortino Barolo*, podrá significar una cuenta de varios miles de euros. Mi buen lector, en este tema podríamos ir y volver y siempre terminaríamos hablando de vinos, pero esa es otra y larga historia que un experto podrá contar con muchas más virtudes que yo, como ya lo han hecho el Master of Wine cubano Yamir Pelegrino, el más reconocido exponente de la Sumillería en la Isla y autor del emblemático libro «*Mi pasión Gourmet*», así como uno de los mejores sumilleres de España, el maestro Ferrán Centelles en su ya antológico y presagiador libro «*¿Que vino con este pato?*», cuya lectura, en ambos casos, se han sumado a otras imprescindibles una vez que emprendes el largo y mutante camino de la enogastronomía.

Como el presente es un escrito sobre buenos modales a la mesa —no sobre enogastronomía— y siendo un tema sobre el que debo conversar con la humildad y el respeto que amerita, me limitaré a acercar al lector a las reglas básicas a tener en cuenta cuando compramos un vino para una cena que estamos organizando o que deseamos regalar cuando hemos sido invitados, así como a cuáles vinos debemos servir en cada ocasión atendiendo al menú de marras. Tenga en cuenta que esas mismas reglas inspiran a profesionales del sector y a grandes apasionados del mundo del vino, aunque sea fácil advertir que este universo se encuentra en constante transformación y que, fundamentalmente, el maridaje de vinos es una cuestión de combinación entre extendidos conocimientos, tradición familiar y comunitaria y gusto personal.

Para iniciar, resulta pues imprescindible que usted desmitifique las barreras que lo pudiera alejar de acertar con la selección de caldos que ha hecho para su cena ideal. Siete son los grandes tabúes que hoy han sido largamente superados: el mejor vino no es necesariamente el que se produce en los viñedos franceses aunque los galos siguen reteniendo el título de los vinos más caros del mundo; el mejor vino no es el de la cosecha más antigua; no se requiere ser un experto para aprender a reconocer un buen vino ni para realizar un buen acuerdo con el alimento; un buen vino no es necesariamente costoso; el mejor maridaje no es el que le propone el sumiller —a pesar de cuan acertado pueda ser o de la influyente puntuación del crítico Robert Parker— sino es el que le gusta a usted; el huevo, el limón o el vinagre no son enemigos del vino y, finalmente, el vino no es una bebida de ocasión, por el contrario, es la única bebida que, en complicidad con el agua, puede estar a la mesa todos los días pues como dijera Plinio el Joven: *«El hombre debe al vino ser el único animal que bebe sin sed»*.

## SABÍA QUE...

 Además del amargo, el dulce, el salado y el ácido la ciencia ha reconocido desde el 1986 la existencia de un quinto gusto básico: el umami, que en japonés significa «sabroso». Descubierto por el químico japonés Kikunae Ikeda en el 1908, es un gusto que resalta la existencia de los otros cuatro debido a su función como receptor del ácido glutámico, uno de los aminoácidos más representados en la mayor parte de los alimentos, ya en forma libre o combinado con proteínas. El umami está presente, por ejemplo: en la sardina, la salsa de soja, el té verde, el jamón crudo, el tomate, la carne de res, los camarones, la zanahoria, la patata y las algas. El maestro sumiller Ferrán Centelles ha afirmado que el umami es un sabor cada vez más aceptado y extendido: «Cuando es muy evidente e intenso, sobre todo con el uso del glutamato monosódico, puede volver el vino algo más acídulo y menos corpóreo. Es, por tanto, un sabor complicado que necesita vinos de alta versatilidad (…)».

¿Qué es entonces el maridaje? La palabra proviene del latín *maritāre* que transmite la idea de unión o casamiento, mientras que el diccionario castellano nos brinda además la definición de analogía o conformidad con que algunas cosas se enlazan o corresponden entre sí. Cada experto ha deseado dignificar su propia definición y todas parecen ser más o menos exactas hasta que la ciencia demuestre lo contrario. En lo que me concierne, mis palabras respetan con modestia el margen de discrepancia que viene reconocido como inevitable y legítimo en la mayoría de los sectores del saber especializado. Digamos entonces que el maridaje en el mundo de la enogastronomía puede ser considerado como:

*La unión de un plato con un vino de manera que ambos se destaquen recíprocamente en sus virtudes y generosidad y se complementen de forma armoniosa considerando el peso, la intensidad y el equilibrio de los elementos que los componen.*

Para lograr esta armonía entre peso, intensidad y equilibrio, se deberá considerar el sabor del ingrediente principal[70] de un plato, las especias, las salsas, las guarniciones y el método de cocción que utilicemos porque a través de la modificación que sufren los alimentos sus características asumirán valores diferentes y determinantes, no solo por la higiene, la buena digestión y el mantenimiento de los valores nutritivos, sino también para transmitirles un gusto y específicas características organolépticas[71]; mientras que

---

70  Para la evaluación de un correcto maridaje se debe tener en consideración las sensaciones de sabor, táctiles y gusto olfativas del alimento, en tanto este puede ser salado (queso curado, salame), con una tendencia amarga (espinacas, calamar grillado), ácida (tomate), dulce o con tendencia dulce (zanahoria, camarones), graso (mantequilla, quesos), untuoso (presencia de aceite) y suculento (mozzarella de búfala, carne poco cocida). Otras características a valorar son el carácter especiado, la aromaticidad y la persistencia del alimento.

71  Nos sigue enseñando el maestro Sumiller Ferrán Centelles cuando afirma que "cuando más larga sea la cocción, más alcohólico puede ser el vino a combinar. Un bacalao crudo, en tartar o en carpaccio, requiere por tanto un vino

por otro lado se valorará la variedad de la uva de la que se produce el vino, el método de vinificación, el grado de alcohol, los taninos y la acidez. Sin embargo, esto no lo es todo. El maestro sumiller español Custodio López Zamarra, presidente de la Asociación de Sumilleres de Madrid, ha afirmado en varias ocasiones que el mejor maridaje entre vino y plato es el sentido común, para significar que un buen maridaje viene además condicionado por el ambiente recreado a nuestro alrededor, por la compañía que tenemos al lado, por nuestra predisposición anímica y de salud. En fin, es una mezcla de factores objetivos y subjetivos, todos importantes y a tener en alta consideración.

En la práctica el maridaje se inicia desde el alimento y del conocimiento de sus características que servirán de criterio para combinar las bebidas atendiendo, principalmente, a la contraposición y la concordancia. La contraposición consiste en individualizar una característica en un elemento (bebida o alimento), para valorar su peso y contrarrestarla con otra del mismo peso que pertenezca al segundo elemento. Así se afirma que ambos componentes se anulan creando un equilibrio; por ejemplo, la nota acida de un zumo de limón se equilibra con la agregación de azúcar, mientras que la nota amarga del hígado se equilibra con la nota dulce de la cebolla. Otro ejemplo lo constituiría el maridaje entre un alimento suculento (presencia en boca de líquidos o jugos) y un vino tánico con un elevado título de alcohol permite secar esos jugos; o cuando nos encontramos en presencia de un alimento graso en cuyo caso el acuerdo debería realizarse con un vino que induzca a la salivación para así diluir las grasas, al menos parcialmente, en este caso un vino espumante sería una adecuada decisión debido a sus características de salinidad, acidez y efervescencia.

Maridar por concordancia, sin embargo, comporta la unión de los dos elementos que comparten las mismas características organolépticas, es decir, expresar paridad

---

de bajo contenido alcohólico, mientras que el mismo bacalao cocinado al horno con pimentón (…), requiere vinos con mayor impacto, mayor cuerpo y porcentaje del alcohol".

de peso para lograr una sensación equilibrada, a saber: los componentes relativos a la dulzura, el aroma, las especias, la persistencia gusto olfativa y estructura.

Para realizar esta aproximación al maridaje entre el vino y la comida utilizaré las clásicas normas descritas por el grande maestro italiano Luigi Veronelli (1926-2004) en su libro *Matrimoni d`amore,* quien sugiere contextualizar el maridaje dentro del ámbito de la cena vista en su conjunto y, en consecuencia, de secundar los vinos más delicados con aquellos más robustos y generosos. De hacer lo contrario creamos el riesgo de que el segundo vino nos parezca de calidad inferior, con gran pérdida del sabor y no estaremos en grado de valorarlo justamente.

Una segunda norma explica que hay vinos que rehúsan el maridaje inmediato con el alimento, ya sea por exceso de cuerpo o por exceso de alcohol o de azúcar, para referirse a los vinos de aperitivo, de final de cena y de meditación. Una tercera norma indica los ingredientes y la preparación del alimento que rechazan el maridaje con el vino, entre estos habría que distinguir aquellos que contienen vinagre o son agrios[72], aquellos que contienen de manera notable aguardiente y licor; las frutas frescas, los quesos frescos con notable sabor a leche, los helados y digestivos dulces con hielo batido también rechazan cualquier combinación con el vino. Una cuarta norma promueve, no sin excepciones, el maridaje entre platos y vinos de una misma región geográfica y con sus palabras nos dice «*el clima, la historia y los comunes elementos de donde nacen, favorecen el matrimonio*». La última norma nos invita a tomar en consideración la estación, la temperatura y el clima, por lo tanto, se aconseja que

---

72  Al respecto Centelles nos habla de que estudios recientes realizados entre expertos, Sumilleres y profesionales de la restauración han echado por tierra la restricción impuesta a los huevos y a los ácidos en cuanto han demostrado que el vino puede resultar más amable cuando se combina con alimentos ácidos. Por otro lado, nos afirma que ha quedado demostrado que, con el aumento de la temperatura y la prolongación de la cocción, los huevos pierden la fina película que se forma en el paladar debido a la existencia de lípidos y proteínas que permanece en la cavidad bucal aun después de ingerir el huevo. La mencionada película limita la acción de los receptores de las papilas gustativas reduciendo la capacidad de degustar correctamente.

los alimentos y vinos frescos sean favorecidos en los meses más cálidos del año, mientras que en los más fríos se deben favorecer los alimentos y los caldos de mayor aportación calórica.

Luego, estas normas vienen complementadas con cuatro criterios teóricos para el maridaje que han sido expuestos por los expertos italianos Castellari e Paielli en el libro *Bianco o Rosso* y que pudieran resumirse de la siguiente manera:

— Criterio 1. Tradición: El maridaje de una misma zona geográfica debe tener también en consideración los perfumes y aromas que son evocados por los usos, el ambiente y las personas de un mismo lugar.

— Criterio 2. Contraste de sabores: El placer del maridaje se obtiene cuando se logra la manifestación de valores opuestos, como ocurre con un plato particularmente grasiento para el cual se recomienda un vino joven, ligeramente ácido, incluso gaseoso, de forma que, contrastando con la untuosidad del alimento, mantenga limpia la boca y disminuya la pesadez del plato. En la misma línea se consideraría un error combinar una comida picante con un vino con elevado grado volumétrico de alcohol en tanto ambos producen una sensación de calor que puede resultar molesta para el comensal. Otro ejemplo de maridaje erróneo lo constituye la unión de una comida ligera con un vino tinto de tanino alto.

— Criterio 3. Similitud de sabores: Fundamentalmente indicado para los alimentos dulces.

— Criterio 4. Similitud de Estructura: Un plato complejo por el tipo de cocina o la cantidad de ingredientes o el conjunto de sabores deberá maridarse con un vino robusto, mientras que un plato ligero deberá ser acompañado con un vino delicado y poco aromático.

Una vez definidas la importancia y la función del maridaje así como las normas genéricas que se deben respetar podemos ir a comprar nuestro vino. La cantidad de vino que se produce en el mundo se acerca a los 280 millones de hectolitros, según datos aportados por la Organización Internacional de la Viña y el Vino, esto significa que la cantidad y variedad nos parece infinita. Entonces, ¿cuál vino es mejor que otro?, ¿cuál vino seleccionar entre tantas denominaciones de origen que producen vinos semejantes?, ¿cuál es la mejor cosecha o región productiva o cuál marca o bodega expresan una mejor relación calidad precio? La confusión es mayúscula, lo que nos impone la realización de tres cosas que nos ayudarán a individualizar el o los vinos de nuestra predilección. Primero, debemos dominar ciertos aspectos teóricos sobre el vino y para ello se requiere tiempo constante de estudio, luego debemos experimentar con pasión y curiosidad, alejados de los estereotipos, ser osados y sin prejuicios y, en consecuencia, debemos degustar la mayor cantidad de caldos posibles; por último, una vez definidos nuestros vinos favoritos debemos concentrarnos en realizar varios maridajes con cada uno de ellos hasta que se encuentre el casamiento perfecto para cada gusto particular.

SABÍA QUE...

 A pesar de que tradicionalmente el maridaje se ha organizado en la selección del vino una vez que hemos escogido nuestro plato, en París hay un restaurante que nos enseña una inversa filosofía. En el restaurante Il Vino, propiedad de Enrico Bernardo (declarado el mejor sumiller del mundo en el 2004 por la Asociación de Sumillería Internacional y galardonado con una estrella Michelin) se muestra al cliente una carta en la que no hay platos, solo una discreta lista de vinos para que el cliente escoja. Según la elección realizada el cliente es el restaurante quien propondrá el plato a maridar.

## CADA PLATO CON SU VINO
## CADA VINO CON SU PLATO

Reitero que el maridaje es esencialmente subjetivo, es cuestión de gusto personal y de educación del paladar, ambos complejos de cuestionar, es decir, *de gustibus non est disputandum* (de gustos no se discute). Mi opinión seguramente será dividida entre güelfos y gibelinos y los ejemplos someros que expondré solo sirven de pequeña muestra en un campo que es extraordinariamente vasto, en constante evolución y creciente complejidad respaldada por estudios a nivel molecular y donde el consenso viene, va y regresa como el amor en los poemas de Benedetti. Hecha esta necesaria aclaración al lector podemos comenzar afirmando que, en sentido general, los aperitivos suelen combinar bien con vinos blancos, rosados secos, espumantes secos y tintos ligeros, aunque existe una abierta preferencia por los espumantes. La acidez del blanco y el dióxido de carbono presente en el espumante favorecen la secreción de los jugos gástricos que predisponen positivamente a nuestro organismo para recibir el alimento. Así pues, si nos agrada la charcutería un blanco estructurado, un buen espumante o un rosado no vendrían nada mal.

El maridaje con los primeros platos como los arroces y las pastas es definido por la salsa y los ingredientes que utilizamos. Por ejemplo, se recomienda que una pasta que posea como base una salsa de tomate (nota de acidez) como los *maccheroni al pomodoro* se acompañe con un vino blanco joven de adecuada acidez y delicado al mismo tiempo, como el *Vermentino* sardo, o que los *spaguetti alla napoletana*, deban maridarse con un rosado o un vino tinto joven, de cuerpo liviano, con aromas de fruta roja como el chileno *Casillero del Diablo* o el francés *Beaujolais,* aunque debo admitir que la tradición italiana aconseja el acuerdo con su representativo *Chianti*. Evan Golstein, el reconocido Master Sommelier norteamericano ha expresado con relación a las salsas:

*«Las salsas son de lo más importante, demasiadas veces nos centramos en el ingrediente principal, pero la personalidad de la salsa le da al plato la tendencia en el maridaje».*

Los pescados suelen ser combinados con vinos blancos, por ejemplo con un *Souvignon Blanc*, un *Riesling* —con el que raramente se falla—, un *Penedés*, un *Vermentino, Chardonnay, Manzanilla* o un *Albariño*, dependiendo del tipo de elaboración de aquellos (v. g. ahumados, en salsa, a la naranja o al limón, al horno, al sal, grillados, etc.) pero los pescados grasos como el salmón, el bonito, la sardina, el arenque o el atún, casan también adecuadamente con vinos tintos jóvenes que son aquellos con menos seis meses de envejecimiento en barrica, por ejemplo un *Pinot Noir,* aunque si lo prefiere puede casar el plato con un vino espumoso *Brut Nature* y *Extra Brut* o un *Brut Rosè.* Los crustáceos compaginan muy bien con vinos de gran acidez y aromáticos, las ostras con vinos espumosos y el pulpo con vinos jóvenes con ausencia de taninos[73].

El maridaje entre espumantes y las bondades del mar me recuerda con constancia el cuadro de Jean-François de Troy titulado «*El almuerzo con ostras*» (1735), obra de arte que atesora el Museo Condé-Chantilly y que magnifica uno de esos perfectos acuerdos entre vinos y alimentos. El estudio aplicado recomienda el casamiento de las ostras de marcado gusto salado con vinos blancos secos vivaces (p. ej. Sauvignon), mientras las otras de gusto más dulce con vinos blancos de mayor cuerpo (p. ej. Chardonnay). Sin embargo, los espumantes saben resaltar, como ningún otro vino, los aromas y sabores del mar, por lo tanto, armonizan apropiadamente con el carpaccio[74] de pez crudo, ahumado

---

73  Polifenoles responsables del color de los vinos tintos, de la astringencia, del cuerpo y de la estructura. Son los que motivan la manifestación de la conocida frase: «este vino está áspero o araña y debe pulirse»

74  Las fuentes refieren que este plato es de origen veneciano y debe su nombre al pintor italiano Vittore Carpaccio. Su preparación implica cortar finas láminas de carne o pescado crudos condimentadas con aceite de oliva o mayonesa, limón y lascas de queso parmesano. La fama del plato deviene además de los personajes que lo favorecieron en su degustación en Venecia, a saber,

y al horno, el tartar[75] de salmón, la langosta a la catalana, la grillada de pescados, moluscos y crustáceos, por solo citar conocidos ejemplos. Pero también van de acuerdo con el jamón crudo, el cordero al horno con hierbas aromáticas y con quesos como el *parmigiano reggiano* y el *camembert*.

Para las carnes blancas podremos maridar el plato con un vino blanco de fuerza o con tintos jóvenes redondos o de crianza, estos últimos son los que poseen un mínimo de dos años de envejecimiento, de los cuales al menos pasan seis meses en barrica; pueden ser consumidos entre los cuatro y cinco años a partir de la fecha de producción; me vienen a la memoria los buenos crianza españoles de la Rioja o de Ribera del Duero y los franceses de Burdeos y Borgoña. Es importante recordar que los vinos jóvenes deben ser consumidos antes de los dos años a partir de la fecha de su producción por la bodega.

Para las carnes rojas es la intensidad del sabor de la carne, además de los ingredientes, lo que nos indicará el vino más adecuado, siguiendo como principio que las carnes de gusto y sabor más acentuado casan mejor con tintos de crianza y reserva con cuerpo. Los vinos reserva y gran reserva vienen definidos, los primeros, por poseer tres años de envejecimiento de los cuales al menos uno en barrica, mientras cinco años los segundos de los cuales veinticuatro meses reposan en barrica y treinta y seis meses en botella (para los blancos cuarenta y ocho meses entre roble y botella), en ambos casos se habla de seis meses para los blancos y rosados. Por otro lado, si la elección cultural es una cerveza, lo ideal sería escoger una que posea un alto valor volumétrico de alcohol, como la doble malteada.

Para la elección del vino más adecuado al postre se habrá de considerar tanto el grado de alcohol, acidez y dulzor del

---

grandes figuras como Truman Capote, Peggy Guggenheim, Barbara Hutton, Guillermo Marconi, Heminway y Scott Fitzgerald.

75  Sobre el tartar, es decir, el tipo de preparación en crudo para carnes y pescados cortados repetida y finamente con cuchillo que luego será condimentada según la preferencia del cocinero, hay muchas historias antiguas, incluso algunas extraídas de las crónicas de Marco Polo, pero su popularidad viene relacionada con el nombre de la salsa (tártara) con la que se inició a condimentar el plato en los años 50 del pasado siglo.

vino que tenemos en mente, por ejemplo, con una ensalada de frutas casa bien un vino a base de la uva moscatel pues la unión de la acidez de este con la fruta produce una sensación de frescura en boca, pero para un postre a base de chocolate blanco viene mejor un vino dulce a base de *Pinot Noir* y para los postres que contienen un elevado tanto por ciento de cacao se recomienda un vino licoroso como lo es el *Pedro Ximénez* o el famoso *Oporto*, optimo además para acompañar frutas y helados, o quizás un vino aromatizado como el *Barolo Chinato*. Cuando se habla de maridajes osados los expertos aseguran que la clave se encuentra en lograr que el azúcar del vino esté en un nivel adecuado — mayor o igual— con relación al postre, teniendo en consideración la calidez o frescura de la elaboración (v. g. helados y semifríos) y las características de los ingredientes (v. g. la acidez de algunas frutas) para equilibrar la frescura del plato con la bebida.

SABÍA QUE...

 La apertura de una botella de Oporto debe venir acompañada de la historia de su antiguo degüelle. Cuenta la leyenda que en tiempos medievales este vino debía ser servido en la dirección de las agujas del reloj y ser pasado con la mano derecha al comensal sentado a la izquierda. El ritual evitaba que los caballeros a la mesa pudieran desenvainar sus espadas con la mano derecha. Por otra parte, el degüelle consistía en aplicar unas tenazas calientes al cuello de la botella y luego provocar un cambio brusco de temperatura que rompía las moléculas del cristal y permitía retirar el cuello con el corcho de manera limpia (debo admitir que el mismo procedimiento bien usado en la actualidad se realiza en determinados restaurantes de lujo). El vino venía decantado y los residuos se colocaban en un plato para ser acompañados en su degustación con pan tostado.

Os puede parecer que el acuerdo entre quesos y vinos tintos es una de esas cosas que a fuerza de tanto verlas y practicarlas ha adquirido una aceptación incontestable. Sin embargo, esta es, como otras tantas, una verdad a medias.

Si tenemos en cuenta que las proteínas grasas del queso bloquean las moléculas responsables de los aromas del vino tinto y que los taninos de este hacen otro tanto con las del sabor del queso entonces veremos más despejado el camino en la búsqueda de un sólido criterio. Este acuerdo camuflado entre quesos y tintos viene unido a una vieja expresión española «que no te la den con queso» y que relacionada con el vino nos viene a expresar que las características del queso son estupendas para ocultar en su maridaje los defectos de un tinto. Razones por las cuales se potencia el casamiento con tintos jóvenes, de agradables y suaves taninos y con blancos, como por ejemplo y de manera espectacular lo viene haciendo la denominación de origen calificada Rioja en su creciente relación con importantes queserías españolas.

Para arrojar más luz sobre el tema invocaré las esclarecedoras palabras del prestigioso director de sala español y grande apasionado y entendedor de los quesos y sus degustaciones, Abel Valverde, quien al conversar sobre maridaje entre quesos y vinos afirmó que se trata de: «*un maridaje complejo, básicamente porque existen miles de variedades diferentes de sabores e intensidades muy variadas*». Nos explica que los tintos «*es de lo peor que casa con el queso, pues lo mejora y enmascara. Por eso, si te dan un vino malo con queso es posible que no te percates…En cambio el vino blanco y sus distintas variedades casan infinitamente mejor con el queso, así como vinos generosos, oportos, cerveza…*»

En sentido general en el maridaje con los quesos se habrá de considerar lo siguiente:

— Quesos frescos y cremosos (v. g. cacioricotta, Tarta del Casar y mozzarella) con vinos blancos secos, jóvenes, frescos.
— Quesos de cabra: vinos blancos secos y frutales; cuando estos quesos son parcialmente curados y de gusto pronunciado (v. g. el pecorino toscano) se recomiendan los vinos tintos de medio cuerpo afrutados.
— Quesos de pasta blanda y enmohecida (v. g. Camembert

de Normandie DOP[76]) con vinos blancos con cuerpo y tintos jóvenes;
— Quesos de pasta prensada no cocida (v. g. Manchego DOP) con vinos tintos ligeros con crianza;
— Quesos de pasta prensada cocida (v. g. Parmigiano Reggiano DOP) con vinos blancos suaves muy aromáticos, aunque aquellos quesos curados por largos años pueden requerir vinos tintos de grande estructura.
— Quesos azules (v. g. Gorgonzola, Roquefort) con tintos duros, de cuerpo, pocos tánicos. La delicadeza de los vinos dulces los hace también posibles protagonistas del acuerdo

## SABÍA QUE...

 Especialistas en nutrición afirman que los cereales tienen una mayor probabilidad de maridaje exitoso con muchos alimentos que la uva, y que las grasas contenidas en los quesos, en particular, reaccionan mejor asociados a la cerveza y al whisky. Algunos maridajes entre whisky y quesos experimentados con triunfo son: Lagavulin y Roquefort, Ardberg y Crottin de Chevignol, Glen Elgin y Cheddar y Rittenhouse Rye y Parmigiano.

Cuando en un restaurante le viene propuesta una degustación de quesos después de un plato principal importante debido a las características de sus ingredientes, salsas, guarniciones, modo de cocción, etc., y que ha requerido un vino de homóloga estructura, pues lo más apropiado es continuar con un queso que se encuentre a la altura del mismo o que requiera otro vino de superior prestigio.

---

76  Según lo establecido en el Reglamento (CE) 1151/2012 del Parlamento Europeo y del Consejo, de 21 de noviembre de 2012, sobre los regímenes de calidad de los productos agrícolas y alimenticios, se define como DOP (Denominación de Origen Protegida): «Un nombre que identifica un producto: a. Originario de un lugar determinado, una región o, excepcionalmente, un país; b. Cuya calidad o características se deben fundamental o exclusivamente a un medio geográfico particular, con los factores naturales y humanos inherentes a él, y; c. Cuyas fases de producción tengan lugar en su totalidad en la zona geográfica definida».

Adicionalmente usted deberá considerar lo siguiente: (a) los quesos se degustan a temperatura ambiente (ideal a 16 °C aproximadamente) y no recién extraídos del refrigerador en tanto las bajas temperaturas favorecen su conservación pero influencian las características organolépticas de los mismos; (b) se cortan en una determinada manera atendiendo a su clasificación y forma física; (c) los quesos en forma de dados o tacos, tan recurrentes en los platos de aperitivos, se degustarán con la ayuda de palillos o herramientas de degustación semejantes, mientras que cuando de pre postres se trata los quesos blandos se comen con pan con el auxilio de la paleta correspondiente, al contrario de lo que ocurre con los quesos duros para los cuales reservamos siempre cuchillo y tenedor pequeños; (d) si está pensando en un menú para agasajar personas que practican una determinada dieta recuerde que los quesos, entre otras propiedades, son ricos en proteínas con un elevado valor nutritivo, sales minerales, lípidos y presentan un alto valor calórico; (e) independiente de lo mucho que suelen gustar a los comensales más temerarios, algunos quesos son particularmente olorosos y ante su presencia a la mesa debemos construir una cultura y predisposición bien definida, especialmente para no ofender a nuestro anfitrión, si fuese el caso; me refiero, por ejemplo, a los franceses Époisses de Bourgogne, Vieux y Camembert de Normandie, a los asturianos Cabrales, Casín y Geo y a los italianos Puzzone di Moena, Bruss del Piemonte o Marcetto Teramano; (f) si uno de sus invitados es intolerante a la lactosa recuerde que esta no está presente en los quesos curados, por lo tanto puede ofrecerlos sin riesgo alguno; (g) a pesar de que la pasión y la cultura son compartidos por los países mediterráneos —y no solo, si tenemos en cuenta a los protagonistas y al resultado en los últimos tiempos del *World Cheese Awards*—, si viaja a Francia no olvide que el tema quesos suele tratarse con particular atención y ceremonia visto que toda cena tradicional prevé la presencia de este patrimonio culinario y los galos apasionados más conservadores reservan un cuchillo a cada queso para no contaminar la secuencia que va desde los de gusto más suave hasta aquellos de sabor más acentuado y para favorecer al máximo las bondades de este producto *delicatessen*.

## PAUTAS PARA EL SERVICIO GOURMET DEL QUESO

Lo primero que nos indica la cultura gastronómica para el servicio de quesos es la predisposición de una superficie adecuada que regularmente suele ser de madera, aunque esta regla puede ser inobservada por la originalidad con excelentes resultados, incluso existen concursos internacionales relacionados con el queso en el que una de las categorías es premiada precisamente por la creatividad en su presentación[77].

Debido a que, como fue indicado en anteriores líneas, la tipología del queso exige un corte y un instrumento específico, el buen anfitrión deberá considerar la previsión a la mesa de la paleta (para los quesos frescos y tiernos), el cuchillo con dientes especiales (para quesos semiduros) y el típico cuchillo con hoja a forma de almendra (para quesos duros como el Grana Padano y el Parmigiano Reggiano), finalmente se reservará un cuchillo independiente para quesos aromáticos y picantes, como el Roquefort, el Cabrales y el Gorgonzola. Recuerde además que, independientemente del modo correcto del corte del queso, cuando lo servimos no lo hacemos privándolo de la corteza, también apreciada por los comensales entendedores.

La presentación de los quesos puede realizarse dejándose seducir por varios criterios, por ejemplo, se puede agasajar a los invitados con una propuesta de quesos atendiendo al tipo de leche, al tipo de la pasta, de un solo tipo de leche, o de la misma maduración, o de la misma tipología de la pasta (criterio a tema). Finalmente, la presentación puede ser de un mismo queso con diferentes periodos de maduración (criterio vertical).

Debido a que los quesos frescos, especialmente los fresquísimos, presentan aún el sabor acentuado de suero de leche, combinan con cierta dificultad con otros quesos maduros o curados, razón por la cual se recomienda su presentación y degustación como aperitivos y no al final de la cena.

---

77  De manera particular recomiendo dar una ojeada a lo que sucede en el «Cheesemonger Invitational», celebrado cada año en los Estados Unidos de Norteamérica.

Según las buenas reglas de la gastronomía, a una mesa en la que serán servidos los quesos se debe además reservar un espacio para el aceite virgen de oliva y el pimentero, utilizado para la condimentación de algunos quesos de pasta tierna, además de la mantequilla y las nueces u otras frutas secas. Expertos queseros recomiendan además la presencia de apio y perejil triturados que sirvan para regalar aromas adicionales al queso.

## ORDENACIÓN PARA EL CONSUMO DEL VINO

Un buen anfitrión posee el vino o los vinos con los que maridar los platos de la cena. Pero ¿en cuál orden se debe consumir el vino? ¿Puedo acompañar mi comida con un vino dulce o con uno espumante? ¿Un buen tinto que acompañe toda la cena para no equivocarnos? He aquí las reglas básicas para anfitriones e invitados[78]:

— Espumantes secos elaborados con el Método Martinotti o Charmat;
— Espumantes secos Método Clásico;
— Vinos blancos secos jóvenes y afrutados;
— Vinos blancos secos y aromáticos;
— Vinos blancos secos, evolucionados y estructurados;
— Vinos rosados;
— Vinos producidos con el método de maceración carbónica
— Vinos tintos jóvenes;
— Vinos tintos medianamente maduros;
— Vinos tintos evolucionados y estructurados;
— Espumantes amables, dulces y semisecos;
— Vinos dulces;
— Vinos licorosos.

En la ejecución de esta propuesta de secuencia de los vinos se deben observar las siguientes indicaciones:

---

78  Propuesta de cuya referencia escrita data de finales del siglo XIX.

— Los vinos blancos primero que los rosados y los tintos;
— Los vinos ligeros antes de aquellos más robustos;
— Los vinos más delicados y menos aromáticos antes de aquellos con marcado sabor y perfume;
— Los vinos jóvenes antes de aquellos de crianza y reserva;
— Vinos con acentuadas notas de madera, después de los afrutados, no antes;
— Los vinos secos antes de aquellos amables y dulces;
— Los vinos de menor a mayor valor volumétrico de alcohol;
— Se inicia desde el vino más frío seguido de aquellos con mayor temperatura, con la excepción de los vinos de postre;
— Un vino no puede dejarnos la sensación de nostalgia por el que le ha precedido, ni ser superior al que le precede;
— Si la cena viene acompañada solo de espumante se habrá de prever un Brut desde el aperitivo hasta la carne y un espumante dulce con el postre;
— Los vinos blancos dulces, espumantes y licorosos[79] cerrarán la cena acompañando al postre.

Es cierto que si estamos en un restaurante no es imposible hacer acompañar un vino distinto a cada plato auxiliándonos de la notable figura del sumiller, pero si la cena se celebra en nuestras casas lo ideal es prever la organización del maridaje atendiendo a la importancia de la misma. Si hablamos de una cena entre amigos o en familia y atendiendo al menú a degustar, la disposición de un adecuado vino blanco y de un tinto correcto servirá convenientemente al propósito del encuentro. Si ha decidido utilizar un solo

---

79  Nacidos de la exigencia de conservar el vino en los largos viajes navales, el licoroso es el vino fortificado obtenido de vino o mosto al que se le ha agregado alcohol vínico o mistela, mosto concentrado o brandy, de manera que se logra la graduación alcohólica efectiva del 15-22% en volumen. Pueden ser secos o dulces. Los vinos licorosos más importantes son el Oporto, el Madera, el Marsala y el Sherry.

vino para toda la comida habrá de elegir un vino de características intermedias que se encuentre de acuerdo con el menú, es decir, ni demasiado joven ni demasiado maduro. Si en cambio la cena es de gran relevancia, con varios platos a servir, procuraremos entonces una variada selección de vinos cuyo maridaje y orden seguirán las reglas a las que nos hemos referido anteriormente.

## ENTRE FRÍO Y CALOR: LA TEMPERATURA JUSTA

Maridaje y orden de los vinos no adquieren completo sentido si el vino no es servido a la temperatura adecuada y en el modo correcto. ¿Por qué es importante la temperatura del vino? La primera razón viene relacionada con el buqué, es decir, con el conjunto de aromas que caracterizan al vino en boca. *La temperatura influencia los perfumes* del vino en tanto estos se perciben mejor a 18 °C pues a temperaturas inferiores a los 12 °C la sensibilidad disminuye hasta casi desaparecer por debajo de los 4 °C. Por encima de los 20 °C hay predominio del alcohol sobre los perfumes y el gusto al paladar ya no es el mismo. Las altas temperaturas hacen notar los defectos mientras que las bajas los esconden. La diferencia entre los perfumes percibidos por vía nasal y a aquellos por vía retro nasal se debe precisamente a la diferencia de temperatura a la que ocurre la percepción pues en la boca es mucho más alta: un vino bebido a 10 °C después de 10 segundos se encontrará a 25 °C.

Por otro lado, *la temperatura influencia los sabores* en tanto las temperaturas altas aumentan las sensaciones dulces, mientras que las bajas aumentan las de astringencia, los sabores amargo, salado y ácido. La sensación de acidez no varía con la temperatura, pero esta y el alcohol son más agradables al paladar a bajas temperaturas. El ejemplo quizás más conocido es el de los vinos de postre cuyo sabor no resulta empalagoso si lo bebemos a la temperatura adecuada que será siempre fresca pues el frescor modera las sensaciones ácidas, los excesos de azúcar y el volumen de alcohol, mientras el calor resalta estas sensaciones y modera el amargo de los taninos. Por ello se afirma por los enólogos que la temperatura óptima para el consumo del vino viene condicionada de la cantidad de azúcar, ácidos, taninos, dióxido de carbono y alcohol, pero el elemento que más condiciona la temperatura son los taninos. Los vinos blancos deben ser servidos frescos para acentuar la percepción de acidez y disminuir la alcohólica. Luego, debido a que los blancos poseen perfumes más débiles, delicados y sutiles, la baja temperatura permite que estos tengan una presencia más prolongada de los mismos. Para obtener esta temperatura el vino viene mantenido dentro del refrigerador, sin desconocer que las bebidas frescas se conservan a diferentes temperaturas; por ejemplo, un vino espumante dulce deberá conservarse entre 6 y 8 °C mientras que uno seco deberá poseer una temperatura de servicio entre 4 y 6 °C, blancos jóvenes y rosados entre 8 y 10 °C, un blanco maduro y estructurado entre 10 y 12 °C y los blancos de postre entre 10 y 12 °C. Para bajar la temperatura del vino este se introduce en un recipiente generalmente a forma de cubo y con cualidades aislantes lleno de agua e hielo denominado *seau à glace* o cubitera; es un grave y frecuente error meter el vino en cualquier tipo de congelador. Recuerde que enfriando los vinos dulces y los espumosos, saldrá más la acidez y la glicerina tendrá más equilibrio, en los primeros, mientras que en los segundos se garantiza la conservación del gas carbónico.

A los vinos tintos de pocos taninos[80] (12-14 °C) se les puede bajar la temperatura, teniendo en cuenta además que una baja temperatura resalta, por ejemplo, la frescura aromática de los vinos afrutados. Sin embargo, los vinos tintos ricos en taninos se sirven a temperatura ambiente —aunque debamos tener cuidado con este término— pues en caso contrario dejan una desagradable percepción amarga en el paladar. Un vino añejo que en cantina se conserva entre 12

---

80  Los taninos son sustancias químicas que junto a otros forman los compuestos fenoles, presentes en plantas, semilla, corteza, madera, hojas y pieles de frutas. No se manifiestan en el vino solo a nivel gustativo, determinando cuerpo y astringencia, sino además influenciando el color de los vinos tintos que reposan por largo tiempo en barricas y luego en botellas, cuando los tonos declinan hacia matices más tenues como el granate o el anaranjado.

y 15 °C requerirá una temperatura de degustación entre los 16 y 18 °C. Para elevar la temperatura de aquellos vinos conservados en cantina para alejarlos del calor, la luz, los olores y las vibraciones, las botellas se solían llevar con anticipación a otro lugar donde obtendrían la temperatura adecuada de degustación, esto es a lo que los franceses llaman *chambré*.

Debo sin embargo hacer una discreta alusión a que estas reglas de la temperatura no son del todo rígidas. Hay productores vinícolas que hace más de diez años propusieron al mercado internacional una serie de vinos tintos proyectados para su consumo a temperatura fresca o incluso —para los más atrevidos— dentro del cubo con hielo, como si fuese un blanco o un espumante. Estos vinos poseen como características esenciales una baja graduación alcohólica, estructura ligera y sin muchos taninos. Hacen un buen maridaje con el pescado de cocción ligera, con la carne a la parrilla, con las refrescantes ensaladas de arroz, con el *sushi* y el *sashimi*.

En resumen, la temperatura de almacenaje y servicio de un vino es merecedora de la mayor importancia pues temperaturas muy frías enmascaran los defectos que pudiera tener el vino como exceso de azúcar, acidez o taninos, en tanto que las altas temperaturas afectan las propiedades genéricas del mismo o incluso pueden dañarlo irremediablemente. Dicho esto, tengamos en cuenta que a mayor temperatura se produce una mayor evaporación de sustancias olorosas, es menor el gusto salado, se perciben menos los taninos, pero en mayor grado, el alcohol y el gusto amargo. Por el contrario, a menos temperatura se percibe menos el gusto dulce de un vino.

SABÍA QUE...

El nigiri-sushi, es decir, el arroz con el pescado crudo encima se come haciendo la inmersión del pescado en la salsa de soja y no el arroz, ni tampoco ambos juntos; el arroz debe permanecer inalterable en su sabor pues ya está condimentado. Por otra parte, el sushi o el shashimi, que no es más que un plato de pescado o moluscos cortados finamente, no vienen condimentados con la salsa que lo acompaña vertiendo el líquido encima, por el contrario, ambos platos también se consumen después de su inmersión en la salsa con el uso de los palillos. En los restaurantes japoneses de mayor prestigio el sushi viene preparado por las expertas manos del Sushi Chef (Itamae) delante de los clientes, quien luego de preparar el matrimonio pertinente lo condimenta utilizando una brocha particular que baña en las distintas salsas y que luego coloca delicadamente delante del comensal, en estos casos usted podrá degustar el sushi con los palillos pero la tradición recomienda que use las manos llevando el alimento completo a la boca, es decir, no a mordiscos sino de un solo bocado, partiendo de los sabores más suaves a los más intensos, para acostumbrar el paladar. No se impresione si ve que el Itamae se detiene a observarle atentamente mientras come, espera que usted le dé un gesto de aprobación. Por otro lado, el maridaje no goza de la importancia que posee en el resto del mundo y aun no se ha instaurado con constancia en la gastronomía tradicional asiática.

## TRUCOS DE TEMPERATURAS PARA UN BUEN ANFITRIÓN

De seguro coincidirá conmigo en que la temperatura es crucial para un buen servicio de vinos, basta alejarnos unos grados de la temperatura ideal y nuestro amado vino mutará en boca en uno que nos parecerá espurio, por eso nos será útil echar mano a ciertos trucos que nos ayudarán a corregir cualquier irregularidad que entorpezca la esperada degustación de los vinos escogidos para nuestro evento gastronómico. Estos son:

— Percepción de demasiado alcohol: bajamos la temperatura y el vino nos parecerá más refinado;
— Nos deja en una sensación de gran acidez: subimos la temperatura y nos dará la impresión de que el vino ha ganado cuerpo y la acidez disminuirá;

- Nos produce un retrogusto amargo: aumentamos la temperatura para que sea más afrutado;
- Un vino dulzón: bajamos la temperatura, se notará más la acidez y la glicerina será más equilibrada;
- El vino se nos presenta tánico y amargo: subiendo la temperatura aumentará también la sensación alcohólica;
- El vino muestra un débil burbujeo: enfriarlo de manera que recupere y conserve el carbónico;
- Buen aroma: Conservarlo fresco para que contenga poco alcohol.

Todo buen anfitrión tendrá en alta consideración que enfriar un vino significa valorar el tamaño de la botella y las copas que utilizará para agasajar a sus invitados, el medio de enfriamiento y la cantidad de vino a escanciar, lo que viene condicionado a su vez por el tipo de vino y el ritmo particular de consumo en cada bebedor.

# 10. EL ESPACIO A LA MESA COMO SIGNO DE DIGNIDAD EL PEDESTAL DEL PROTOCOLO GASTRONÓMICO

En cierta ocasión un querido amigo me dijo que la libre elección del puesto que escogemos para sentarnos a la mesa es en gran parte reflejo del concepto que tenemos sobre nosotros mismos y este concepto condiciona un derecho de ocupar uno u otro puesto. Algunos entenderán que deben sentarse a la cabeza de la mesa, otros en el extremo más alejado, los demás se disputarán la cercanía o la lejanía los unos de los otros; y esta disputa espontánea e ¿inocente? habla de nuestro rol protagónico a la mesa. En épocas medievales durante las fastuosas cenas organizadas en los castillos de los señores feudales era posible identificar la importancia y jerarquía de los invitados por la distancia que una vez sentados a la mesa se encontraban del señor anfitrión. Hay narraciones que cuentan que en tiempos del rey Sol[81] existían personas dispuestas a pagar una pequeña fortuna por tener el privilegio de sentarse en un determinado puesto a la mesa real. En fin, historias y costumbres del mundo nos hablan de que el lugar que ocupamos a la mesa está condicionado fundamentalmente del elemento jerárquico que caracteriza las relaciones de poder y aunque es posible encontrar otros criterios de protocolo este es el que permanece siempre estable, como bien ha afirmado Juan Raposo,

---

81  Sobre nombre con el que también se conoce a Luis XIV, rey de Francia (1638-1715), quien fue uno de los reyes más poderosos de Europa y cuyo reinado constituye una de las manifestaciones más emblemáticas de la forma histórica de gobierno conocida como Monarquía Absoluta.

Doctor de la Universidad de A. Coruña: «La prioridad jerárquica es el *leit motiv* del protocolo».

## SABÍA QUE...

En la Roma antigua las tres camas (lectus) que se ubicaban en la habitación destinada al comedor obedecían también a un criterio de investiduras. La primera cama, también llamada cama consular, se reservaba para el uso de los cónsules cuando eran invitados en sociedad o a comer en la casa de sus amigos. En la cama del medio se acomodaba el señor de la casa junto a su esposa, era el puesto más cómodo y honrado pues tenía a la derecha a su invitado principal y podía impartir las órdenes a los esclavos dominando todo el panorama. La tercera cama, situada a su izquierda, era reservada para los amigos, los invitados de estos, las *umbras* y las *muscas*.

¿No cree usted que la vida está llena de situaciones que nos marcaron de manera especial precisamente por encontrarnos sentados a la mesa al lado de la persona adecuada? La asignación de los puestos a la mesa es una de las más complejas tareas del protocolo de organización del evento gastronómico, tan importante como la confección del menú y la selección de los alimentos y bebidas que habrán de compartirse, particularmente en actos de una cierta oficialidad[82]. Sentarse en el lugar apropiado puede convertir su cena en uno de los momentos felizmente memorables de la vida; tomar el asiento equivocado puede arrastrar consigo un sin número de consecuencias indeseadas que harán de la cena una verdadera pesadilla llena de embarazosas situaciones, por lo tanto, no es una responsabilidad pequeña que deba ser subestimada. Tenga en consideración que todo lo

---

[82] El tema protocolar oficial es materia de regulación legal en la mayoría de las naciones civilizadas y objeto de protección por el poder judicial. Sobre el tema se ha pronunciado el Tribunal Constitucional de España en los siguientes términos: «(...) la ordenación de las precedencias de los cargos y entes públicos en los actos oficiales es materia que excede de lo que pudiera denominarse vida social o simplemente protocolo, en cuanto afecta a la imagen y representación externa de las autoridades y entes entre sí y ante los ciudadanos todos». STCS de 22 de junio de 1982 y 30 de enero de 1985.

que a usted le suceda, para bien o para mal, será además consecuencia de estar sentado justo en el espacio que le ha sido reservado. La persona a su lado podrá convertirse en su cómplice, en su confidente, en su nuevo amigo y hasta su pareja en la vida, o simplemente podrá hacer verdaderamente insoportable el tiempo que habrán de compartir, aunque la comida sea exquisita.

En una ocasión el escritor francés Marcel Proust, a propósito de la celebración de una cena en el Hotel Ritz, redactó una carta de invitación a madame de Noaillès, que permite interpretar con refinado garbo cuán importante resulta el respeto del protocolo en la asignación de puestos a la mesa, especialmente ante a la organización de encuentros de cierta formalidad y entre personas que gozan de pública dignidad, aseverando que, arribado el caso, las excepciones a su observancia solo pueden lograrse apelando a la educación, el buen sentido y a la naturaleza de la relación que une al anfitrión con sus invitados:

*«¡Qué alegría inesperada, qué maravillosa manera de volver a vernos¡ El gran problema es que habiendo sido ya invitadas señoras ancianas y jóvenes que apenas conozco, más de cuantas puedan encontrar puesto en una sola mesa, sería necesario que usted y el señor Noailles aceptasen ser acomodados más de acuerdo a vuestra bondad y vieja amistad que de acuerdo a vuestro rango»*

Dominar las reglas de protocolo en la organización de los eventos gastronómicos no es cosa de tomar a la ligera con pensamientos nihilistas pues la asignación de los puestos, es decir, la protocolización de la mesa responde a criterios de jerarquía, gentileza, tacto y mucho sentido común; equivocarse significa no solo condenar a una persona a soportar dignamente el puesto que le ha sido asignado, también puede comportar una seria falta de protocolo que empañaría el entero acto. Sin importar cuanta presión ejerza el evento que estemos organizando el protocolo es nuestro hilo de Ariadna, basta seguirlo con criterio de racionalidad. Por ejemplo, cuando hemos errado al momento de invitar a personas que por diversos motivos no deben estar juntas a la misma mesa, el único modo para remediarlo es realizar una adecuada asignación de los puestos a ocupar. Imagine que debe sentarse al lado de alguien con quien no posee intereses en común o que le inspira antipatía, o simplemente por descuido le han asignado un puesto al lado de un ex amigo, un contrincante político, un ex marido, un ex jefe no apreciado, un Don Juan que no conoce el límite de la prudencia, en fin, la lista podría ser larguísima y el resultado sería el mismo: una *vía crucis*. Entonces una distribución de puestos inspirada por el sentido común más que por las reglas de protocolo puede aliviar la incomodidad de la situación.

Los anfitriones deberán valorar la afinidad que une a los invitados y la posibilidad de desarrollo de conversaciones sobre temas de común interés, lo que no quiere decir que las personas deban compartir una misma posición ideológica o filosófica, sino que han demostrado una predisposición a escuchar e intercambiar ideas diferentes desde la más respetuosa postura por el interlocutor.

Si dos de nuestros invitados son solteros pensémoslo bien antes de imitar a la *Celestina* sentándolos uno al lado del otro, es un riesgo que se debe asumir con toda responsabilidad. Si entre los invitados se encuentran personas que no dominan la lengua vernácula los anfitriones garantizarán que entre los presentes exista al menos uno que hable la lengua extrajera en cuestión y este ocupará el puesto al lado de nuestro invitado especial a modo de intérprete, no obstante, si el resto de los invitados se encuentra en grado de comunicarse en la lengua extranjera el anfitrión tendrá el derecho de pedir cortésmente que las conversaciones —en la medida de lo lógicamente posible— ocurran en la lengua natal del invitado. Un invitado extranjero siempre tiene precedencia sobre el resto de los comensales. Absolutamente todo debe ser tenido en cuenta cuando asignamos los puestos a la mesa, una vez ocupados no será posible dar marcha atrás, al menos no sin consecuencias que deslucirán todo el protocolo previamente empleado.

## LA LEY DE LA DERECHA PROTOCOLAR

Es muy antigua la tradición que reserva la derecha como lugar de primacía. Si hacemos un ejercicio de memoria recordaremos que, tanto en la literatura de época como en el cine histórico, tanto en los salones del trono como en los grandes banquetes de los reyes y señores feudales en las que la presidencia de la mesa es compartida por los consortes, a la derecha de los mismos se encontraban siempre o la persona que le sucedía en dignidad o los invitados de honor para la ocasión. En todos estos casos nos encontramos ante lo que la literatura especializada ha bautizado como la relación jurídica protocolar, cuyo objeto es, precisamente, la precedencia; esto es, la relación en la que el sujeto precedente, a través de su persona, sus extensiones patrimoniales o representaciones simbólicas se muestra anterior en tiempo, orden y lugar con respecto al sujeto precedido (Arista-Salado, 2016)[83].

Cuando se reciben visitas oficiales de altos funcionarios extranjeros a estos se les reserva la derecha de su homólogo o del dignatario que les ofrece las cortesías de protocolo. Las damas suelen poseer una mayor preferencia que los caballeros, razón por la cual se les dispone el puesto a la derecha de estos. En la mesa real, con presidencias al centro, el rey se sienta a la derecha de la reina. Otra conocida referencia nos la muestra repetidamente la Biblia cuando describe a Jesús ocupando la derecha de Dios y así otros muchos ejemplos que confirman que la extendida creencia que la ocupación de este espacio físico es sinónimo de prelación, honor y privilegio.

Aunque nos guste o no, en las relaciones sociales se imponen siempre criterios de preferencia formal que se basan en la dignidad de la persona con la estamos intercambiando en un entorno ya público o privado. Si bien hay otros muchos criterios que demuestran la distinta posición social, política o religiosa de una persona, existe uno relacionado con el

---

83  Arista-Salado, Maikel. *Compendio legislativo de protocolo y ceremonial de Estado en Cuba.* Extraído de https:/www.academia.edu/36310832/Compendio_legislativo_de_protocolo_y_ceremonial_de_Estado_en_Cuba.

espacio físico que esa persona ha de ocupar en los escenarios en los que se presente. Me refiero a lo que se conoce como la ley o regla de la derecha protocolar, esto es, el sitio de honor o preferente viene reservado a la derecha de la persona que ostenta la mayor jerarquía en cualquier acto o evento. A su vez, el respeto de la ley de la derecha protocolar implica que si el sitio de honor viene identificado, por el ejemplo, en el centro de una mesa presidencial, el puesto de mayor jerarquía será situado a la izquierda del mismo, de manera que el sitio de honor queda siempre reservado a la derecha de éste.

## ¿DÓNDE ME SIENTO?

Si la cena habrá de sucederse entre amigos podemos dejar que cada uno escoja el puesto a su gusto, aunque es más recomendable organizar los puestos siguiendo un cierto criterio de protocolo de precedencias que favorece el oportuno desarrollo del convite. Si está organizando un banquete formal, por ejemplo, una cena de Estado y/o hay un considerable número de invitados, la rigurosa asignación de los puestos, una vez estudiadas las personas que habrán de ocuparlos, es sin duda la más ajustada al bienestar de aquellos y a la tranquilidad de los anfitriones. Ese es el motivo principal por el que los dípticos de identificación nunca pasan de moda, llegando los más creativos a convertirse en una especie de *souvenir* de la ocasión. Debiendo ser retirados una vez que la persona referida ha ocupado su puesto, estos se deben colocar a la izquierda de los comensales, sobre el mantel, o en posición frontal, apoyados en la cristalería, pero evitando su contacto con los platos y observando siempre el principio que a la mesa hay dos sitios principales: anfitrión e invitado de honor, por lo tanto, resulta importante recordar que por obvias razones al anfitrión nunca se le coloca el díptico de identificación.

Cuando estamos organizando una cena entre familiares y amigos el protocolo recomienda los siguientes criterios para la asignación de los puestos a la mesa:

a. Alternando damas y caballeros.
b. Las damas frente a los caballeros.
c. Separar las parejas, con la excepción de los novios que reciben el homenaje o de los recién casados (Ley del descanso matrimonial).

Debemos no obstante realizar la debida distinción cuando nos referimos a la organización de un banquete. Según lo define el Diccionario de la Real Academia Española, el banquete es la «*comida a la que concurren muchas personas, invitadas o a escote*[84], *para agasajar a alguien o celebrar un suceso*». En la hostelería el término banquete posee una significación mucho más amplia en tanto es un tipo de servicio cuya gestión posee las más altas exigencias y constituye una de las más competitivas dentro del mercado del turismo y la restauración en general. Una de esas exigencias lo es, indudablemente, la asignación de los puestos entre los invitados, factor aún más importante que la redacción de las invitaciones y la elaboración del menú. Referiré entonces en las próximas líneas los dos métodos principales que nos asisten en un banquete para destinar a los comensales a la mesa utilizando el sistema cartesiano[85] en presencia de anfitriones o presidencias.

---

84  Cuando utilizamos la expresión *pagar a escote* nos referimos a la ocasión en la que las personas que hayan participado de una comida o un banquete contribuyen por partes iguales a sufragar el costo de la comida y el servicio.
85  En el sistema cartesiano de las equis o de las aspas, ya sea en la presidencia inglesa o en la francesa, partiendo del puesto de los anfitriones o presidencias se coloca a la derecha al invitado 1, luego se cruza al otro lado de la mesa para la ubicación del invitado 2 a la derecha de la segunda presidencia o segundo anfitrión. La operación se repite al otro lado de la mesa y se dispone al invitado 3 al lado a la izquierda del primer anfitrión o presidencia, y una vez más se cruza la mesa para la ubicación del cuarto invitado a la izquierda del segundo anfitrión o presidencia. Este sistema se diferencia del llamado sistema reloj o de espiral en el que a partir de los puestos principales de las presidencias (números 1 y 2), se ubican los invitados partiendo del número 1, situando el 3 y 4, a la derecha y a la izquierda respectivamente y luego el 5 y 6 siguiendo el recorrido del reloj, que coincidirán con la derecha y la izquierda de la presidencia 2.

## CLASES O SISTEMAS DE PRESIDENCIAS

Cuando organizamos un banquete con una mesa que prevé el sistema de presidencias debemos, en primer lugar, valorar las características de nuestro restaurante o salón donde se ha de efectuar. El estricto protocolo nos enseña que la primera presidencia debe encontrarse situada de frente a la entrada principal y, de no ser posible, el anfitrión deberá ser ubicado de manera tal que la entrada principal se encuentre a su derecha.

En la llamada *Presidencia Inglesa* los puestos de mayor importancia son destinados a los anfitriones, quienes ocuparán las cabeceras de la mesa (posiciones A1 y A2). Las cabeceras se protocolizan en los extremos de la mesa cuando los invitados son 10, 14, 18, 22, etc. Obviamente hablando de mesas circulares u ovaladas las presidencias se sentarán el uno de frente al otro. Luego, una segunda regla nos refiere que la anfitriona tendrá al invitado de mayor investidura o jerarquía, o el más anciano, sentado a su derecha (C1), mientras que a su izquierda se sentará aquel que lo sigue en ancianidad e importancia (C2). Para establecer la jerarquía de una persona entra en consideración la afinidad existente con el anfitrión y las características de poder e influencia que definen a cada uno de los invitados. El anfitrión tendrá a su derecha a la invitada más anciana o influyente (D1) y a su izquierda a aquella que le sigue según los mismos criterios (D2). Si las personas que debemos hacer sentar cercanos a los anfitriones poseen igual posición social entonces tendremos en cuenta la edad de cada una. La aplicación de la regla que sigue a la ancianidad de las damas para su ubicación a los lados del anfitrión posee, sin embargo, dos excepciones:

a. El rango social prevalece sobre la edad.
b. El recibimiento social de una dama por primera vez a la mesa de marras

Las personas solteras y miembros de la familia ocupan los puestos más alejados de los anfitriones pues se da la precedencia a quien posee una posición menos íntima dentro de la casa. En todo caso deberá respetarse que los puestos se asignan alternando hombre y mujer, dependiendo del número de invitados, claro está. Como se apreciará la distribución de los puestos garantiza que no dividamos hombres y mujeres sentando a los caballeros de un lado y a las damas del otro. (fig. 15).

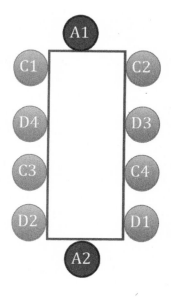

Figura 15. Presidencia Inglesa (Gráfico elaborado por el autor.)

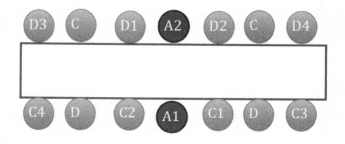

Figura 16. Presidencia Francesa (Gráfico elaborado por el autor).

Si estamos organizando un banquete o una cena oficial o de trabajo con *Presidencia Francesa* que prevé una mesa rectangular ocupada por todos sus lados, ambos anfitriones se sentarán en el medio de la misma, uno frente al otro, situándose la primera presidencia frente a la puerta de acceso, y lo contrario para la segunda. En cuanto a la disposición del resto de los comensales resulta muy parecida a la descrita cuando ambas presidencias ocupan los extremos de la mesa (fig. 16). A la derecha de la anfitriona (C1) se sentará el hombre más importante mientras que a su izquierda (C2) se sentará aquel que le sigue en importancia, las posiciones siguientes a ambos lados serán ocupadas por dos damas, mientras que la C3 y la C4 serán ocupadas por el tercero y el cuarto caballero más importante, respectivamente. Al lado del anfitrión, posiciones D1 y D2, se sentarán la primera y segunda dama más importantes respectivamente, a su lado se sentarán dos caballeros, mientras que las posiciones D3 y D4 serán ocupadas respectivamente por las damas que siguen en importancia. Resulta importante recordar que en ambos tipos de presidencias el anfitrión debe ser orientado hacia la puerta de ingreso al comedor de manera que la etiqueta de cortesía le permita conocer el momento en que las personas llegan y se retiran de la habitación.

Si ocurre que a la mesa debe estar un niño, su asiento será aquel al lado de la figura adulta que se ocupará de este durante la cena. Los niños de mayor edad pueden sentarse juntos uno al lado de otro, sin distinción de sexos, aunque lo ideal, siempre que sea posible, es preparar una mesa exclusiva para ellos, en cuyo caso se podría valorar, si la ocasión es social o informal, el uso de manteles y servilletas desechables, así como vasos de plástico.

## OTROS SUPUESTOS DE PROTOCOLO SOCIAL

Cuando hablamos de las llamadas comidas rituales en familia en las que estarán presentes los cuatro suegros, el anfitrión se sentará a la derecha de la siempre bien querida suegra y a la izquierda de la madre, por el contrario, la anfitriona habrá a su lado derecho a su suegro, mientras su padre ocupará el puesto de su izquierda. Si la invitación la ha realizado una persona soltera cederá el puesto delante de él, que debería pertenecer a la inexistente anfitriona de casa, a la señora que intente honrar con la invitación, la que a su vez tendrá su lado a los dos invitados masculinos de mayor importancia. Para el caso de las invitaciones de pareja y una mesa de cuatro puestos el protocolo prescribe que cada caballero se siente a la derecha de cada dama pues se garantiza que la invitada ocupe el lugar de precedencia con relación al patrón de casa. Si una pareja invita a una dama sola esta se sentará a la derecha del anfitrión, si el invitado es un caballero se sentará a la derecha de la anfitriona.

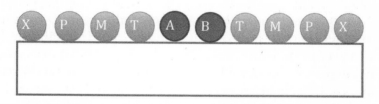

Figura 17. Mesa matrimonial (Gráfico elaborado por el autor).

Cuando debemos preparar una mesa presidencial para un matrimonio (fig. 17) el protocolo prevé que esta será larga en función de los miembros que los esposos desean que se encuentren a la misma, partiendo de la siguiente organización: los esposos se sentarán al centro de la mesa siguiendo la técnica protocolar conocida como centro métrico (A esposo y B esposa), y al lado de la esposa se sentarán, por orden, su testigo (T), su madre (M) y su padre (P), pero también pueden ser acomodados a la misma mesa los abuelos y hermanos de los esposos (X). Mientras que a la derecha del esposo (A) se sentarán por orden su testigo, su madre y su padre. En países donde los testigos de cada esposo son un hombre y una mujer, es decir, en total cuatro, dama y caballero se sentarán al lado del esposo, en tanto el caballero y la dama se sentarán al lado de la esposa. Para el montaje para el resto de los invitados se recomienda el uso de mesas redondas que serán distribuidas según el criterio aportado previamente por los novios y que pueden o no ser protocolizadas. El servicio se realiza iniciando por la mesa presidencial y luego pasando al resto de las mesas más cercanas hasta llegar a las más alejadas. Como en todo caso, se seguirá el básico principio de protocolo de servir primero a la esposa y seguidamente al esposo, luego al resto de las damas y finalmente a los caballeros.

Otro ejemplo muy recurrente en la preparación de eventos gastronómicos se refiere al montaje de una mesa presidencial con precedencia horizontal, es decir, cuando los anfitriones o autoridades son situados horizontalmente con relación a los demás comensales sentados frente a ellos, independientemente del tipo de montaje escogido para ellos. En este caso la mesa presidencial se protocoliza atendiendo al criterio de la ley de la derecha, en cuyo caso se deberá observar que, ante dos autoridades de igual rango, la precedencia favorecerá al homólogo extranjero. De igual modo la derecha deberá cederse a las esposas de los sujetos que presiden la mesa.

Así determinado, en la presidencia horizontal se observará el criterio de la alternancia, resultado de armoniosa combinación de la técnica del centro métrico y la ley de la derecha protocolar: el anfitrión se ubicará al centro de la mesa, a su izquierda quien lo sigue en orden de precedencia y a su derecha la persona que le sigue a esta. Luego, de manera alternativa se seguirán ocupando los demás puestos a ambos lados del centro métrico siguiendo el congruente criterio. (fig. 18).

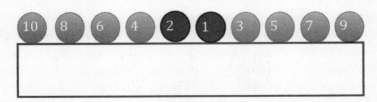

Figura 18. Mesa presidencial donde se muestra la alternancia en la precedencia horizontal. (Gráfico elaborado por el autor).

Cuando disponemos de una mesa rectangular y sus invitados son seis personas divididas en parejas, los anfitriones no se pueden sentar en los extremos de la mesa, cosa que les impediría disponer los demás puestos alternando una dama y un caballero. En este caso el protocolo ha proporcionado dos soluciones. La primera, según el estilo anglosajón, propone que el puesto de la patrona de casa sea sustituido por el del invitado de honor, de manera que aquella y la invitada de honor se encontrarán a la derecha del anfitrión y del invitado de honor, respectivamente. (fig. 19). La segunda solución deja el puesto a la cabeza de la mesa a la patrona de casa y al frente se sentará la invitada de honor, los dos puestos del medio, uno frente al otro serán ocupados por las otras dos damas, mientras que el resto será ocupado por los caballeros, destinando el puesto de la izquierda de la invitada de honor para el anfitrión (fig. 20).

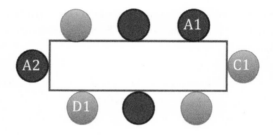

Figura 19. Estilo Anglosajón (Gráfico elaborado por el autor).

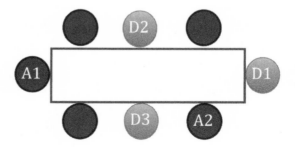

Figura 20. Estilo Mediterráneo (Gráfico elaborado por el autor).

En el caso de que nuestros invitados sean una pareja (cuatro comensales), lo ideal es utilizar una mesa cuadrada o rectangular en la que los anfitriones se sentarán en los lados opuestos, uno en posición cruzada respecto al otro. La dama y el caballero invitados ocuparán la derecha del anfitrión y la anfitriona, respectivamente. Si nuestra cena prevé la presencia de solo dos personas, caso poco tratado en la ortodoxia protocolaria, recomiendo que, de ser posible, la dama ocupe la derecha del caballero, o en sentido general la persona que ha sido invitada, de manera que ambos se encuentren sentados uno a continuación del otro. Desafortunadamente en muchos restaurantes un criterio de espacio disponible solo permite acomodar a dos personas sentadas una frente a la otra.

SABÍA QUE...

 Cuando se habla de criterios de colocación de personas a la mesa resalta la llamada Ley del descanso matrimonial, según la cual es aconsejable ubicar separadamente a los matrimonios, pero una interpretación extensiva de la misma recomienda su aplicación también a los hermanos, a los parientes próximos, socios de negocios, colegas de trabajo o amigos en general, excluyendo además la posibilidad de ubicarlos uno frente al otro, esto es, personas unidas entre sí por lazos de consanguinidad o afinidad. La ley del descanso matrimonial intenta evitar que se creen grupos dentro de un evento social que excluyan a los demás invitados y, por otro lado, promueve el intercambio entre personas desconocidas y favorece la socialización del encuentro.

# 11. TODOS A LA MESA:
## *ALEA IACTA EST*

*«Me lo contaron y lo olvidé; lo vi y lo entendí; lo hice y lo aprendí.»*
Confucio

Al sentarnos a una mesa preciosamente adornada, llena de detalles que se adelantan a nuestros posibles deseos y necesidades, experimentamos el mismo placer que nos invade cuando tenemos un gesto de generosidad para con nuestros semejantes. Sin embargo, en este momento de la cena pienso que no somos completamente conscientes de cuantas cosas hacemos de manera automática sin siquiera saber si lo estamos haciendo en el modo adecuado. Retomo entonces un argumento expuesto en la primera parte de este escrito. Alimentarnos no tiene un único propósito cuando lo hacemos en compañía de otras personas, es una oportunidad de compartir la armónica sucesión de gestos, palabras y sentimientos que son los verdaderos protagonistas del encuentro, la comida es solo el medio vehicular; no es de extrañar que éstos deban manifestarse auxiliándonos de las reglas de comportamiento, convenciones y sentido común, pues de otro modo el intercambio a la mesa entre los hombres se volvería simplemente anárquico.

Fuera de casa, sentarse a la mesa en compañía para compartir un momento de degustación culinaria implica el dominio de una serie de conocimientos culturales previos y de normas de comportamiento que de no haber sido debidamente ensayados y aprendidos nos situará en indefensa posición y el placer esperado podría convertirse en Quimera sin Belerofonte; al sentarnos a la mesa habremos cruzado el Rubicón, la suerte estará echada.

# ¡BUEN APETITO!

¿Quién no lo ha dicho o lo ha escuchado decir? Esta frase de origen francés es internacionalmente conocida y la más usada cuando compartimos el alimento. Sin embargo, pronunciarla resultará errado o no dependiendo de las costumbres del país donde nos encontremos. Por ejemplo, en el mundo hispanoparlante es una frase de uso común, aunque debo decir que denota pobre educación protocolar expresar «buen provecho» pretendiendo un homólogo significado cuando se comparten mesas de cierta formalidad. La frase es particularmente contraria a la etiqueta en Italia en tanto es interpretada en el sentido de cuando se dice «*buon appetito*» en realidad lo que se está celebrando es el frío acto de comer cuando se tiene hambre, o dicho de otra manera, es como si el anfitrión expresase: «*come bien de mi comida hasta que te sacies*». Estimo, sin embargo, que esta concepción histórica debe ser superada en tanto viene interpretada en la actualidad como manifestación de buen augurio gastronómico y que la constancia del uso de la frase pudiera llegar a imponer eventualmente su general aceptación. Las tradiciones constituyen un gran peso hasta para las manos más fuertes. En el Reino Unido no es costumbre su uso y en los Estados Unidos la frase viene sustituida por la palabra «enjoy».

En ambientes muy ceremoniosos lo adecuado es no pronunciar la frase sino apreciar con cortesía el ademán de la anfitriona que señale la autorización para iniciar a comer, lo que hará luego de que todos los comensales sean servidos.

En un restaurante, aun cuando no haya anfitriones a la mesa, los buenos modales reconocen que se iniciará a comer solo cuando el último comensal haya sido servido, razón por la cual la elaboración de los platos en cocina debe organizarse para que salgan todos juntos, de lo contrario ocurren dos supuestos que siempre deben evitarse: comensales que han iniciado a comer mientras otros esperan su plato o, platos a la mesa que pierden su temperatura ideal de consumo porque los comensales han decidido esperar que todos sean servidos. En cuanto a la inobservancia de esta regla solo podemos ser flexibles precisamente para evitar el riesgo del desagradable cambio de temperatura y textura en el alimento y será responsabilidad del maître o del director de sala ofrecer las disculpas que sean necesarias. Si un invitado llegase con retraso le será servido el plato que corresponda al resto de los invitados en ese momento, de manera que no se altere el ritmo ni la secuencia de los mismos. El invitado moroso ofrecerá públicas disculpas y se integrará rápidamente a la convivencia gastronómica.

## SIÉNTATE COMO SI EL MUNDO TE ESTUVIERA MIRANDO

Pudiera sonar extraño, pero una estricta regla de etiqueta nos ilustra que una correcta postura al sentarnos a la mesa significa no estar ni demasiado rígidos, ni ciertamente demasiado cómodos. Nuestros hombros deben permanecer erguidos y la espalda nunca debe tocar el espaldar de la silla, debiendo existir una distancia aproximada de dos manos unidas horizontalmente entre el abdomen y el borde de la mesa, especialmente para garantizar el cómodo uso de la servilleta.

Una postura correcta habla siempre favorablemente de nosotros y cambia completamente la dinámica de cualquier encuentro social. Hay que recordar que al sentarnos los caballeros tirarán ligeramente hacia arriba sus pantalones para que no queden ajustados en las rodillas, evitando realizar el gesto colocando las manos entre las piernas. Tampoco debemos sentarnos inclinando hacia atrás la silla en modo que esta quede apoyada en las patas traseras, ni debemos realizar ruidos innecesarios arrastrándola o dando brincos para acercarnos a la mesa. El pulso de ambas manos debe reposar sobre el borde de la mesa y en las pausas la mano izquierda siempre permanecerá visible. Los codos sobre la mesa podrían ser admitidos excepcionalmente entre un plato y otro, lo que me recuerda que en la antigüedad el acodarse sobre la mesa era entendido como cosa de enfermos y de ancianos. Los pies deben encontrarse siempre cercanos a la silla y completamente apoyados sobre el suelo. Los codos deben permanecer cercanos al cuerpo —entrénese con un libro bajo cada brazo si es necesario— y prestaremos especial atención a no invadir el espacio proxémico de la persona que está a nuestro lado o justo enfrente, recordando que todo lo que se encuentre a la izquierda de nuestro plato del pan —o de nuestro primer tenedor— se encuentra dentro del espacio ajeno. Los expertos aseguran que mientras mayor es la importancia de la persona mayor es el espacio proxémico que le es reconocido, sin embargo, como regla, a la mesa todos los espacios deberían gozar del mismo reconocimiento, salvo contadas excepciones de protocolo.

Si en una casa se nos invita a sentarnos en la sala o en el jardín para tomar un aperitivo, o si estamos sentados en el bar de un restaurante mientras esperamos que se nos acomode a la mesa reservada, evitaremos cruzar las piernas por los siguientes motivos: el caballero jamás deberá dejar expuesta la suela de los zapatos o la piel de las piernas; la dama que no desea mostrar más de lo debido nunca cruzará las piernas una sobre la otra, sino colocará una pierna detrás de la otra a la altura de los tobillos inclinándolas ligeramente hacia uno u otro lado, colocando delicadamente las manos unidas en el regazo, lección magníficamente ejecutada en la deliciosa interpretación de Julie Andrews y Anne Hathaway en el film *The Princess Diaries*.

SABÍA QUE...

En los Estados Unidos de Norteamérica y en el Reino Unido, como también ocurre en varios países de Latinoamérica, las manos permanecen sobre los muslos entre un plato y otro, a diferencia de lo que ocurre en Francia e Italia. Los franceses desarrollaron la etiqueta a la mesa, como se conoce hoy, en tiempos de traición y envenenamiento, razones por las cuales se impuso la regla de mantener las manos siempre visibles. Inglaterra a su vez desarrolló la costumbre contraria incluso como manifestación de desacuerdo con una entonces Francia enemiga. En algunas regiones del medio oriente, de la India y de África el uso de la mano derecha para comer es obligatoria y el alimento nunca es tocado con la mano izquierda (considerada impura), destinada solo para la atención de la higiene personal.

## LA COMUNICACIÓN NO VERBAL PUEDE SER TU ENEMIGA

Desde los estudios de Darwin hasta los más recientes de los sicólogos cognitivos del mundo entero, la comunicación no verbal (CNV) ha sido una constante merecedora de todo interés, estudios que evidencian la importancia de la comunicación y la expresión en la supervivencia de la especie humana. Por ejemplo, Albert Mehrabian, un prestigioso profesor de Psicología de la Universidad de los Ángeles realizó experimentos sobre actitudes y sentimientos que confirmaron la imprecisión de la comunicación verbal: solo el 7% de la información es atribuible a las palabras, el 38% es atribuible a la voz (entonación, proyección, resonancia, tono) y el 55% al lenguaje corporal (respiración, posturas, gestos, movimiento de los ojos, etc.). Pues bien, durante la convivialidad prestar atención a la CNV es la clara manifestación universal de haber aprendido una de las lecciones de etiqueta que requiere mayor severidad y dedicada práctica, especialmente en edad adulta. A propósito del cuidado de la CNV a la mesa tomaré prestadas las palabras Marco Pacori, psicólogo y experto italiano del lenguaje del cuerpo, las nos conducen a un reposado instante de reflexión a pesar del largo de la cita:

«*Cuando estamos sentados a la mesa de un bar o de un restaurante tenemos a portada de mano migajas de pan, vasos, platos y otros objetos a través de los cuales podemos exhibir nuestro instinto de evasión. Entre estas señales, es común barrer las migajas, fino a cualquier instante antes irrelevantes, para convertirse en objeto de irritación cuando la otra persona dice algo que suscita nuestra cólera. Otra acción similar, pero que en este caso carece de valor emotivo, es aquella de amasar y alinear las migajas para hacer diseños o modelar formas: seguir estos gestos ayuda a la concentración, como si recogiendo las migajas estuviésemos haciendo lo mismo con los pensamientos. Siempre a la mesa podemos alejar un objeto, repeliéndolo hacia un lado con la palma de la mano; también aquí estamos de frente a un reflejo de evasión en el cual alejar de sí la tasa, el cuenco u otra cosa es un pretexto para expresar la propia repulsión».*

Si pensamos entonces que mayormente lo que expresamos lo hacemos a través de la CNV, de seguro querrá prestar mayor atención al dominio del cuerpo la próxima vez practiquemos la gastronomía socialmente. Cuando estamos a la mesa acompañados por otras personas es normal que nuestros gestos no sean desapercibidos sino todo el contrario; por esta razón, aunque usted piense que nadie lo está observando o aunque en su casa practique determinadas costumbres a sabiendas que no se las debe llevar consigo cuando cena afuera, deberá pensar que los malos hábitos son siempre los más espontáneos y gozan de compleja erradicación. Entre las más difusas conductas inapropiadas de la CNV relacionadas con los buenos modales a la mesa tenemos:

— Rascarse diferentes partes del cuerpo;
— Tocarse el cabello constantemente, especialmente si padecemos de caspa;
— Aflojarse el nudo de la corbata, quitarnos los zapatos o remangarnos la camisa;
— Sonar la nariz cuando estamos resfriados (mejor quedarse en casa);
— Abrir y cerrar las piernas repetidamente y/o tocar el tambor con los dedos sobre la mesa transmitiendo nerviosismo o ansiedad;
— Examinar los vasos y cubiertos como si fuesen piezas arqueológicas;
— Servirse cantidades excesivas de comida (denota gula e irrespeto por los demás comensales que aún no se han servido);

- Limpiar los dientes con la lengua o usar el mondadientes a la mesa;
- Servirse el vino en continuación sin prestar atención a las copas del resto de los comensales;
- Masticar ininterrumpidamente conservando la mirada fija en el plato;
- Terminar de comer y hacer gestos de saciedad (solo admitidos en ambientes muy íntimos);
- Alejar el plato cuando hemos terminado;
- Enjuagar el interior de la boca con agua, vino o cualquier otra bebida;
- Tocar cualquiera de las cosas que pertenecen al espacio proxémico de la persona que está a nuestro lado;
- Bostezar o dar muestras de aburrimiento, cansancio o desinterés;
- Colocar sobre la mesa el teléfono móvil (o conservarlo en la mano);
- No quitarse a la mesa el sombrero, la gorra o los espejuelos de sol;
- Tararear una melodía entre dientes mientras los demás conversan;
- Estirar la espalda o los brazos;
- Jugar con las migajas del pan o con cualquiera de los cubiertos;
- Tomar el café o el té alzando el dedo meñique en modalidad antena;
- Hacer ruidos innecesarios para disolver el azúcar dentro del café, té o infusión.

## SABÍA QUE...

 El origen de la costumbre de alzar el dedo meñique mientras bebemos el té se remonta a la Francia pre revolucionaria en la que la promiscuidad era algo bastante común en las costumbres del pueblo y con ella la extendida existencia de enfermedades venéreas. Tomar entonces el té y alzar el dedo meñique apuntando hacia la otra persona era un modo «discreto» de decir: «Usted padece de una enfermedad de transmisión sexual, por favor manténgase alejado de mi».

## ES COSA EDUCADA COMER Y BEBER
## SOLO LO QUE LA CASA PROPONE

En ocasiones estamos dando un paseo por la ciudad y se nos apetece comprar una botella de agua para calmar la sed o quizás un bocadillo, frutas secas, un trozo de pizza, un dulce o simplemente un helado para entretener al estómago. Luego se nos ocurre entrar a un restaurante portando con nosotros los alimentos o bebidas que son ajenos a la casa; prefiero pensar que este comportamiento es debido a una sana ignorancia y no a un dolo enmascarado. Las buenas maneras no le prohíben ingresar aquellos al restaurante, lo que resulta inescrupuloso rayando el irrespeto es que usted decida consumirlos a la mesa. Visitar un restaurante implica de forma no negociable la obligación de consumir solo lo que le es ofrecido en las cartas o lo que pueda ser elaborado por la casa, si opta por no observar esta regla no dude que algún miembro del servicio educada pero inequívocamente le pedirá que suspenda el vergonzoso acto. Excepcionalmente y ante ocasiones especiales —cenas o almuerzos de particular connotación— usted podrá solicitar al maître que le permita llevar al restaurante una tarta —preferiblemente adquirida de productores o vendedores autorizados— o una peculiar botella de vino (servicio de descorche), por citar los ejemplos más comunes, teniendo siempre en cuenta que, llegado el momento, deberá realizar un apropiado agradecimiento por la concesión realizada y que la misma puede comportar un cierto costo pecuniario aun cuando parezca simbólico.


## POR FAVOR, ¿ME PUEDE PASAR LA SAL?

Así como nos resulta poco profesional un restaurador que no sale sonriente a nuestro encuentro cuando llegamos al restaurante, que no respeta el orden de precedencia en el servicio, que escancia el vino pasando el brazo delante de nuestras narices, que interrumpe cada cinco minutos la conversación a la mesa para preguntar insulsamente: ¿todo bien?, y que, paradójicamente, no efectúa la correcta despedida cuando dejamos el local, entiendo deplorable, en la misma medida, el gesto de extender el brazo por encima del plato del comensal a nuestro lado para tomar algún elemento del menaje o cualquiera de los platos que contienen alimentos comunes, especialmente sin haberse cerciorado que las damas a la mesa no están coincidiendo con usted en el uso del bien requerido. Si tiene necesidad de utilizar la sal o la pimienta, por ejemplo, y estos se encuentran al externo de su espacio proxémico, después de las observaciones pertinentes, no intente alcanzarlas, por el contrario, diríjase hacia la persona más cercana utilizando siempre las palabras mágicas: Por favor, ¿me puede pasar...?

## BEBER EL VINO HOY, DESPUÉS... SIEMPRE

Puede ocurrir que el sumiller le proponga un vino que excede la suma de dinero que usted desea destinar por este concepto, a pesar de la excelente valoración que nos ha hecho. No se sienta incómodo rechazando la propuesta del experto, basta evitar decir: «Esa no porque es demasiado costosa», especialmente si se encuentra acompañado de una dama. Será suficiente decirle a nuestro interlocutor que usted prefiere un vino menos pretensioso y el mensaje quedará claro para las partes involucradas. Un buen y discreto sumiller encontrará en un instante una válida y satisfactoria alternativa.

## SABÍA QUE...

 Sobre el costo de un vino existe una curiosa anécdota alrededor de un Château Margaux 1787 que formó parte de la privada colección de Thomas Jefferson (Presidente de los Estados Unidos de América entre 1801 y 1809) y que perteneció al comerciante de vinos William Sokolin. Según relatan las crónicas Sokolin llevó consigo el vino a una cena organizada por la Maison Château Margaux en el Hotel Four Season de New York en 1989. Un camarero accidentalmente rompió la histórica botella y Sokolin pidió una indemnización de medio millón de dólares obteniendo 225.000 (aproximadamente 165.000 euros). A pesar de que la botella nunca fue vendida ha quedado en la historia como uno de los tres vinos más caros del mundo durante el siglo XX.

Una regla inquebrantable del servicio de vinos en un restaurante nos indica que solo debe darse la orden de cocinar los platos reseñados en comanda cuando todos los comensales hayan probado y aprobado el vino de su cena. Si usted u otro miembro de la mesa rechazan el vino se corre el riesgo de que en lo que el sumiller cambia la botella por otra, usted deba iniciar a comer sin vino o deba ejercer su derecho a rechazar los platos sin probarlos, lo que en modo alguno es contrario a las buenas maneras. Un desacuerdo con el vino detiene todo el servicio y pone mar de por medio entre usted y la experiencia hedonista que anda buscando. Por estas razones resulta importante otorgar a la elección y aprobación del vino la mayor relevancia para un buen inicio de su aventura gastronómica. Una persona educada y conocedora de la dinámica de la restauración colabora con el sumiller y el maître para evitar las frustrantes consecuencias que puede ocasionar la devolución de una botella de vino.

Su consumo pues se prevé después de iniciada la comida, nunca antes, como contrariamente sucede con los vinos espumantes en su rol de excelentes aperitivos. Su elección y primera degustación es la alta responsabilidad de la persona que invita o de la que ha sido honrada con semejante gesto. Debemos beberlo a sorbos, tomando la copa por el fuste (nunca por el cáliz) y luego llevando el borde de la misma hacia los labios mientras realizamos hacia arriba una leve inclinación de la cabeza. El vino debe ser servido primero a los demás siendo su copa la última en ser servida, esperando que los demás tengan para con usted el mismo gesto, justo como rigurosamente se hace en Japón, por ejemplo. Históricamente se nos ha enseñado que el protocolo prohíbe que una dama toque la botella de vino, siendo esta responsabilidad del sumiller, del maître, del camarero responsable del rango o de los caballeros a la mesa, si fuese el caso. Sin embargo, como todo comportamiento que evoluciona, también esta costumbre está cambiando y las damas han ido ganando protagonismo en el servicio del vino a la mesa.

A menos que usted sea un apasionado entendedor o un profesional del oficio, al momento de beber el vino no asumirá posturas ni gestos de cata ni hará comentarios que deberán ser reservados al anfitrión o al entendedor; por favor, dejemos demostrar al sumiller el por qué su profesión es una de las más reconocidas dentro de la enogastronomía.

El vino nunca debe ser mezclado con agua —no estamos en la antigua Roma—, un gesto tal puede resultar ofensivo y se traduce en el menosprecio de las virtudes del vino escogido, especialmente si es protegido con denominación de origen; tal comportamiento solo es aceptado en ambientes muy íntimos y con vinos de mesa. Nunca beba vino, agua o cualquier otra bebida mientras queden en la boca restos de comida. Si el vino es de sabor o intensidad que no tolera, pida verbalmente que no le sirvan, pero no coloque la palma de su mano sobre la boca de la copa, es un gesto cercano a lo grosero. No alzamos la copa de la mesa para acercarla a la persona que está sirviendo el vino, el protocolo indica que el vino viene hacia usted y no a la inversa. Las copas nunca deben ser inclinadas para ser servidas a menos que el anfitrión haya decidido decantar el vino, para lo cual podrá tomar las copas en las manos e inclinarlas al momento de servirlo.

Para hacer el brindis basta alzar la copa ligeramente inclinada hacia el externo, asida por el fuste evitando el choque entre éstas y mirar a los presentes en el gesto; no se dice «*chin chin*»[86] a pesar de las fuertes tradiciones populares que estimulan a hacer todo lo contrario.

En Japón al brindar se toma la tasa con firmeza entre las manos y se pronuncia la palabra «*Kanpai*», utilizada por el anfitrión al inicio de la cena. Si se encuentra usted en China o sus invitados provienen del gigante asiático, recuerde que el brindis viene condicionado por algunos gestos de marcada tradicionalidad, a saber:

---

86  Expresión de origen asiático muy usada en el pasado remoto como saludo cordial y jocoso entre los marineros de Cantón y que paulatinamente se fue introduciendo por los puertos europeos.

a. Si una persona mayor nos sirve alcohol nos ponemos de pie y sujetamos el vaso o tasa con ambas manos, la derecha para asir y utilizaremos como base la yema de los dedos de la mano izquierda;
b. Los comensales a la mesa se deben alzar siempre que los mayores propongan un brindis;
c. El brindis con una persona mayor, o que goza de cierta dignidad superior a la nuestra, implica que chocaremos nuestra tasa por debajo de la suya como señal de respeto y sumisión;
d. Al brindar se pronuncia la palabra «gān bēi», que literalmente significa «secar el vaso».

Cuando ha ordenado dos botellas de vino, uno blanco y uno tinto, el sumiller deberá abrir las dos botellas seguidamente, de manera que si el tinto no es de su agrado no se corre el riesgo de cambiar la botella cuando los platos se encuentren sobre la mesa. Puede suceder, sin embargo, que una vez finalizada su primera botella usted se encuentre satisfecho y no desee continuar bebiendo vino, lo que pudiera ser una dificultad en tanto la segunda botella ya ha sido abierta. Los buenos modales nos enseñan que en situaciones de este género debemos pedir al Sumiller que vuelva a colocar el tapón a la botella, se pagará el costo de la misma y nos la llevaremos a casa para beberla como dice eternamente Arturo Pardos: «*en amor y compañía, ante chimenea, en la bañera o en la cama...*»

Tanto el vino como el resto de las bebidas alcohólicas viene bebido con moderación, esto significa: intentar no beber con el estómago vacío, no competir con alguien que le reta a resistir por más tiempo los efectos del alcohol, evitar las incoherentes mezclas de bebidas y abstenerse de proseguir bebiendo inmediatamente del trago con el que se inició «el giro de cabeza».

Al destapar una botella de espumante evitará hacerlo de manera innecesariamente ruidosa pues el descorche de este tipo de vinos implica *per se* la producción del archiconocido sonido liberador del carbónico. Para facilitar el éxito del gesto sujetará con una mano el corcho auxiliándose de una servilleta, aplicando ligeramente una fuerza hacia arriba (tirar) mientras con la otra mano, colocada en el fondo de la botella, hará girar la misma hasta que el corcho salga delicadamente; el mínimo de ruido resultante será absorbido por la servilleta[87]. Recuerde, una vez terminado de beber su vino espumante, por favor, nunca invierta la botella dentro de la cubitera o champanera, es incorrecto y hasta vulgar, además de que es un gesto privado de significado. Considere asimismo que en muchos restaurantes este gesto puede significar que usted desea disfrutar de una siguiente botella por lo que no será de extrañar que el camarero se acerque a su mesa para confirmar su intención.

En fin, beber apropiadamente el vino es una de esas delicias que una vez conocidas con placer se quedan en ti, te educan, te transforman y condicionan tu relación con otros seres humanos que lo producen, comercializan y consumen. Les dejo una frase del escritor español Miguel Herrero García y que se me antoja tiene el sabor de un Pinot Noir: «Dime qué bebes y te diré en qué estado de cultura te encuentras. Los vinos señalan el nivel de refinamiento y espiritualización de los hombres».

## SABÍA QUE...

Existe la creencia generalizada que verter el vino con la mano izquierda y rotando la mano haciendo un movimiento hacia el exterior atraiga la mala suerte. Cuenta la historia que, en los tiempos de los Médici, una poderosa

---

87  El descorche de una botella de espumante implica siempre un cierto peligro teniendo en cuenta que la gran presión contenida dentro de la misma (entre 5 y 6 atmósferas, o dicho de otra manera hasta 90 libras por pulgada cuadrada) puede expulsar el corcho a una velocidad registrada entre los 65 y los 160 km/h y hoy son incontables los lamentables accidentes ocasionados por tomar ligeramente las debidas precauciones. Por lo tanto, no agitaremos la botella antes de abrirla, mantendremos siempre el corcho bajo el control de la mano, nunca expondremos el rostro en el posible recorrido del mismo ni apuntaremos la botella hacia persona alguna o en la dirección de frágiles objetos (en caso que se nos escape) y, serviremos el vino a la correcta temperatura pues, ante un aumento de las mismas, el dióxido de carbono se disuelve en menores cantidades para concentrarse, en forma de gas, en el cuello de la botella justo debajo del corcho, creando una presión con mayores valores.

e influyente familia renacentista italiana (que además propició particularmente el uso del tenedor en Europa) una forma de homicidio era colocar veneno dentro de ciertos anillos habilitados de una cavidad oculta que una vez abierta dejaba caer su mortal contenido dentro de la copa cuando se vertía el vino con la mano izquierda. Aunque esta información no ha sido confirmada unánimemente por los historiadores lo cierto es que verter el vino con la mano derecha resulta más delicado y armonioso. Por otra parte, ha sido aceptada como verdad histórica que la iniciativa del anfitrión de beber el vino in primis es un rezago de la costumbre griega a través de la cual este gesto significaba que el vino no estaba envenenado llegando a simbolizar una suerte de compromiso amistoso entre el anfitrión y sus invitados.

## CÓMO QUIERO MI CERVEZA

A menos que usted goce de la intimidad de su casa o se encuentre en un bar/cafetería o en la playa, o participando de fiestas populares, la cerveza nunca viene bebida directamente de la lata o de la botella sino en su vaso correspondiente, ya sea desde la típica jarra de Baviera hasta la copa a forma de tulipán, y se acompaña de una servilleta de papel formato bar. De manera excluyente, en un restaurante que defiende determinado estándar de servicio, la cerveza viene servida siempre en la copa o el vaso de rigor. No obstante, es cierto que para su consumo en otros escenarios cada vez más se producen cervezas pensadas para disfrutarlas directamente de la botella al proponer incluso una innovación en el modo de consumo: por ejemplo la Heineken en formato mini. En otros casos en los cuales también se propone beber la cerveza directamente de la botella encontramos la típica Corona, cuya boca de manera común viene previamente condimentada con limón y sal, por citar uno de los ejemplos más conocidos y que está relacionado con un estilo de vida con el que los consumidores se sienten identificados. Pero, en el caso de las latas, tenga en cuenta que detrás del acto de beber directamente de estas hay un factor higiénico de gran relevancia relacionado con su manipulación, almacenamiento y transportación. Recuerde además que las latas no se acumulan encima de la mesa ni son objeto de juego o manipulación una vez vacías.

En cuanto al servicio de las cervezas debemos recordar que, dependiendo del tipo, la misma viene servida con una temperatura que puede oscilar entre los 5 y los 16°C, así como debemos prestar especial atención a la espuma, que en todo caso debe ser alta al menos tres dedos, abundante, compacta, cremosa y persistente, generalmente blanca, con matices beige en las cervezas oscuras. La espuma en una cerveza fría y de calidad debe desaparecer lentamente y ser finas las perlas que la componen, además dejar en las paredes del vaso correspondiente unos anillos o imágenes de bordados que corresponden con el volumen de las porciones bebidas, conocidas como Merletti de Bruselas. Tenga en consideración que la espuma no solo tiene un efecto estético pues en adición libera determinados aromas del lúpulo, retiene debajo otros y retrasa el proceso de oxidación de la bebida.

Nos limpiaremos los labios cada vez que la bebemos y tendremos cuidado con los gases que producen este tipo de bebidas, especialmente si estamos en compañía; en otras palabras, sea moderado. Si en un ambiente informal estamos a punto de compartir una cerveza con una persona de origen centroeuropeo no es de extrañar que con el brindis se pronuncie la palabra latina *prosit* («a la salud», «que sea a favor») mientras se toca la parte baja de la típica jarra y se mira directamente a los ojos de los demás.

SABÍA QUE...

 Relata una historia popular que corriendo en Hungría el año 1948 se aprobó una orden que prohibía el acto de brindar con la cerveza, debido a que los austriacos celebraron la sangrienta sofocación de una revuelta de los magiares húngaros en el siglo XIX colmando sus jarras y brindando precisamente con esta bebida. El veto, prolongado por 150 años, quedó como un recordatorio del patriotismo húngaro. Por otro lado, una curiosidad más feliz nos lleva a Irlanda del Norte donde es atávica costumbre que si una persona te invita a una cerveza se inicia un ritual en el cual devuelves el gesto comprándole otra cerveza, a lo que la otra persona responderá invitándote de nuevo a otro giro de cervezas y así sucesivamente. El propósito de esta tradición popular es procurar crear y prolongar el mayor tiempo posible el acto de socialización, así que si alguien le invita a una cerveza en esta parte del mundo ya sabe que no conseguirá deshacerse de la reciprocidad tan fácilmente.

## EL TELÉFONO Y LAS ALMAS MUERTAS

En la actualidad predomina *in crescendo* una peculiar tendencia del comportamiento a la mesa que se manifiesta cuando las personas llegan agitadas a un restaurante y antes de que tengas tiempo de darle la bienvenida y pedirles su preferencia por el agua u otras bebidas de aperitivo, te hacen con ansiedad la fatídica pregunta: ¿cuál es la *clave de la conexión Wifi*? Podrás tener la mejor comida, el mejor servicio y el más acogedor de los ambientes, pero si no tienes Wifi la cena será menos placentera y atractiva porque el cliente del siglo XXI come *on line*, tenedor en la derecha, teléfono en la izquierda, los sentidos todos orientados hacia el display mientras pasan desapercibidos esos invitantes aromas que surgen de un plato que el maître le describió con entusiasmo y profesionalidad. En un típico ejemplo la cocina ha cumplido rigurosamente su cometido —en muchas ocasiones haciendo saltos mortales—, por su parte el camarero ha sido diligente en llevar el alimento a la mesa conservando la temperatura y textura adecuadas, sin embargo el cliente no lo come, le hace fotografías[88] y se hace *selfies* junto al plato

---

[88] A propósito, una reciente sentencia del Tribunal Federal de Justicia de Alemania amplió la protección de los derechos de autor a «las creaciones culinarias minuciosamente dispuestas» asimilando las creaciones que cuente con un nivel importante de diseño a las obras de arte, de ahí que fotografiar un plato en un restaurante con una estrella Michelin podría convertirse en una infracción contra la propiedad intelectual.

para subirlos a la red o comienza a chatear con otra persona, mientras tanto el tiempo pasa y alimento se enfría... y uno ve con tristeza el trabajo ajeno siendo menospreciado por personas que más que la *password* necesitan una lección de buenos modales a la mesa.

Poseer un teléfono móvil es como poseer un coche, es decir, es un objeto que debemos utilizar con responsabilidad y respeto por los demás. Sé bien que lo que estoy a punto de escribir muchos lo encontrarán sacrílego y me acusarán de hereje condenándome a la hoguera, pero a menos que sea una cuestión imperativa e impostergable, no prevista o excepcional, el móvil nunca viene utilizado a la mesa, ni apoyado en momento alguno sobre la misma (esta última observación es válida además para el llavero, la billetera o portafolio).

El teléfono no es un objeto higiénico ni un accesorio de moda, por no mencionar además que a la mesa es la cosa más entorpecedora, inútil y perniciosa que existe y, ciertamente, un caballero no lo utilizará nunca para acentuar su status económico. Por lo tanto, deberá conservarse en el bolsillo del pantalón o de la chaqueta. Recuerde siempre que el móvil no es un cubierto ni una extensión de la mano. Si debe forzosamente realizar una llamada utilizará un tono moderado cercano a lo discreto para no invadir el espacio de los demás, aténgase estrictamente al tema de conversación, sea breve y ciertamente no hablará y comerá al mismo tiempo si no desea que lo tilden de zafio. Durante todo el tiempo que dure la cena el teléfono permanecerá en modo de vibración de manera que no moleste al resto de los comensales.

Tengo la memoria llena de tristes recuerdos en los que parejas, familias, amigos o personas que, al menos teóricamente se encuentran unidas por importantes lazos de afinidad, desperdician la inigualable oportunidad que significa estar sentados todos juntos a la misma mesa y disfrutarse recíprocamente, prefiriendo emplear el valioso tiempo para revisar su teléfono, navegar o incluso llamar o escribir a otras personas. Son escenas surrealistas, seres humanos sentados unos frente a otros, comiendo... en silencio... interactuando únicamente con este pequeño más poderoso dispositivo, es como estar vivos solo en el mundo virtual y ser las almas muertas de Gogol en el mundo real. ¿Sabías que, irónicamente, acariciamos nuestro teléfono más que a nuestros hijos, nuestra mascota o a nuestra pareja?

Por favor, con relación al uso del teléfono e Internet en cualquier escenario donde estará sentado a la mesa para degustar un plato en compañía, constrúyase la disciplina de respetar estas simples reglas dictadas por el sentido común, recuerde cómo fue educado por sus padres y abuelos y transmita esas enseñanzas a sus hijos con amor y sabiduría a pesar de lo que crea el resto del mundo.

Soy consciente y partidario del creciente rol de la tecnología en la innovación y gestión de los restaurantes, pero en lo personal, el absurdo humano hace que espere con paciencia que en un futuro no muy lejano se exhiba a la entrada de los restaurantes una imagen que signifique: «*Restaurante libre de Wifi*». De hecho, recuerdo con placer haber pasado por delante de un pequeño restaurante madrileño que en la entrada lucía un curioso cartel que rezaba así: «*No tenemos Wifi. Hablen entre ustedes*». Más cercano, en el corazón de Roma, el lujoso restaurante Casa Coppelle ha iniciado en tiempos recientes a organizar determinadas cenas a tema a las que los clientes acuden sabiendo de antemano que deberán entregar sus teléfonos al camarero y que, en cambio, se les proporcionará una variedad de libros para su escogencia y posterior disfrute como compañero de cena. Si no había escuchado hablar antes sobre maridajes entre libros y platos, pues siempre existe una primera vez.


## UN SORBETE POR FAVOR

Es muy frecuente que en un restaurante y en presencia de un desafiante menú, el cliente pida el clásico sorbete de mandarina, limón o de yozu[89], como se advierte en las tenden-

---

89  Variedad de cítrico que tiene origen en Asia Oriental, muy popular en Corea y Japón. Su gusto decidido e intensa acidez lo han convertido en un ingrediente muy apreciado por los cocineros en todo el mundo.

cias de la moderna restauración. El sorbete es una bebida con mucho cuerpo aromatizada con licor, aguardiente o cava, aunque existen otras muchas y refrescantes variantes. No debemos entonces confundirlo con el postre, aunque sea definido por muchos como un postre helado. Debido precisamente a su aspereza, el sorbete o «*Trou Normand*» no solo nos da la oportunidad de refrescar la boca de los sabores que el precedente plato nos ha dejado, sino además prepara nuestro paladar para apreciar mejor los sabores del segundo plato principal y contribuye a restaurar el apetito. Por lo tanto, su ordenación implica una pausa en nuestra cena, especialmente entre dos platos de sabores divorciados que deben ser degustados con el paladar debidamente predispuesto. Si usted termina un plato y seguidamente ordena un sorbete el camarero jefe del rango puede interpretar su gesto con la intención de ordenar seguidamente otro plato. Una joven tendencia en cuanto al sorbete es definirlo como un pre postre, es decir, servido después del último plato y antes del postre, especialmente en aquellos restaurantes con un menú de degustación y en las grandes casas gastronómicas. Puede beberse directamente de la copa, aunque en países como el Reino Unido, por ejemplo, la etiqueta aconseja el uso de una cuchara de té.

## EL TAZÓN LAVADEDOS (*FINGER BOWL*)

He mencionado en repetidas ocasiones que los cubiertos son sagrados en la mayoría de los casos coexistiendo con plácidas excepciones, de ahí que existen alimentos que se consumen solo con el uso de las manos pues de otra manera pudiera resultar engorroso y hasta torpe, por ejemplo, determinadas frutas, el sushi, la langosta, los cangrejos, las ostras, mejillones, almejas, etc. En estos casos, un toque de garbo y utilidad es disponer a la mesa, sobre un platillo y por cada comensal, un pequeño tazón (*fingerbowl*) con agua tibia y una rodaja de limón, el que será situado a la izquierda del tenedor. Este patricio tazón o escudilla, que popularizaron en el Mediterráneo las princesas de Bizancio que llegaron a las Cortes venecianas, lo utilizaremos para introducir la punta de los dedos (no toda la mano) y liberarnos en el agua de eventuales restos de comida y sus olores, lo que se consigue de manera discreta y eficaz. Seguidamente secaremos los dedos con la ayuda de una servilleta que acompaña al tazón en el platillo correspondiente y que será cambiada cada vez que el cliente use las manos para comer.

No obstante su insuperable elegancia el servicio de *fingerbowl* es trabajoso, requiere de útiles especiales y ocupa gran espacio de la mesa, razones por las cuales en muchos restaurantes el sentido práctico ha estimulado su paulatina sustitución con pequeñas servilletas húmedas aromatizadas al limón.

SABÍA QUE...

 Desde hace muy pocos años en la restauración se ha ido introduciendo el uso de las llamadas Bio Towell o Pill Towell, unas toallitas comprimidas que poseen el tamaño y el aspecto de una pastilla que al entrar en contacto con el agua (generalmente aromatizada con un aceite de limón) se expanden de manera vertical y uniforme convirtiéndose en pocos segundos en una servilleta húmeda biodegradable en un ciento por ciento. El servicio de las Pill Towell se realiza colocando las pastillas en unos pequeños contenedores semejantes a los utilizados en las mesas de la cocina japonesa o china para la salsa de soya y prevé el marcaje de una ampolla de cristal para el agua aromatizada que será vertida ceremoniosamente por el camarero jefe del rango. Una vez utilizadas las servilletas serán colocadas en los contenedores de origen.

## LA INTIMIDAD DEL MONDADIENTES

Érase una vez un tiempo en el cual era permitido y hasta estimulado el uso del mondadientes de manera pública. El conocido popularmente como palillo de dientes gozaba de constante presencia a la mesa, como la sal y la pimienta y se extendió su uso tapándonos la boca con la mano libre frente a la mirada del resto de las demás personas que nos acompañaban. Debo sin embargo afirmar que esta costumbre se extendió con completa inobservancia de las normas de etiqueta toda vez que el mondadientes nunca viene dispuesto sobre la mesa y, lo más importante: nunca viene requerido para su uso a la mesa, aun cuando nos cubrimos la boca mientras lo hacemos, demuestra pésima educación y suele representar una desagradable imagen para los demás comensales. Si estamos en una casa, una vez que nos sea dispensado por el anfitrión, pediremos permiso y nos dirigiremos al baño, solo allí haremos uso del mismo. Si estamos en un restaurante los camareros del rango no lo dispondrán sobre la mesa sino sobre un platillo, lo tomaremos e iremos al baño para poder usarlo con la libertad e intimidad que el gesto requiere.

## FÁRMACOS EN LA CENA

Son innumerables los medicamentos que deben ser tomados en compañía de un alimento según prescripción facultativa. Si ese es su caso, por favor, no disponga al lado del plato o cubiertos las pastillas que debe tomar en lo que llega su pedido, hágalo de forma discreta un instante antes de comer o beber y sin hacer partícipes al resto de los comensales del botiquín que siempre le acompaña. Ante la ausencia de una relación que justifique tal comportamiento, si nota que la persona a la mesa realiza este gesto, por favor, no se dejará tentar por la compasión o la curiosidad al punto de cometer la indiscreción de preguntarle qué medicinas toma y mucho menos cuál es su padecimiento. Esta información es estrictamente personal y jamás será de nuestra incumbencia.

## EL EXCEDENTE TAMBIÉN ES MÍO

Contrario a lo que pudiese pensarse, no va en desacuerdo con los buenos modales en un restaurante pedir cortésmente que el excedente de alimentos sea dispuesto en una confección para llevarlo a casa, lo que significa, de otra parte, que el restaurante deberá poseer los medios materiales necesarios para satisfacer esta no poco usual petición, a fin de cuentas, el excedente también es suyo visto que deberá abonar la totalidad de su plato. Tampoco es mal visto la *doggy bag*, sin embargo, su uso debe ser condicionado por el sentido común pues si, por ejemplo, se encuentra usted cenando en un restaurante que defiende un determinado estándar o si después de la cena debe ir al teatro, o al cine o a bailar, el ir de un lado al otro con una bolsa con restos de comida pudiera resultar un tanto incómodo, sin mencionar que es poco educado poseer alimentos de aromas intensos en lugares cerrados. Resulta obvio entonces que es estrictamente prohibida en los almuerzos o cenas de trabajo, en las cenas con modalidad bufet y, con certeza, no la pedirá en las grandes casas gastronómicas.

## EL PLACER DE COMER CON LOS DEDOS

Como señalé en otras líneas existe una infinidad de alimentos que pueden comerse con las manos sin necesidad de utilizar los cubiertos, por ejemplo el sushi, los tacos, las pequeñas frutas que no necesitan ser despojadas de su cáscara, los *calçots*, los frutos secos, las tapas, los pinchos, los canapés, las galletas, el pan, etc., y en general, si vamos a un restaurante, utilizaremos nuestras manos para degustar cualquier alimento elaborado como *finger food*, tal y como observamos en las revolucionarias tendencias de la restauración.

Como consecuencia de la expansión y aceptación del menú degustación bajo la modalidad *finger food*, el lector encontrará cierto interés en que la acción de comer con los dedos que venía íntimamente relacionada con la costumbre de realizar aperitivos de media tarde, hoy ha sido extendida con éxito a degustaciones que van desde los aperitivos hasta el postre.

Con relación a comer el pan, las galletas y palitroques con la ayuda de las manos, esto no significa en modo alguno que estamos autorizados tomarlos y a darles un mordisco llevándolos directamente a la boca, por el contrario utilizaremos las manos para partir o arrancar solo aquella parte que deseamos comer, lo que me recuerda una de las más interesantes escenas de la película *Titanic*, en la que DiCaprio asiste a una cena formal con la complicidad de Katy Bates cuando el personaje Jack muestra su irreverente comportamiento a cena dando un rebelde mordisco a su pan mientras nos explica su liberadora filosofía de vida.

Las alas y los muslos de pollo también pueden comerse con la ayuda de las manos, pero solo si son fritos y observando en todo caso cierta moderación y no al estilo Obelix. Recuerde que cocinar las aves a baja temperatura y por un largo tiempo suaviza las fibras de la carne, gelificando tendones y cartílagos, lo que a su vez favorece la separación del hueso y esto facilita el oportuno uso de los cubiertos.

En sentido general puede comerse con las manos casi todo lo que se conoce como *fast food*, aunque en los restaurantes una hamburguesa debería comerse siempre con cuchillo y tenedor, pero si deseamos prescindir de su uso, debemos al menos utilizar la servilleta (si es de papel) envolviendo el pan en esta, dejando libre solo el espacio por donde vamos a degustar el alimento.

Cuando son previstas como aperitivos las aceitunas enteras se toman entre el índice y el pulgar y se come la masa alrededor de la semilla, colocando esta luego dentro de la mano cerrada en forma de puño, depositándola seguidamente en el platillo destinado a este efecto. Cuando las aceitunas forman parte de la guarnición de un plato principal, de lo que se deduce que no contienen semilla, pues se degustan con cuchillo y tenedor trincheros.

La pizza y el calzone quedan fuera de toda duda: se pueden comer con las manos siempre que en el gesto no dejemos los dedos cubiertos de salsa o queso, pero antes de tomar una decisión primero observe el comportamiento de los que con usted comparten la mesa. Recuerde, sin embargo, que independientemente de que decidamos respetarla o no, en un restaurante la regla a seguir es comer la pizza[90] y el calzone con el uso de los cubiertos. Queda al margen de toda de discusión que los dedos no se chupan, N-U-N-C-A, aun cuando muestren restos de esa salsa que sabe a gloria; si está acostumbrado a hacerlo en casa téngalo por seguro que en algún momento también lo hará espontánea e inconscientemente a la mesa ajena o en un restaurante para sorpresa y disgusto de quienes la comparten.

Y por último, no olvide que en cualquier caso, y ante la duda, recuerde la regla que nos dice que cualquier cosa que deba regresar desde la boca será retirada del mismo modo en que fue introducida, ya con las manos, ya con los cubiertos.

---

90 Cuando se habla de pizza estamos en presencia de un argumento por el que vale la pena empuñar las armas. Plato presente en casi todas las mesas del mundo la pizza es uno de esos alimentos patrimonio gastronómico de la humanidad que requiere comerla según la tradición y la tradición ordena que la pizza siempre venga acompañada de otros platos. A Nápoles, por ejemplo, cuando alguien te invita a comer una pizza (visto que la pizza es considerada un plato único), usualmente te vendrá propuesta la degustación de algún aperitivo, que generalmente suelen ser platos fritos como croquetas de patata, frituras de verduras, queso frito, supplí y arancini, etc., y como bebida generalmente te aconsejarán la cerveza artesanal. De la pizza se come todo, especialmente el borde, en tanto es la parte de la pizza a la que más atención dedican el "pizzaiolo" y el comensal precisamente por ser uno de los más importantes indicadores de su calidad y terminación, junto con el color de la parte inferior de la masa. Los expertos no transigen cuando aseguran que la pizza debe ser de grande dimensión y elaborada con ingredientes no industriales, debe poseer el borde crujiente, nunca gomoso, ligeramente alto y con el justo grado de oleosidad. Luego tenga en consideración que después de la pizza le vendrán propuestos los dulces, generalmente tradicionales, en tanto la pizza y sus acompañantes pertenecen a la veterana cocina popular, simple, gustosa...eterna. En otras palabras, en Italia una invitación a comer pizza significa pizza y mucho más.

# EL BUFET: ENCUENTRO ENTRE HOMBRES Y BESTIAS

Disfrutar de un servicio bufet[91] ya sea en horario de desayuno —fundamentalmente en hoteles que así lo disponen—, ora en almuerzo o en la cena, siempre nos depara largas y constantes satisfacciones en virtud de que en un mismo espacio gastronómico, y por un único precio, encontramos variedad de panes, fiambres, embutidos, quesos, mantequillas, mermeladas, cremas, carnes, platos fríos, huevos, arroces, pastas, salsas, ensaladas, frutas, dulces, cereales, variadas bebidas, etc. Sin embargo, esta abundancia debe ser también disfrutada con moderación y estándares compartidos socialmente.

Por ejemplo, es incorrecto utilizar nuestro plato como monta carga en el que rivalizan montañas de alimentos. ¿Ha escuchado alguna vez la expresión comer con los ojos? Significa que usted debe servir su pitanza de manera discreta y variada, y una vez terminado el alimento, si aún le apetece algo más, entonces dejará el plato vacío sobre la mesa para que sea retirado por el camarero del rango, regresará al bufet, tomará un plato limpio y volverá a servirse según su placer. Nunca se sirva una cantidad de alimentos que no va a ingerir y que luego deben ser tirados a la basura, hoy es uno de los gestos más condenados por el mundo civilizado[92] y denota una triste ignorancia e insensibilidad.

---

91 Esta forma de presentación de los alimentos tiene su origen en un mueble del mismo nombre identificado por vez primera en la Corte de Borgoña del siglo XV, diseñado para la exhibición y custodia de la vajilla de mesa y otros elementos semejantes, elaborados en metales preciosos y que representaban la dignidad y el poder económico de su propietario. Con el tiempo la exposición de los alimentos antes de ser consumidos también reflejaba la intención de reconocimiento de clase y ostentación. Lo cierto es que el buffet concede un placer estético difícilmente superado y recrea la antesala perfecta para una cena de este tipo.

92 En una ocasión tuve la oportunidad de trabajar en un servicio buffet organizado para clientes extranjeros entre los que había una señora de anciana edad que, al acercarme a su mesa y luego de mostrarme que en su plato habían quedado restos de comida, me miró a los ojos y me dijo en el más dulce inglés que lo sentía mucho pero que quizás se sirvió más de lo que necesitaba comer. En su mirada y en sus palabras de marcado desagrado con el hecho en sí mismo comprendí que aquella señora tenía la sólida convicción de que todo alimento debe ser aprovechado y que tirarlo a la basura es algo muy lamentable que debe ser evitado a toda costa. Nunca llegaré a saber si la

Aliméntese con calma, sea el comensal que disfruta con cultura el placer de la abundancia. No mezcle de forma promiscua en un mismo plato alimentos que deben comerse en un orden predispuesto o de composición y gusto de difícil armonía. Sea gentil y condescendiente con los niños, las damas, las personas de distinta nacionalidad a la suya, los ancianos y las personas que sufran de una especial condición. Haga respetuosamente la fila de comensales que se crea para la obtención de un alimento que se elabora o se sirve al momento, por ejemplo, los huevos fritos, el omelette, la tortilla o el trinchado de la carne. Recuerde además que este particular servicio viene pensado para su disfrute dentro del restaurante, por lo tanto, nunca se presente al bufet armado de un bolso donde indiscriminadamente irán a parar todos aquellos alimentos que luego servirán para preparar un piscolabis en la habitación —si es cliente del hotel— o continuar comiendo cuando regrese a casa; nadie le dirá nada, pero todos le miraran con desaprobación. Si en el bufet se encuentran expuestos productos o elaboraciones que desconoce, por favor, realice las preguntas que estime necesarias al personal de sala de manera que el alimento luego no deba ser arrojado porque a usted no le gusta o no puede comerlo. No acapare en su mesa los condimentos y salsas de uso general y, a pesar de los pingües platos, intente comer sin dejar sobre la mesa lo que pudieran parecer los restos de la batalla de Termópilas.

Haga un esfuerzo por no olvidar que el bufet, por definición, implica la constante e inmediata reposición de los géneros que se van agotando, por lo tanto, no se comporte como si el alimento que tiene delante fuese el último bocado que probará en la vida, pero llegado el caso en el que se acabaron los reemplazos por la gran demanda de los comensales presentes —cosa que ciertamente pudiera ocurrir pues el servicio buffet no es infinito—, por favor, no haga la ridícula escena de quien muere si no ha degustado el manjar terminado y mucho menos descargue su frustración en las personas que lo acompañan y ni en las que están trabajando para usted.

anciana señora conoció el hambre o simplemente fue bien educada moralmente, solo sé que esta lección de vida me acompañará por siempre.

Una controversial cuestión sobre el bufet lo es siempre su horario, especialmente cuando se trata del desayuno en la hostelería. Generalmente el desayuno en estructuras hoteleras inicia entre las 7/8 horas de la mañana y se extiende hasta las 10.30/11. Si usted es el cliente que tiende a levantarse bien adentrada la mañana o simplemente ha dormido más de lo normal porque se fue tarde a la cama la noche precedente, debe considerar que si decide ir al restaurante 5 minutos antes de la culminación del servicio de desayuno deberá guiar su comportamiento de la siguiente manera:

a. No pretenderá que el buffet posea las mismas condiciones de abastecimiento que presentaba en su apertura;

b. No pretenderá que el bufet no sea retirado después de un tiempo prudencial a partir de que ha comenzado a desayunar;

c. No permanecerá en el restaurante más allá de lo aconsejado por el sentido común, visto que no posee a su disposición el mismo tiempo que los clientes que llegaron en un horario más razonable. La razón obedece a que después que usted termine de desayunar el restaurante debe ser limpiado, reorganizado y los camareros deben realizar sin tregua y contra reloj la *mise en place* para el servicio de almuerzo. Esto también es parte de su educación y civilidad.

## UN PUESTO PARA *RIN TIN TIN*

Una mascota puede llegar a ser amada como a un familiar, como a un gran amigo y nadie discute la especial relación que une al hombre y a su mascota, pero a pesar de compartir el mismo amor por los animales debo admitir que existen ciertos límites que no deben ser transgredidos. Llevar a nuestro perro a un restaurante que no tenga espacios abiertos puede ser entendido como una infracción de las normas de higiene, o cuando menos pudiera causar molestias a los demás clientes que se encuentran en el lugar. En cualquiera de los casos, si las mascotas son permitidas debe asegurarse que esta haya recibido el apropiado entrenamiento.

Es cierto que en la actualidad muchos restaurantes no pueden permitirse no atender a los clientes que se presentan con una mascota, toca entonces a estos no abusar de esta concesión y ello significa: no molestar al personal de sala con exigencias bizarras para la mascota, no comportarse de manera extravagante personificándola, pagar la cuenta cortésmente y abandonar el restaurante si llegase a molestar en cualquier manera al resto de los clientes. Si ha sido invitado a cena en casa ajena recuerde llevar consigo todo aquello útil a la satisfacción de las necesidades de su mascota y, por último, no olvide que cualquier daño o perjuicio causado por esta es de su entera responsabilidad, a lo que responderá con una educada indemnización.

SABÍA QUE...

 En países como Japón, Alemania, Estados Unidos de Norteamérica y España (especialmente en Catalunya; Mallorca, Madrid y Valencia) hay restaurantes con creciente popularidad (dog friendly o bark friendly) que proponen un menú canino con un precio aproximado entre 2 y cinco euros, propiciando que su mascota pueda disfrutar de una variada selección de gustos y hasta de una alfombra para descansar. En Japón, país de costumbres extremas, hay una isla artificial (Odaiba, Tokio) en la que se alquilan perros, de manera que si usted debe comer en ausencia de otras personas al menos tenga en su cena una amigable compañía canina.

## EL ARTE DE LA CONVERSACIÓN

En una ocasión la destacada y fecunda intelectual cubana de origen parisino Graziella Pogolotti escribió que «*la música y el arte de la conversación son también necesarios, en la medida en que la vida social empieza a adquirir mayor peso».* Es necio pensar que es posible construir una vida social estable y próspera si no practicamos con gracia el arte de la conversación, particularmente en los momentos lúdicos.

¡¡Qué aburrida sería entonces una cena sin mencionar palabra coherente alguna!! Cada uno acompañado por la soledad de sus pensamientos, aunque tenga tanto por decir. Cuando desde la temprana infancia nuestros padres nos enseñaron que «con la boca llena no se habla», en realidad nos estaban dando una lección que debía ser respetada literalmente, pues aunque no debemos hablar con alimentos en la boca, es absolutamente necesario conversar cuando estamos a la mesa en compañía de otras personas. Esta conversación, sin embargo, debe ser modulada también por ciertas reglas sociales que nos garantizan el respeto, la atención y el agradecimiento de los demás.

Toda conversación debe iniciar con el tono y la postura adecuados, no sirve gritar o alzar la voz en modo alguno, la voz deberá ser educada para no molestar a nuestro interlocutor. No hable con los brazos cruzados o las manos entrelazadas y si está habituado a gesticular mientras habla es mejor que lo haga mostrando siempre la palma de las manos pues brinda una sensación de relajación tanto en usted como en los demás. Es mal visto, asimismo, conversar ininterrumpidamente susurrando al oído de quien escucha en íntima complicidad pues es de pésima educación no hacer partícipes de lo que se habla a las demás personas que os acompañan. Si la conversación no puede ser pública por su naturaleza deberá abstenerse de sostenerla mientras se encuentre a la mesa. Luego, se deberá respetar el espacio que corresponde a cada uno no acercándonos demasiado para hablar y especialmente cuidaremos el gesto de no tocar a nuestro interlocutor. Recuerde además que la logorrea o mostrarse circunspecto limitarán sensiblemente la posibilidad de «comunicar» con las personas que le acompañan y ciertamente colocaran a anfitriones e invitados en una situación poco placentera, dato que no pasará inobservado en la memoria ante la posibilidad de futuras invitaciones a momentos de convivialidad.

Si tenemos hijos, por favor, evitaremos caer en la tentación de hacer de ellos un mono tema de conversación, basta con intercambiar algunas preguntas sobre su bienestar general, respuestas cortas pero amables serán más que suficientes. Y en particular evadiremos los discursos que serán de difícil comprensión para quienes aún no poseen el título de mamá y papá. Si tenemos hijos a la mesa y han realizado algo indebido debemos controlar el impulso de la reprimenda pública pues en honor a la verdad estos deben ser educados con rigor, amor y constancia mucho antes de la primera cena en compañía de personas ajenas al núcleo familiar.

Rezaba una popular regla de cortesía del Medievo: «*Non dicas verbum cuiquam quod ei sit acerbum*» (No digas nada que pueda incitar a la discusión o que pueda irritar a los demás). Luego, de adulto he escuchado una repetida frase cuyo concepto completa la antigua regla antes mencionada: *a la mesa se conversa, nunca se discute*. Es cierto que la mesa ha sido el histórico escenario de los grandes anuncios, pero esta regla tan vetusta y elemental permite excluir al deporte, la religión, el sexo, la salud propia o ajena, la política y discursos de particular sensibilidad de los posibles temas que pudieran surgir. Como es fácil advertir todos son tópicos que encarnan una gran pasión y las pasiones son como los vientos de Eolo, difíciles de controlar, por ello cuando en alguno de los presentes ya es notoria la yugular lo más sabio es cambiar argumento, detalle al que los anfitriones deben estar siempre atentos pues es su responsabilidad ejercer como sabios moduladores de las conversaciones de mesa.

Una de las más importantes reglas de cortesía a la mesa es involucrar a todos los invitados en los distintos temas de conversación que tendrán lugar a la mesa. Resulta inteligente echar mano a los temas neutros que generalmente suelen interesar a todo el mundo y sobre los que es relativamente fácil formarse y expresar una opinión. No obstante, insisto en que si el tema de conversación favorece en especial a uno de los interlocutores por su dominio del mismo este deberá hacer gala de buena educación y no hará sentir disminuidos a los demás, por el contrario, utilizará sus conocimientos para hacer gala de buen humor o de aportación de datos curiosos que a todos puedan interesar. En Túnez, por ejemplo, contrariamente es bien visto que durante la conversación usted dé a conocer algún título, mérito o reconocimiento que posea en el ámbito profesional o personal ya que causa siempre una buena impresión y aumenta su prestigio.

SABÍA QUE...

 La historia de la etiqueta gastronómica practicada por la aristocracia europea en el pasado siglo XX nos muestra una curiosa costumbre que se ejecutaba en las conversaciones de mesa cuando se organizaba una cena con invitados y familiares y cuyo propósito era hacer partícipe a todos los comensales de los temas que pudieran ser tratados, evitando cualquier sensación de exclusión. La etiqueta «del giro» entonces consistía en que las damas a la mesa observaban constantemente a la anfitriona para saber hacia qué lado se giraba, de modo que todas se volteaban en igual sentido durante las dos primeras ocasiones y tal práctica se extendía hasta el momento del postre. De esta manera se garantizaba que todas las personas pudieran intervenir en la conversación involucrándose así los unos a los otros.

Recuerde además que si tiene invitados extranjeros los temas de conversación pudieran ser aún más moderados pues, por ejemplo, existen culturas en las que puede resultar ofensivo criticar a la realeza (si son monarquías) o abordar el reconocimiento de los derechos humanos y el rol social de las mujeres (en países pobres, de origen islámico o de religiones extremistas); en fin, debemos conocer sus costumbres, su filosofía de la vida, respetar sus ideales políticos y cuidadosamente escoger los temas de conversación. La diplomacia no es un privilegio solo de cónsules y embajadores, todo buen anfitrión debe ser también un buen diplomático.

Evitemos las habladurías y los comentarios indiscretos y mucho menos intentemos corregirlos una vez que se han escapado de nuestra boca. Por ejemplo, no digamos a la

Dra. Corona que su hijo se le asemeja muchísimo cuando en realidad la persona aludida es su nuevo amante. Ante la evidente indiscreción pues decir algo como: «¡A*hh!, pensé que era tu… es que se parece tanto a tu marido…digo exmarido*», solo hará empeorar las cosas. Es muy fácil caer en la trampa de la imprudencia. Si no tiene nada que decir o compartir, mejor quédese en silencio, de los males es siempre preferible aquel menor.

## LOS NIÑOS Y LA MESA PEDAGÓGICA

Ciertamente lo ideal es poder preparar una mesa solo para los niños, de manera que puedan disfrutar de su mundo con comodidad y plenitud pues los niños poseen su propio lenguaje. Por otro lado, permitirles que se sienten a la mesa en compañía de los adultos es una irrepetible manera de educarlos, de habituarlos a las costumbres exigidas, es una especie de diaria lección de vida, una razón adicional para ser muy cuidadosos con nuestros gestos y las buenas maneras que pondremos en práctica en todo momento. Ahora bien, si entendemos adecuada la presencia de niños a la mesa debemos tener en consideración que estos no deben permanecer en obligado silencio a menos que los adultos se encuentren sosteniendo una conversación, lo que significa que pueden conversar entre sí y, llegada la oportunidad, pueden y deben intercambiar con los adultos.

## SABÍA QUE...

 En julio de 2017 se hizo viral en las redes la noticia de una particular política comercial de un Bar/Bistrot de New York llamado Peddlers, local que desde hace siete años impone a los padres que lo visitan en compañía de sus hijos menores la limitación de disfrutar de una sola bebida alcohólica. El «One drink policy» ha abierto un popular espacio de discusión sobre el educar con responsabilidad a los padres con niños a la mesa y su relación con el consumo de alcohol.

A los niños no se les debería permitir traer a la mesa libros, juguetes, teléfonos o *tables*, ni ningún otro objeto electrónico relacionado con el entretenimiento digital. Tampoco se les permitirá abandonar la mesa para ir a comer delante del televisor, que deberá permanecer apagado mientras dure la cena. Dicho esto, me declaro un visceral defensor de la idea que el inadecuado comportamiento de los niños a la mesa es completa responsabilidad de los padres, quienes no pueden aprovechar el escenario ajeno que ofrece una cena fuera de casa para enseñar lo que en el hogar debe ser aprendido y practicado con perseverancia día tras día. Es inútil que los miremos con aire de desaprobación cuando hacen un *picasso* con la salsa, meten los codos sobre la mesa, mastican con la boca abierta, hacen ruidos molestos, gritan, tocan todo, juegan con la comida, derraman el agua o se conducen con general torpeza si todo esto no lo hemos corregido eficazmente en la intimidad de casa.

Si hemos sido invitados a degustar un menú que no nos fue informado con anterioridad no debemos, sin embargo, mortificar a nuestros anfitriones con los gustos particulares de nuestros hijos, pues no son escasos los padres que ante una determinada cena declaran que sus hijos no comen carne, ni huevos y el pescado solo si es frito y libre de espinas, por citar un elocuente ejemplo, lo que obliga a la anfitriona a una tempestiva e improvisada preparación de un diferente plato para el niño de marras. Lo curioso de este tema es que muchas veces la limitación de nuestros hijos tiene un origen doméstico gracias a un comportamiento irresponsable de los padres, los que no solo no enseñan a los hijos a comer de todo sin prejuicios y a ser curiosos con el alimento nuevo, sino además les transmiten sus propias limitaciones y fobias alimenticias.

Por otra parte, por ejemplo, si es usted vegano o vegetariano por decisión propia y debido a ciertas y legítimas convicciones, es su derecho educar a sus hijos según las mismas, pero si usted y su familia son invitados a comer, por favor, hágalo saber previamente aun cuando incorrectamente no se le haya preguntado o no se le haya dado a conocer el menú y, lo más importante, sea tolerante y respetuoso con quienes, como usted, han ejercido su derecho a elegir un régimen alimentario diverso al suyo. Esta es una manifestación de buenos modales para todas las partes involucradas.

Si sus hijos son muy pequeños, por ejemplo, bebés que deben ser trasladados en coches, evite entrar en restaurantes congestionados, especialmente en aquellos que no poseen espacios abiertos, teniendo además en consideración que no todos gozan de las condiciones necesarias para la custodia del coche, ni para sentar a un infante a la mesa o para realizar un cambio de pañales. Pero aun si así lo ha decidido, por favor, deberá hacer todo lo posible para no causar molestias a los demás comensales ni al servicio en general.

En más de una ocasión he sido testigo presencial de accidentes provocados por niños que corrían anárquicamente por el restaurante mientras los camareros iban y venían cargados de platos y/o copas[93]. Por ello, evitaremos que los niños se desplacen inmoderadamente por el restaurante o por la casa a la que hemos sido invitados, a lo que adicionalmente se puede agregar que los padres deberán prestar atención a que no toquen los objetos de valor ni innecesariamente ensucien manteles, vasos, puertas o divisiones de cristal y mucho menos que hagan del alimento un objeto de juego. Como en otras ocasiones de comportamiento inadecuado, el anfitrión o el personal del restaurante jamás le dirá palabra alguna, pero puede esperar con certeza serias miradas de reproche. Por otro lado, la adecuada gestión de situaciones semejantes requerirá siempre el desarrollo de ciertas competencias y trucos por el personal de sala que deben ser adquiridos de la experiencia y en las escuelas de hostelería.

---

93  Estas ideas me seducen. a invocar las palabras de la periodista australiana Lucinda Holdforth, quien de manera descarnada y sumamente realista echa mano a un triste ejemplo de vida cotidiana que nos habla de los padres «que permiten al hijo de cuatro años de correr por todo el restaurante después de las 9 de la noche, destruyendo la velada de todas las demás personas que están allí para cenar, y sobre todo de aquella pareja cansada que ha hecho un esfuerzo económico para pagar una baby-sitter y así pasar una preciosa noche sin los hijos, y que ya se ha alterado tanto que no hará el amor una vez que regrese a casa, lo que meterá posteriormente a la prueba a un matrimonio ya tenso.» (Holdforth, Lucinda. *Le buone vecchie maniere. La nostalgia per un comportamento civile in un mondo cafone*. Editorial Orme. Italia, 2007, p. 69)

Decía Pitágoras que «*educando a los niños se evitaba castigar a los hombres*», así que no olvide que nunca se es demasiado joven para aprender buenos modales, es decir, para poner en práctica lo que los ingleses llaman *upbringing*, esto es, la manera en que un individuo es tratado y educado desde edades muy tempranas, especialmente por sus padres y particularmente en relación con el efecto que esto produce en su comportamiento y en la elección de decisiones moralmente correctas, intentando así evitar que de adultos aprendan las lecciones de una forma mucho menos condescendiente[94].

## *MEA CULPA*
## LOS ACCIDENTES A LA MESA

Que los accidentes sucedan durante un evento gastronómico es algo tan corriente como las multas de tránsito o aguantar el aire mientras encogemos la barriga para las fotos de playa que nos hacemos en verano. Pero no debemos alarmarnos pues los buenos modales nos enseñan también a comportarnos en estos previsibles e inevitables casos:

Si por ejemplo se nos cae un cubierto al suelo usted no deberá recogerlo, simplemente comuníquelo al camarero jefe del rango (aunque es muy probable que este lo note antes), quien le traerá uno limpio y después, con la ayuda de una servilleta, recogerá el cubierto caído y lo llevará al *office*, de modo que no le quedará duda alguna que realmente le ha cambiado el cubierto; el mismo comportamiento deberá ocurrir si al suelo cae la servilleta en tanto el camarero le traerá una limpia y se la colocará sobre los muslos auxiliándose de la clips, luego se dispondrá a retirar la que se encuentra en el suelo. Si accidentalmente otro comensal ha bebido de su copa pida cortés y discretamente al camarero

---

94  Aun cuando la persona posea corta edad hacer correctamente las cosas siempre le trae de vuelta un premio de vida. Los autores expertos en etiqueta Bridges y Curtis afirman que si usted tiene buenas maneras desde muy joven los padres de sus amigos se sentirán más a gusto y tranquilos si saben que sus hijos gozan de su compañía. Y cuando eres una persona adulta pues los buenos modales te auxilian a obtener un buen trabajo, mejores condiciones de vida y el respeto y la dignidad de tus semejantes.

de cambiarla. Si ha tumbado su copa vertiendo su contenido sobre el mantel, por favor, no se alarme, sucede con mucha frecuencia y un camarero debidamente entrenado con palabras le aportará calma, dignidad y alivio a la situación cambiando además copas y lencería o, de ser posible, lo acomodará en otra mesa lista para el servicio. Por último, si en un descuido ha dejado caer al suelo algún elemento de la vajilla o de la cristalería con su consecuente destrucción, es evidente que será un momento embarazoso que llamará la atención del personal del servicio y demás clientes, pero tampoco es la llegada del Armagedón; pida sinceras disculpas, deje una adecuada propina-indemnización y en cuanto tenga la posibilidad, si además el servicio y la comida fueron de su agrado, haga una satisfactoria recensión sobre el restaurante en alguna página de crítica gastronómica como *TripAdvisor, Yelp* o *El tenedor,* por solo citar conocidos ejemplos de portales tecnológicos.

## NO TOMAR DECISIONES IMPORTANTES CON EL ESTOMAGO VACÍO LA ETIQUETA EN LAS CENAS DE NEGOCIOS

Una jornada laboral puede prever, no de manera infrecuente, una prolongación de las conversaciones sobre un negocio determinado o simplemente de una reunión de trabajo al punto de comprometer el horario de almuerzo o de cena. El responsable de protocolo de la empresa, el empresario o su representante para estos menesteres deberá entonces organizar anticipadamente los detalles de lo que se conoce genéricamente como *comida de negocios,* fase importante de continuidad menos formal de las conversaciones de trabajo iniciadas en la oficina. Esto es, un momento de degustación gastronómica que tendrá lugar en un restaurante y en el que el tema de conversación general —visto que es adecuado entablar eventualmente otros temas de diversa naturaleza— será la agenda de trabajo planificada, o la presentación de un proyecto, o la negociación y/o aprobación de un determinado acuerdo económico en sus múltiples manifestaciones legales, etc., dependiendo de los intereses de las partes involucradas.

Participar de una cena de negocios implica intrínsecamente la observancia de las reglas de ética, etiqueta y protocolo establecidas por los usos y costumbres como fuente de conocimiento. Ello significa que a pesar de que la cena es de negocios, es esencialmente un momento de pausa para alimentarnos y restablecer un cierto equilibrio en la búsqueda de la mejor disponibilidad para alcanzar un determinado éxito. Por lo tanto, en una cena de este tipo fundamentalmente «*se come*» y la mesa debe ser respetada como en cualquier otra ocasión, por lo tanto, evitaremos de cubrirla con teléfonos, portafolios, ordenadores, dossiers, *files*, planos, etc., que no solo deslucen la *mise en place* preparada para la satisfacción y comodidad de los comensales, sino que crean además un permanente estorbo para el adecuado desempeño del servicio por parte del personal de sala.

El anfitrión —entiéndase el empresario que tiene la responsabilidad de la hospitalidad hacia la parte visitante— deberá solicitar al restaurante una mesa separada del resto o el uso de una sala privada, de poseer alguna la casa, de manera que con la requerida discreción puedan ser tratados los temas en cuestión, así como proteger la privacidad de las personas reunidas. Piense que en una cena de negocios se puede hablar desde la simple presentación de una nueva campaña publicitaria hasta de los términos de gobierno para la aceptación y apertura de una sede diplomática.

Asimismo, el maître deberá ser debidamente informado sobre la jerarquía y nacionalidad de los comensales pues estas variables condicionan sensiblemente el protocolo gastronómico a seguir, definiendo la ubicación de los comensales a la mesa, la elaboración del menú, el orden de prelación para la presentación y retiro de los platos, el servicio de vino, la decoración a escoger, la identificación de la persona de referencia para la comunicación de eventuales particularidades (condicionado por la presencia de intérpretes[95]), la toma

---

95  La presencia del intérprete exige la práctica del protocolo correspondiente en tanto esta figura debe ser tratada con el debido respeto y consideración.

de la comanda (si fuese un menú a la carta y no uno fijo previamente acordado), la presentación de la cuenta, etc.

Una cena de negocios significa, ante todo, que los comensales a la mesa dominan con maestría los buenos modales en la gastronomía, es decir, saben presentarse según las normas y usos sociales, aplican con elegancia las reglas del *dress code*, poseen una apropiada cultura culinaria (platos clásicos, origen, modos de elaboración, tendencias, ingredientes y presentación, bebidas, etc.), son capaces de identificar copas, cubiertos y demás elementos de la *mise en place* así como demuestran habilidades en su correcto uso, adoptan siempre una postura adecuada, cultivan con inteligencia el arte de la conversación y cuidan en extremo el lenguaje no verbal.

Con relación a la ingestión de bebidas alcohólicas estimo que la naturaleza de la ocasión debe condicionar nuestro actuar. Como regla general en este tipo de encuentros gastronómicos las bebidas alcohólicas suelen ser excluidas, aunque estimo que cada ocasión debe ser valorada en sus particularidades. Según las reglas de protocolo, para la elección del vino el anfitrión concederá el honor al invitado principal (por ejemplo, al responsable de la delegación extranjera), ante una cortés negativa la responsabilidad regresará al anfitrión o decaerá en el responsable de la organización del encuentro. La proposición de un brindis a iniciativa del anfitrión se debe realizar con extrema moderación para evitar cualquier mal entendido, especialmente si después de comer se retomarán las conversaciones en la oficina. Por el contrario, si la cena de negocios se efectúa como parte conclusiva del encuentro las bebidas pueden estar presentes de manera estable (sin excesos) y toca a cada uno de los comensales exhibir su cultura en la ingestión del alcohol con placentera evidencia.

---

Si bien es cierto que no podrá comer al mismo tiempo que el resto de los participantes del encuentro, el maître y el responsable del protocolo deberán precisar cualquier momento anterior en el que podrá hacerlo para lo cual se dispondrán las condiciones de dignidad que correspondan. Al intérprete no se le deberán ofrecer bebidas con contenido alcohólico a excepción de que el jefe de la delegación disponga lo contrario.

Como nota final debemos recordar que la parte invitada debe observar con cuidado tres aspectos importantes de la cena. La comida étnica o tradicional, si fuese el caso, se ofrece como parte de un patrimonio culinario, por lo tanto, al aconsejarla el anfitrión está rindiendo honor a sus invitados y estos deben actuar en correspondencia. Luego, la calidad de invitado implica férreamente compostura en lo que pide de comer (p. ej. evitar ordenar el plato más caro del menú) y tal comportamiento debe ser entendido como un gesto de cortesía y buena educación. Y en tercer lugar, ser invitado significa que el anfitrión asume la responsabilidad del pago de la cena, no debemos entonces ofenderlo con gestos de ofrecer pagar ni insistir ante una educada negativa.

## ¿PAGAS TÚ O PAGO YO?

Estoy seguro de que en estos momentos está recordando las épicas escenas al final de las comidas en las que los comensales se baten, a veces con excesivo entusiasmo, para determinar quién pagará la cuenta. Para mi fortuna y desde que aprendí la lección me guío siempre por la misma regla: *quien invita paga.* Por este motivo, por favor, evitemos el teatro y menos aún involucremos al camarero o al maître en semejante situación prohibiéndoles aceptar la tarjeta de crédito o el dinero del otro comensal. Si en verdad su intención es pagar la cuenta póngase previamente de acuerdo con el maître o el camarero jefe del rango, y en cuanto tenga una oportunidad finja una excusa y páguela discretamente. Fin de la historia.

## LA PROPINA: PREMIO Y NO OBLIGACIÓN
## UNA VERDAD A MEDIAS

Este es uno de los temas sobre los que siempre existen demócratas y republicanos y que se encuentra visceralmente condicionado por la idiosincrasia de los comensales. La propina refleja el gesto de agradecimiento del cliente por el particular servicio que ha recibido en un restaurante, premia la simpatía, la educación y la profesionalidad de quien bien lo ha atendido; dicho esto, nos resta afirmar que es una gentileza del cliente. El argumento «*propina*» es tratado de diversas maneras atendiendo a los usos y la filosofía cultural del país donde nos encontremos, así entonces puede venir considerada en las facturas, puede ser inexistente o prohibida, su no práctica puede significar una descortesía o, por contrario, su manifestación por el cliente puede constituir una ofensa al camarero. En lo personal, siempre he sido un *pro-propina*, conozco en propia carne la satisfacción que significa recibir semejante estímulo ante un óptimo desempeño del propio trabajo y me resulta al mismo tiempo familiar la desazón del menosprecio por el esfuerzo realizado cuando un cliente se desentiende, a veces injustificadamente, de recompensar a quien le ha servido con probada diligencia y profesionalidad. Estimo que, si usted ha disfrutado de una experiencia gastronómica particularmente placentera, debido en gran parte a la obra del personal de sala, deberá entonces honrar el criterio de la etiqueta que recomienda proporcionar una propina que puede oscilar entre un 5% y un 20% del total de la cuenta, atendiendo a los usos del país donde se encuentre.

Ahora bien, una de las cosas que siempre nos conduce a confusión, especialmente cuando somos muy jóvenes e inexpertos, o cuando no estamos acostumbrados a cenar en restaurantes o no estamos familiarizados con las correspondientes costumbres de otro país, son las situaciones en las cuales los usos, la tradición y el sentido común nos aconsejan premiar al camarero por el servicio realizado. Muchas personas entienden injustificado «dejar la propina» por entender que todo lo que hace el camarero es propio de sus deberes y que nadie debería ser recompensado por hacer bien un trabajo por el que regularmente recibe un salario. Sin embargo, esta también es una verdad a medias. Existen situaciones en las que el camarero en su obrar ha entregado un plus, por llamarlo de alguna manera, y que poco o nada tiene que ver con el normal desempeño de sus deberes laborales. A modo de orientación expondré algunos presupuestos que le puede servir de guía y en los cuales entiendo que el gesto de la propina se encuentra abundantemente justificado:

A. Usted ha decidido celebrar su cumpleaños, o cualquier otro importante acontecimiento, en un restaurante, para lo cual el maître le ha concedido la autorización para llevar una tarta de ajena proveniencia, es decir, no adquiriendo una que bien hubiera podido ser elaborada por los reposteros de la casa a pesar de significar un evidente menoscabo económico, dinero no percibido. En este caso, el servicio de la tarta, es decir, emplear platos, servilletas, cubiertos, el corte, emplatado y el servicio a la mesa por el camarero, más la parafernalia que acompaña al gesto, será siempre un servicio extra, adicional, una cortesía del restaurante por la no se exige pago alguno, pero en la que el justo agradecimiento nos debe persuadir de corresponder con una gentileza manifestada en la oportuna propina.

B. Es usted una persona de gustos complicados, difícil de complacer o con importantes limitaciones alimentarias (alergias, intolerancias, no le agradan algunos platos que regularmente forman parte del menú del restaurante que está visitando o practica una particular filosofía alimentaria). Sin embargo, el camarero, con la colaboración de los cocineros hace todo lo posible por darle un servicio adecuado a sus exigencias, aunque muchas veces ello implique complicar el trabajo en cocina. Usted no sabe cómo, pero le han hecho comer lo que ha pedido y mejor de lo que hubiese podido esperar. La propina es siempre merecida.

C. Usted se encuentra visitando un restaurante que ofrece una cocina simple y un servicio medianamente correcto, sin pretensiones ni exigencias particulares, en correspondencia con el diseño interior del local y los precios reflejados en la carta. Sin embargo, el camarero que le ha atendido le ha ofrecido un servicio a la altura de un restaurante de superior calidad, por ejemplo, le propone unas alternativas de aperitivos, le ofrece mantequilla, le ha versado con constancia el vino y el agua, le ha dado una explicación satisfactoria sobre los alimentos y elaboraciones que componen los platos del menú haciendo gala de argumentos y conocimientos que demuestran experiencia y estudios, ha tenido atenciones no requeridas con respecto a su mascota, le ha desespinado y emplatado el pescado aun cuando no estaba previsto en el tipo de servicio, ha llamado en su nombre a un taxi o le ha ayudado a realizar la reserva en un hotel, le ha ofrecido interesante información sobre la historia del local y su entorno turístico, etc., gestos todos que manifiestan una particular profesionalidad ajena al estándar del restaurante. ¿Propina? ¡Ohh yeahh!

D. En muchas ocasiones el cliente llega al restaurante sin una idea clara de lo que desea beber o comer, a veces tiene confusas nociones sobre el tipo de comida que se ofrece en la carta, o no tiene mucho apetito y solo desea pedir «algo» que le satisfaga, quizás un plato único. O simplemente la proposición de la casa es tan extensa que crea en el mismo lo que se conoce como el embarazo de la elección: poseer tantas opciones que lo conducen a un aumento de la ansiedad y a una disminución de su capacidad de correcta elección. Por otro lado, en su mayoría los clientes no poseen suficientes o adecuados criterios sobre el vino a elegir, piense entonces en lo importante que resulta ser bien aconsejados en materia de caldos y maridajes, especialmente cuando se trata de vinos desconocidos. He ahí que entra en acción un buen camarero. Si este profesional de la gastronomía es capaz de guiarle sabiamente con sus sugerencias por los laberintos de un menú y de la carta de vinos, sorteando las dificultades lingüísticas —si fuese el caso—, anticipándose a sus gustos, sopesando sus ideas, encontrando soluciones de equilibrio ante posibles conflictos o dudas, llevándolo a convicción, y como resultado usted ordena según sus recomendaciones encontrando completa satisfacción en cada plato y en el vino o bebida propuesta, pues entonces, ¿no cree usted que esa persona ha demostrado unas competencias que merecen siempre un adecuado estímulo?

E. Es un día en el que el clima es estupendo, tiene tiempo libre y decide salir a cenar con sus hijos menores. Uno de los hechos que todo camarero tiene por cierto es que siempre que los clientes se presentan en el restaurante con niños es muy probable que se ordenen platos de pasta, arroces, patatas fritas, abundantes kétchup, mayonesa y queso, etc., alimentos no muy elaborados que se prestan para crear un cierto caos a la mesa. Esta hipótesis se convierte en enunciado cuando, en considerables casos, al final de la cena se advierten restos de comida por doquier y el mantel, vasos y servilletas resultan transfigurados. En pocas palabras: tres veces más suciedad y mal disposición de lo que ocurre en una cena entre adultos. Gajes del oficio ante los cuales el camarero debe mantener una actitud indulgente y siempre otorgarle la misma respuesta, por ejemplo: «*no se preocupe, lo importante es que usted y su familia hayan disfrutado su cena con nosotros*». Si es usted una persona justa se dará cuenta de que el camarero no solo le ha mostrado un cortés trato, sino que además le espera un encomiable esfuerzo para limpiar y restablecer el orden y la pulcritud con los que usted y su familia fueron recibidos. La propina encuentra entonces completa justificación.

F. El horario de un restaurante regularmente no suele ser de veinticuatro horas. Por el contrario, los que no trabajan de manera continua, es decir, los que no se encuentran abiertos ya sea en horario de almuerzo que a cena pues suelen abrir sus puertas en las tardes y la cocina permanece operativa hasta las veintitrés horas (en estructuras hoteleras el horario puede limitarse hasta las veintidós horas). Tras el cierre de la cocina, los clientes educados por lo general suelen permanecer cuarenta y cinco minutos, o cuando mucho una hora más en el local; otros parecen no conocer las palabras respeto o consideración y se quedan sentados impasible e inmoderadamente a pesar de las evidentes señales del personal de sala cuando comienza a reorganizar el restaurante antes de finalizar su turno laboral. Trabajar en la sala de un restaurante significa llevar una vida de pasión, pero también de privaciones, los clientes no poseen el derecho de agravarla y no existe argumento legítimo alguno que demuestre lo contrario. Si es usted uno de esos clientes lo único que puede aliviar, en alguna manera, el malestar causado por su censurable actitud es proporcionar al camarero que espera con titánica paciencia una proporcional propina, pero no se confunda, este profesional de la gastronomía preferiría cumplir con un horario digno de trabajo y luego irse a casa a reunirse con su familia. A buen entendedor...

Finalmente, si usted desea pagar utilizando la tarjeta de crédito, o su teléfono, puede pedir que le añadan la propina o simplemente puede dejar el efectivo dentro del porta cuentas (preferible al gesto de entregarlo en manos del camarero) evitando, sin embargo, aprovechar el acto de la propina para desembarazarse de las monedas de escaso valor que le molestan en su cartera o billetera. Créame, es mucho más digno no dejar la propina y agradecer cordialmente su trabajo al personal de sala.

Y una cosa más, recuerde que el pago del *cover charge* o de la voz *servicio* reflejado en el comprobante no equivale a la propina, sino que este es la cantidad de dinero que en ocasiones se suma a la cifra que en un restaurante los clientes pagan por la comida, bebida y servicios y que se destina a amortizar los gastos que en la restauración se emplean en la adquisición de determinados bienes que favorecen las comodidades y atenciones dispensadas a los comensales.

# 12. COLOFÓN
# LAS NORMAS DE ETIQUETA EN UNA CITA EN EL RESTAURANTE

*«En la mesa y en el juego se conoce al caballero.»*
Refrán popular

Como un narrador de cuentos he querido compartir mis entelequias contigo, mi crítico y sensato lector. Soy consciente de haber sido áspero en ocasiones, que me faltaron adverbios y adjetivos, que quizás debí hacer uso de más eufemismos. Pero te aseguro que es noble el ánimo que me ha motivado: he deseado solo ayudar a que te sientas cómodo y confiado de ti mismo cuando de buenos modales a la mesa se trata y si en algún momento has tenido la sensación de que lo he logrado, pues esa será mi gran recompensa. He dejado muchas cosas en el tintero, no por creerlas menos importantes, sino porque estoy convencido que en algún lugar y en cualquier momento otro autor sabrá hacer mejor uso de la palabra que un servidor.

Pero antes de despedirme me gustaría dar por terminadas estas líneas con la descripción de una última experiencia con la visión de la etiqueta en una cita de tipo amoroso, quizás porque es una de las ocasiones más difíciles para poner en práctica los buenos modales debido a que hay en juego una gran carga emotiva y los nervios nos suelen jugar una pesada broma. Te propongo entonces una guía de comportamiento en un restaurante que complementa las normas de etiqueta y protocolo expuestas en el anterior capítulo, inspirada en parte por los criterios que ofrecen las fuentes bibliográficas, pero mayormente por las experiencias personales vividas en mi constante intercambio con culturas y tradiciones gastronómicas de todo el mundo y que, de alguna manera, deseo también sean tuyas, esperando humildemente que bien te asistan en tu formación. A ti solo pediré recordar que el aprendizaje resulta más efectivo cuantas más habilidades y sentidos estén involucrados en la asimilación de la actividad/información nueva. Para ti, mis honores.

Dicen que el amor entra por la cocina. Yo no estoy enteramente de acuerdo. Creo, sin embargo, que comportarse a la mesa haciendo gala de buenos modales es más importante que el plato más exquisito y sirve mejor y con mayor fidelidad al propósito de conquistar el corazón de quien bien nos atrae. Las que entiendo pueden ser legítimas razones son las siguientes:

Lo primero que debe considerar un caballero cuando invita a una dama a compartir un momento lúdico es que el aperitivo, la cena o el almuerzo obedecen a diferentes tradiciones atendiendo al país donde nos encontremos. Por ello, antes debemos asegurarnos de conocer las costumbres gastronómicas y los usos del lugar donde vamos a celebrar el encuentro. Lo segundo es conocer su régimen alimentario, su filosofía gastronómica[96] y sus alergias e intolerancias, si fuese el caso, en tanto puede resultar frustrante y riesgoso, por ejemplo, invitarla a un restaurante cuya especialidad son los productos del mar cuando ella es alérgica a los mariscos, u organizar un encuentro en la mejor churrasquería del país con una persona que practica el veganismo (¡que bellos los tiempos en los que invitar a comer a una chica era mucho menos complicado!). Lo tercero será adaptarse a su agenda pues si la dama te dice que solo tiene tiempo

---

96 Afortunadamente el mundo está superando, lenta pero exitosamente, aquella filosofía culinaria que nos invitaba al constante consumo de proteínas o grasas de origen animal para paulatinamente adquirir el gusto consciente de las bondades de los granos y vegetales, a valorar con conocimiento todo el alimento que se produce de manera biológica y, en consecuencia, está aprendiendo, de manera significativa, a ingerir alimentos cuya preparación exige menos grasa, menos sal, menos azúcares, lo que evidentemente tiene un reflejo en la literatura gastronómica, en la producción sostenible de la pequeña industria alimentaria, en las competencias y en la responsabilidad comunitaria de los nuevos profesionales de la cocina.

libre después del trabajo y/o de los quehaceres domésticos o sociales, por ejemplo, acéptalo igualmente con una sonrisa aunque tengas por delante una considerable espera, pues el detalle no pasará desapercibido, especialmente en un mundo de prisas en que el trabajo y los compromisos varios van dejando cada vez menos espacio a la atención de la vida personal y el *carpe diem* va siendo no más que una infantil falacia.

Luego, un caballero siempre se ofrece a recoger a la dama, ya sea en su casa, ya en cualquier otro lugar por ella dispuesto. Recordad sin embargo que en la actualidad las damas gozan de la misma autonomía que los caballeros y, por lo tanto, no se encuentran en situación de dependencia. Si se dan cita en el restaurante o en otro lugar por ella escogido, recomiendo a las damas no hacerse esperar más de diez minutos, es un pésimo modo de mostrar vuestra personalidad porque aun cuando es normal que empleen largo tiempo en arreglarse para cualquier ocasión, hacerse esperar más del tiempo indicado por las buenas costumbres no las hace más ansiadas y respetadas por los caballeros, todo lo contrario. Si sabes que no llegarás a tiempo te recomiendo que llames o envíes un mensaje en cuanto te sea posible ofreciendo las explicaciones pertinentes acompañadas de las disculpas de rigor.

Él debe siempre preguntarle a ella si tiene un restaurante preferido, de ser así ese será el lugar del encuentro con algunos puntos a favor del caballero. A las damas es aconsejable que, aun cuando su restaurante preferido sea uno costoso, por favor, no hagan esta elección en su primera cita, mejor algo menos presuntuoso. Esto no significa, !por caridad de Dios¡, que deban escoger un establecimiento de *fast food* aun cuando os guste mucho, esto podría transmitir el mismo mensaje negativo que si escogemos una casa gastronómica con una estrella Michelin[97].

---

97  A pesar de las muchas especulaciones que le acompañan y de algunas oscuras historias que nos dan siempre motivo de éticos pensamientos, la Estrella Michelin es uno de los más codiciados reconocimientos internacionales que puede ser concedido a un restaurante y cuya entrega significa que la casa premiada no es solo uno de los mejores restaurantes del país donde se

Contrariamente, si ella le confía a él la elección del restaurante y este elige aquel que está situado en la esquina de su casa solo por pura comodidad o elige una pizzería o cafetería sin válidos criterios que soporten su elección, ella deberá tenerlo en cuenta, aunque acepte, pues no creo que un sándwich o una pizza y una cerveza elegidos al azahar sean los mejores aliados para causar una buena primera impresión.

Si la elección es un restaurante debemos cerciorarnos si la reserva es o no requerida; de serlo procuraremos garantizar una mesa con antelación suficiente y brindaremos al restaurante toda información que sea necesaria, por ejemplo, sobre la motivación de la cena, el uso de una sala privada o de un espacio exterior, la responsabilidad de la elaboración de una tarta, la presencia de un tipo de flor en la decoración de la mesa o cualquier otra atención particular de la que desee disfrutar. Si por una u otra razón, una vez confirmada la reserva decides no asistir al restaurante, por favor, realiza la debida cancelación, aun si debes hacerlo en el último minuto. Es cierto, este es uno de los riesgos del negocio de la restauración, pero detente un minuto a pensar que si no cancelas con prudente anticipación puedes causar un daño en la facturación del restaurante —especialmente en aquellas casas gastronómicas muy requeridas que trabajan con un discreto número de cubiertos y en las que la reserva debe realizarse con larga anticipación—, además de echar por tierra toda la organización que fue dispuesta para tu placer. Pudieras argumentar que el dinero sale de tu bolsillo y que es tu derecho elegir dónde quieres cenar sin compromiso alguno con la otra parte involucrada: *touché...* Yo, sin embargo, te hablo de algo más importante. Me estoy refiriendo a tu educación, a tus buenos modales y al tipo de persona justa que deberías ser. Tu comportamiento podrá ser legítimo, pero es, sin duda, moralmente

---

encuentra, sino además uno de los mejores del mundo. La condecoración no posee carácter vitalicio lo que significa que su otorgamiento debe ser defendido constantemente y, en consecuencia, puede ser retirado si el restaurante no conserva los estándares de calidad y creatividad en cocina y servicio que propiciaron su inclusión en la Guía Michelin.

incorrecto y, en un futuro no muy lejano, pudiese implicar consecuencias legales en el campo de las indemnizaciones. Es debido a estas razones que muchos restaurantes solicitan apropiadamente la realización de un previo depósito a modo de garantía cuando los clientes reservan un siempre codiciado espacio, para lo cual se exige una válida tarjeta bancaria. Es legalmente justificado que si el cliente no se presenta pierda el derecho al reembolso del depósito, aunque se reconoce que puede, como alternativa, transferir la reserva a otra persona —visto que no son nominales—, o cambiar la fecha de la reserva si el aviso se efectúa con más de cuarenta y ocho horas de antelación.

*La elegancia y el cuidado de uno mismo.* Los expertos afirman que todo esfuerzo para lucir bien ante los ojos de la otra persona es interpretado como manifestación de recíproco interés, así que los protagonistas del encuentro deberán siempre recordarlo. El caballero deberá presentarse vestido del modo más adaptado al contexto y lo mismo vale para la dama, sin necesidad de volver a comentar la importancia del *dress code*. Sin embargo, con relación a los aromas recomiendo cuidado con los perfumes de mujer; mejor algo delicado ya que aun con su misterio y agradable fragancia posee más encanto el perfume que solo se puede sentir por alguien que tenemos muy de cerca; lo mismo viene propuesto para el caballero. Además, ninguno de los dos querrá arruinar con sus perfumes, por ejemplo, el inigualable buqué de un buen vino o los aromas de un tierno solomillo.

En términos generales, cuando vamos a un restaurante y la puerta de ingreso se encuentra cerrada entra primero la persona que realizó la invitación, deteniéndose en la puerta en modo tal que los invitados pasen. Si la puerta se encuentra abierta quien invita cede el paso a los invitados y los seguirá hasta que lleguen a la mesa. Tradicionalmente al restaurante el caballero entra siempre primero que la dama, de manera que pueda cerciorarse que el ambiente resulta apropiado, sobre todo para ella; esta es una regla básica de cortesía, como lo es darle el mejor puesto de la mesa, con la mejor vista y de mayor comodidad, sentarse después de ella y alzarnos o hacer el gesto de alzarnos si debe ausentarse momentáneamente de nuestro lado. Si equivocadamente el camarero jefe del rango o el maître han olvidado acomodar a la dama mientras se sienta entonces hágalo usted con desenfado y placer, reservando a ella el mejor lugar, aquel orientado hacia la sala o con vista hacia un bello exterior. Si desea sentarse en una determinada mesa y esta aún no está lista para el servicio (por ejemplo, existencia de elementos usados, restos de comida, etc.), por favor, no se siente por propia iniciativa, si absurdamente lo hace obliga al camarero a interrumpir inmediatamente sus otros deberes para ir a corriendo a limpiarla y a prepararla delante de ti, en tus narices, creando una situación de estrés que es fácilmente evitable si te dejas conducir por el sentido común y la básica educación. Esperarás calmadamente que el camarero termine su labor y luego te diga: «*Su mesa está lista, acomódese por favor*».

«Veinte ad me omnes qui stomacho laboratis et ego restaurabo vos» («Venid a mí, hombre de estómago cansado, y yo os restauraré»). Así rezaba el cartel dispuesto a la entrada del local propiedad de Dossier Boulanger, fundado en 1765 en la Rue des Poulies, de París. A distancia de doscientos cincuenta y tres años de la apertura de uno de los primeros restaurantes europeos en la historia[98], esta continúa siendo la básica motivación que nos impulsa a alimentarnos fuera del hogar: la restauración de nuestro cuerpo y, en consecuencia, también de nuestra alma. Recuerda entonces que estás visitando un restaurante, una casa maravillosa y mágica que funciona con un ritmo propio y debidamente adecuado para que disfrutes cada instante con criterios

---

[98] Actualmente el Certificado Guinness World Records al restaurante más antiguo de mundo lo posee el Restaurante Botin (Madrid), operativo desde el 1725 con el mismo horno a leña, sin haber cerrado nunca sus puertas ni haber cambiado nombre, gestionado actualmente por la familia González. Sin embargo, como todo premio Guinness, este también se encuentra sujeto al hecho de que otro restaurante logre o no probar mayor antigüedad en iguales condiciones, de hecho hay restaurantes que reclaman el título aunque aparentemente no hayan podido demostrarlo o no lo hayan intentado: Boeucc (Milán, 1696), Den Gyldene (Estocolmo, 1722), Vlissinghe (Bélgica, 1515), St. Peter Stiftskeller (Austria, 803), Tour d´Argent (Paris, 1582), por solo citar algunos nombres.

estéticos, emocionales, gastronómicos y terapéuticos; no estás participando de una carrera de maratón ni debes pensar que los camareros son atletas de alto rendimiento que hacen los cien metros planos ni que la comida ya está lista y emplatada esperando por ti. Cada paso de tu experiencia gastronómica en el restaurante, desde que la carta es colocada en tus manos hasta que llega a tu mesa el plato, posee un tiempo predefinido que favorece un servicio elegante y sereno; solo deberás inquietarte cuando ese tiempo esté siendo evidentemente irrespetado.

Una vez a la mesa, o entrando al restaurante, si has visto a un/a amigo/a, por favor no te comportes como si estuvieras en el patio de la casa jugando dominó (cosa que es muy divertida en el entorno social adecuado), no hagas gestos de soez rudeza y mucho menos alces la voz para saludar. Pide permiso a tu acompañante y ve al encuentro de tu amiga o amigo y salúdalo, pero sin disturbar a las demás personas presentes en el lugar; tampoco permanecerás a la mesa de tu amigo más del tiempo aconsejado por el sentido común, especialmente si se encuentra acompañado y/o estaba degustando su cena cuando has ido a su encuentro. También puedes pedirle a la otra persona que te acompañe a la mesa de tu amigo y procederás a las debidas presentaciones, acción que se hará brevemente regresando luego a tu mesa. No es educado pretender de iniciativa propia —o insistir ante una cortés negativa— que su amigo/a se siente contigo a la mesa, al menos no en tu primera cita; puedes, por el contrario, ponerte rápidamente de acuerdo para compartir, por ejemplo, un café o una cerveza, en un futuro y cercano encuentro, gesto que estimo correcto y además necesario pues un buen amigo es tan valioso como un gran amor.

Inicia tu experiencia con un aperitivo, ya sea un espumante, un coctel (Negroni, Americano, Bamboo, French 75, Tom Collins, etc.), un bíter, un Vermut o un licor (por ejemplo, un Pimm´s), esto hablará muy bien de tu cultura gastronómica y enviará a la dama la señal de que está en buenas manos.

El camarero de hoy no es más el otrora miembro de la servidumbre victoriana: por favor, no dejes de agradecer el gesto de quien te sirve el agua, el vino o cualquier otra bebida. El caballero recordará escanciar el vino solo después de obtener la aprobación de la dama, formalidad innecesaria para el agua, así como la dama poseerá preferencia a la hora de ordenar cuando el maître se presente a tomar la comanda (nunca ordene si la otra persona no se encuentra a la mesa). En otras palabras, sugiero al caballero no monopolizar la orden como si la dama fuera muda o incapaz de manifestar con propio criterio qué desea cenar, es un rezago del machismo disfrazado de cortesía que debe ser evitado. Además, tanto la dama como el caballero deben poder tener la oportunidad de intercambiar con el maître sobre sus preferencias, dudas, pedir sugerencias, hacer bromas. En fin..., ser los grandes protagonistas de su propia cena.

Cuando llegas a un restaurante con un servicio orientado hacia un cliente tanto nacional como extranjero, es protocolario que el maître o el camarero jefe del rango te pregunte tu preferencia por el idioma en que está confeccionada carta de entre las que dispone. Si se te pregunta, por ejemplo, si deseas la carta en español o en inglés, por favor, no respondas preguntando a tu interlocutor si posee una carta en ruso o en francés pues resulta sobre entendido que se te ha propuesto solo lo que dispone la casa. Por otro lado, si has sido invitada por un caballero a un restaurante de estándar lujoso en el que te han ofrecido una carta sin precios, debes saber que es una distinción muy gentil que entiende en favor de la galantería el consignar la carta con precios solo a los caballeros; el objetivo adicional es lograr, de manera elegante, mantener en discreción el costo de la cena.

Una carta bien confeccionada es simplemente la coherente, equilibrada y calculada proposición gastronómica de la casa en la que la ingeniería del diseño y contenido constituyen la tarjeta de presentación de la misma[99], por lo

---

99 Los expertos aseguran que la seducción al cliente se debe lograr en 109 segundos, que es el tiempo que emplea en leer completamente la Carta de un restaurante. En el logro de tal objetivo una Carta debe cumplir con ocho reglas básicas: 1. Observancia del Triángulo de Oro; 2. El utilizo del espa-

tanto, una vez que te sea brindada, no te comportes como si tuvieses en las manos un tratado keynesiano o un texto sagrado escrito en antiguo arameo al que hay que dedicar largo tiempo de estudio. Lee la propuesta de la casa, da una mirada a las alergias e intolerancias, comprueba si hay alimentos congelados o no, identifica los platos estrella del restaurante atendiendo a su colocación estratégica dentro de la carta (*The Golden Triangle*: en el centro y en la parte superior derecha e izquierda), valora la concepción del menú de manera holística[100] y luego tomarás una decisión evitando que tu conducta cree ansiedad colectiva. Esto me recuerda que hay algunos expertos que piensan que una persona siempre indecisa ante un menú no ama verdaderamente el alimento, no al punto de disfrutarlo en una experiencia al restaurante. Sobre este particular debemos recordar que solo llamaremos al maître o al camarero jefe del rango a tomar la comanda cuando hayamos hecho nuestra elección[101], esto lo podemos dar a entender cuando cerramos la carta y buscamos con la vista al maître o al camero del rango, los que seguramente seguirán tus gestos con atenta discreción. Si

---

cio en blanco para mejorar la estética y asegurar que el cliente no se sienta confundido con la información que recibe; 3. Diseñar cajas, líneas y colores para llamar la atención sobre los platos de mayor rentabilidad; 4. Mayor concentración en el producto y no en el precio; 5. Eliminar el signo que genéricamente significa dinero y no disponer los precios en una sola columna; 6. Identidad entre lo que se propone y las expectativas del cliente/comensal; 7. Si se decanta por el uso de fotografías estas deben ser realizadas de manera profesional pues se afirma que la selección correcta de una imagen puede significar un aumento de hasta un 30% de las ventas de un plato; 8. Utilización de un lenguaje seductor que invite al consumo.

100 Reconocidas investigaciones científicas sobre la planificación de un menú consideran que los criterios de selección de los elementos de un menú se basan en el costo de las materias primas, costo de la mano de obra, rentabilidad del elemento del menú, el nivel de conocimientos y competencias del personal necesario, la disponibilidad de los ingredientes, los requisitos de espacio y equipo y la demanda del cliente. (Morrison y Kwong, citados por Bahattin Ozdemir y Osman Caliskan en su artículo: «A review of literature on restaurant menus: Specifying the managerial issues». Publicado en la *International Journal of Gastronomy and Food Science*, Vol. 2, Tema 1, junio 2014, pp. 3-13).

101 Resulta en extremo importante informarle al Maître si debe tomar una orden única u órdenes separadas, esto evita malos entendidos que se traducen en la posterior imposibilidad de dividir la cuenta una vez estampado el comprobante fiscal o, en el mejor de los casos, en no tener claro qué fue ordenado y consumido por cada comensal al momento de la división.

pasado un tiempo prudencial te resulta difícil llegar a convicción pedirás cortésmente que te sean concedidos un par de minutos más, liberando al maître para que pueda ocuparse de las atenciones de otra mesa pues es poco educado abusar del tiempo que debe ser dispensado al resto de los clientes que también esperan para comunicar su elección.

Una cuestión completamente diferente es aprender a identificar la filosofía que debe reflejar la carta. La misma no debe ser concebida con el erróneo concepto que define a los productos alimentarios como simple mercancía. En consecuencia, el cliente debe ser correctamente informado sobre todo lo concerniente a los platos descritos en el menú pues como dijera en una ocasión el afamado chef español Santi Santamaría «*comer algo que no entendemos nos deshumaniza, nos empobrece*», especialmente si comemos algo por moda o simplemente porque nuestro bolsillo nos lo permite. Por tal motivo, la carta debe ser un reflejo de la identidad territorial y defender la veracidad de los productos con los que se elaboran los platos propuestos. Dicho así, al cliente/consumidor le asiste el derecho de conocer las cualidades nutricionales, origen (especialmente sobre aquellos productos gourmet protegidos por denominación y de los llamados productos de proximidad), modo de elaboración, características, particularidades dentro del género, trabajo humano requerido y método de obtención, por ejemplo, de un tipo de pan, carne o pescado[102], de caviar, de jamón o de ostras, de un queso o de un chocolate, de una fruta seca o del café, del aceite de oliva o de ingredientes valiosos (v. g., plancton, tartufo blanco o vómito de ballena) que de alguna

---

102 En el caso del pescado el cliente posee el derecho de ser informado sobre la zona de captura del mismo, el método de producción (pescado o crecido en criaderos) y la categoría de los instrumentos de pesca utilizados. No obstante, ordenar pescado en un restaurante debe realizarse con el correcto conocimiento de que hoy son mitos superados que el pescado fresco es mejor que el pescado congelado (particularmente con la perfección de los métodos de congelación y distribución), que el pescado local es más fresco que el pescado de otras regiones y que el pescado criado es de inferior calidad que el pescado capturado en su habitat natural. Obviamente, ordenar un plato a base de un pescado capturado en la misma jornada —o mejor, que llega vivo al restaurante— y luego es preparado con respeto y cuidada técnica es aún un privilegio culinario que influye en el costo del plato.

manera justifican la categoría de la casa, el prestigio de su cocina y los precios que le acompañan. El sibarita conocedor de estos particulares es siempre un comensal apreciado que valora en mayor medida la propuesta de la casa y disfruta con mayor plenitud su experiencia gastronómica.

Siguiendo la misma filosofía, si has escogido el menú de degustación, es decir, aquel que contará con una sinfonía de platos que presentan discretas porciones, diversidad de cocción y estructura, ingredientes y productos y que suelen requerir un importante tiempo de preparación y especialización, deberás considerar que el maître, aun de manera breve, presentará cada plato de la secuencia gastronómica y te sugerirá la mejor manera para degustarlo, convirtiéndose así en la voz del cocinero y de su tipo de cocina, pudiendo incluso realizar la terminación a la mesa de algún plato, gestos todos que contribuyen a justificar el estándar de calidad de la casa. Por estas razones, a pesar de la dopamina liberada por tu cerebro, evitarás llevarte a la boca el alimento antes de que el maître culmine su *performance*, por el contrario, esperarás atento y cortés el momento apropiado.

La dama estará muy atenta a las palabras del caballero mientras lee el menú. Si él dice que la langosta le apetece, por ejemplo, le está dando luz verde a la dama para que ordene lo que desee, pero si expresa que está más interesado en un primer plato entonces ella ordenará algo menos pretencioso evitando siempre los extremos pues si él ordena, por ejemplo, un *Risotto con Champiñones*, te ruego, esconde la dieta, amarra a la frugalidad en el fondo del bolso y no ordenes solo una ensalada verde en tanto desluce los galantes propósitos de quien te ha agasajado con la invitación a un restaurante. Y otro comportamiento que debemos evitar es lo que llamo «negaciones infundadas del gusto». Por favor, ante la sugerencia de un plato realizada por el maître o su acompañante, la dama no afirmará que el mismo no es de su agrado si nunca antes ha tenido la oportunidad de degustarlo, más que una dama este gesto hace de ti una niña mimada que no está lista para cenar fuera de casa[103].

## SABÍA QUE...

 Ordenar un plato de langosta es siempre sinónimo de lujo y opulencia, pero sus orígenes son absurdamente humildes. Los observadores de las costumbres de los primeros colonos que poblaron Nueva Inglaterra afirmaron en sus crónicas que la abundante presencia de las langostas en las playas (por ejemplo, en las de la Colonia de Massachusetts) constituía un estorbo para los pescadores que preferían llenar sus redes con peces. De ahí que fueran utilizadas indistintamente para fertilizar los campos y como carnada, empleadas además como alimentos para cerdos, vacas y gatos; considerada como «comida de pobres» y signo de degradación su consumo humano se limitaba a los niños, a los presos y a la servidumbre por endeudamiento.

Si la cena se celebra en una ciudad o país con costumbres culinarias diversas a las que te son conocidas, diferente clima y productos, ordena los alimentos y bebidas partiendo de lo local/estacional como tu principal referencia. Por ejemplo, los vinos, quesos, aceites, pastas, carnes y platos elaborados con ingredientes y métodos propios de la zona. No solo porque el gesto te conduce a descubrir nuevos sabores y elaboraciones, te permite además contribuir con la continuidad de la producción de los pequeños productores del territorio, que es lo mismo que decir salvaguardar el patrimonio gastronómico local. Por otro lado, una vez que el plato ha llegado a la mesa debemos mostrar respeto por el alimento, su elaboración, variedad y el cuidado de su integridad. Esto es, por ejemplo, lo que en la filosofía culinaria japonesa se conoce como *kaiseki*, recibiendo el mismo nom-

---

103 Los alimentos y bebidas poseen una peculiar característica en el mercado, pertenecen a esa categoría llamada «productos de experiencia», es decir, la aceptación o no del cliente llega después de su valoración una vez consumidos, independientemente del criterio generado en el mercado, es decir, son productos de subjetividad: gustan o no. Pero llegar a convicción requiere su previa degustación.

bre un menú degustación de dieciocho platos en los que el alimento debe reflejar la zona donde se consume.

No puedes pretender comer en un restaurante de la misma manera que lo haces en tu casa cuando se trata de la valoración de los alimentos y la propuesta del tipo de cocina reflejada en la carta. Si el cocinero ha preparado un plato tradicional, aun con su impronta personal, no insistas en modificarlo con incoherentes requerimientos, por ejemplo, ordenar una *Bistecca alla fiorentina* o un *Filete Chateubriand* «bien cocido» (para mí, el más entonado de los sacrilegios que merece liberar al Kraken)[104], espaguetis con almejas y botarga y «abundante queso de cabra», condimentar el jamón ibérico con Balsámico di Modena o poner picante a todo, aun a aquellos platos que ni lejanamente pueden ser aderezados con otra especia sin desnaturalizarlos ni rom-

---

104 Existen determinados cortes de carne de gran calidad cuya máxima generosidad se expresa en un punto específico de cocción que se aleja de aquel «bien hecho» o «well done». Si ante un corte de carne de gran calidad, por ejemplo solomillo o chuletón, usted lo pide «bien hecho» corre el riesgo de arruinarlo por los siguientes motivos: (a) las altas temperaturas por un tiempo prolongado contraerán las fibras de la carne al punto de endurecerla de manera no grata; (b) luego, un efecto prolongado de la reacción de Maillard puede ser el excesivo oscurecimiento del alimento; (c) algunas nuevas moléculas que se crean a doscientos grados pueden ser cancerígenas (hidrocarburo aromático policíclico); (c) por último, el cocinero puede cambiar la carne por otra de menor calidad y usted no se daría cuenta debido a las características que adquiere la carne muy cocinada. Según los especialistas del sector «la gustosidad de una carne cocinada depende de dos parámetros, siendo el primero la sensación húmeda que se experimenta durante los primeros movimientos masticatorios, debido a la liberación rápida de líquido de la carne, y el segundo es la sensación sostenida de jugosidad, debida fundamentalmente a que la grasa estimula la salivación. La carne de buena calidad es más jugosa que la de mala calidad debido a que la primera contiene más grasa intramuscular (marmóreo). La grasa intramuscular diluye los elementos del tejido conectivo del músculo en que se depositó y a esto se debe la menor dureza de la carne de res procedente de animales de buena calidad y bien alimentados. Durante la preparación de los alimentos, la carne bien marmoleada tolera mejor las altas temperaturas sin que el interior quede pasado, debido a que la grasa conduce peor el calor que la carne magra. Por este motivo la carne marmoleada puede someterse a métodos de cocinado severos. Además, puesto que durante el calentamiento apenas se separa la grasa intramuscular, estas carnes bien marmoleadas además de aportar grasa, casi no se retraen durante el calentamiento y resultan sumamente jugosas y aromáticas».
(Leal Sochor, *Manual de Clasificación de Ganados y Carnes*. Subsecretaría de Fomento y Desarrollo de México, 2003. Fuente:www.camponl.gob.mx/oeidrus/estudios_e_investigaciones/GANADERIA/clasificaciones.pdf.)

per el tan venerado equilibrio logrado en su elaboración. Otro discurso pudiera ser el apelo al sentido común cuando deseamos modificar un ingrediente de nuestro plato, por ejemplo, una cosa es pedir al camarero si gentilmente puede solicitar en cocina un cambio en el tipo de pasta (es decir, pasta corta en vez de pasta larga, o la sustitución de una pasta por otra, dentro de la misma categoría), cuando la cena en el restaurante se desarrolla de manera serena, y otra cosa, muy distinta, es pretender ser complacido con el mismo requerimiento durante una cena en la que, debido al gran número de clientes, tipo de cocina, capacidad de respuesta de la misma, tipo de menú, etc., se genera un alto nivel de estrés en el servicio y la posibilidad de satisfacer al cliente compromete el tiempo de preparación de los platos. Si eres uno de esos clientes te recomiendo dos opciones, deberás invertir tiempo en educar el paladar y consuetudinariamente construir una actitud de respeto por la tradición culinaria y por el trabajo de quienes se encuentran detrás de los fogones y sartenes, cosa que te producirá incontables satisfacciones y será altamente apreciado. La segunda opción es mucho más simple: ve siempre al mismo restaurante, de manera que la cocina y el servicio ya conozcan tus preferencias y donde recibirás un trato paternalista a pesar de los inconvenientes que tus gustos pudieran acarrear.

En sentido general ordena algo simple de comer y, a menos que seas un experto comiendo espaguetis al ragú, mejor evitarlos, así como los platos de mayor precio —especialmente si son desconocidos— y todos aquellos que impliquen porciones muy abundantes. Ya habrá tiempo para desahogarse y dar rienda suelta a momentos de sana gula. Asimismo, intenta ordenar platos y bebidas que guarden armonía y coherencia entre sí desde sabores más suaves a gustos más intensos y respeta el orden y la tradición en que deben ser degustados[105], evitando que tu mesa se convierta en la burlesca imitación de un pequeño bufet en la que con-

---

105 A modo de somero ejemplo, si a usted le gusta la comida étnica, particularmente la japonesa, ampliamente divulgada por todo el mundo y reconocida además como alta cocina, recuerde que según el kaiseki los platos deben ser degustados respetando la progresión de técnicas y sabores. Iniciará su cena

fusa y tumultuariamente litigan aperitivos con primeros y segundos platos.

La ordenación de ensaladas resulta recurrente en tanto es un plato que suele gozar de amplia preferencia tanto por sus valores nutricionales como dietéticos. Sin embargo, en la mayor parte de los casos viene consumida de manera inapropiada en tanto la ensalada no debe ser considerada como una guarnición que acompaña a otro plato definido como principal y, ciertamente, no debería ser consumida contemporáneamente con los segundos platos, sino antes o después de estos, en tanto las salsas que se utilizan para condimentar la ensalada pueden influir en la percepción de los mismos. La ensalada es en sí misma un plato con igual valor que un aperitivo, un primer o segundo plato, esto es, debe ser considerada como aperitivo o como plato único. Cuando se come en antelación del segundo plato, la ensalada tiene una función digestiva y reguladora en tanto ayuda a reducir la sensación de hambre; cuando viene consumida en seguimiento contribuye a limpiar la cavidad bucal accionando fundamentalmente sobre las sustancias grasas y restaurando la capacidad de recepción de las papilas, especialmente en presencia del postre.

Es siempre recomendable que antes de tocar cualquiera de los elementos a la mesa te excuses con tu acompañante y te dirijas al baño para el aseo de las manos, cosa que también puedes hacer a la mesa si posees un gel desinfectante que se fabrica en formato de bolsillo, aunque su uso es decididamente muy informal y en exceso puede dar una imagen equivocada sobre una normal relación con la higiene personal, en tanto una cosa es ser una persona que atiende su salud e imagen y otra, muy distinta, es padecer de misofobia.

En cuanto al servicio del pan recuerda que es el primer alimento ¿gourmet? que será dispuesto a la mesa, ya en una panera tradicional, en un gueridón destinado a esos efectos o en una panera térmica (mantiene el pan caliente durante aproximadamente cuarenta y cinco minutos). El

con el shashimi, luego degustará los platos grillados, seguidos de aquellos al vapor para finalizar con aquellos fritos.

servicio más elegante prevé que el maître o el camarero jefe del rango te muestre un gueridón con los tipos de pan refiriendo su principal característica, cortándolos en tu presencia para luego depositarlos en la cesta o recipiente correspondiente, seguido de la ceremoniosa exposición y explicación de los tipos de mantequilla que son ofrecidos en paridad. En otros casos el pan caliente recién salido de la salamandra es servido a cada comensal desde la *escoffier* (bandeja de servicio de peculiar diseño elaborada en acero o plata). Por favor, evita abalanzarte sobre el pan a pesar de cuan hambriento te encuentres y tampoco hagas un uso inmoderado de este servicio pues desluce tus buenos modales a la mesa, teniendo en cuenta además que requerir el pan puede representar un coste adicional en la futura factura, principalmente en presencia de panes elaborados especialmente según las exigencias del restaurante o ante panes con Indicación Geográfica Protegida (en la carta debe existir una referencia sobre este particular). Luego, tampoco debes mostrar cara de estupefacción si el camarero jefe del rango te sirve el *Amuse Bouche*, que no es más que el entremés/invitación del Chef que se presenta como antesala de su tipo de cocina; y sí, es gratis y no debes nunca preguntarlo.

SABÍA QUE...

 Los historiadores de la gastronomía están de acuerdo en que la elaboración del vino y la cerveza —pero fundamentalmente del pan— simboliza el abandono del estado primitivo y la conquista de la civilidad en tanto estos alimentos no son productos que existen en la naturaleza sino son el resultado de una sofisticada tecnología y extendidos ensayo y observación, importante manifestación del alimento como cultura. En los poemas homéricos «La Ilíada» y «La Odisea», la expresión «comedores de pan» es sinónimo de «hombres». En el escrito sumerio «Poema de Gilgamesh» también se alude a la transición del hombre selvático al civilizado cuando el personaje Enkidu decide renunciar a alimentos y bebidas ofrecidos por la naturaleza para iniciar el consumo de pan y cerveza. Con el cristianismo y el milagro de la eucaristía el pan asume una significación religiosa y se convierte en un alimento sagrado capaz de fungir como medio de contacto entre el hombre y Dios, extendiéndose por Europa su consumo como símbolo de Fe, aunque hasta los inicios del novecientos el pan fue un lujo permitido solo para las clases de reposada posición social.

Nunca viertas sal sobre tu comida sin antes haberla probado, no solo no es saludable sino además es una sutil forma de crítica e injustificada predisposición al plato que personalmente entiendo muy desagradable y, ciertamente, si te encuentras, por ejemplo, en Portugal debes saber que tradicionalmente se considera de deplorable educación pedir sal y pimienta para condimentar el alimento cuando cenamos en casa ajena. En el mundo occidental tal comportamiento puede ser interpretado además en el sentido de que eres una persona que en su vida privada y/o profesional toma decisiones arbitrarias sin considerar todos los elementos de juicio.

Cuando enjuiciamos un plato o un elemento de la *mise en place* por un detalle que entendemos relevante haremos que el camarero jefe del rango se acerque a nuestra mesa y discretamente le haremos notar lo que nos causa disgusto o malestar. Este es el típico caso de cuando nos damos cuenta de la presencia de un cabello en el plato o cuando observamos un vaso, un plato o una copa rota o manchada, por citar los ejemplos más frecuentes, aun cuando su previsión constituye uno de los aspectos más importantes de la preparación de la sala antes de la apertura del restaurante. El maître o el jefe del rango pedirán disculpas y se procederá a la inmediata reposición del elemento. En el particular caso del cabello en el plato, casi siempre por inobservancia en cocina de las normas de HACCP[106], el cliente puede ejercer su derecho no solo a que el mismo venga retirado, sino además a pedir que no le sea propuesto un nuevo plato ni que

---

106  HACCP. Siglas en inglés del Hazard Analysis and Critical Control Points (Análisis de Peligros y Puntos Críticos de Control), un sistema de uso internacional creado para controlar la seguridad e higiene en el proceso de manipulación y elaboración de los alimentos.

el devuelto en cocina sea reelaborado y, por supuesto, a que su orden sea cancelada de la factura/comprobante que en su momento le será entregada por el restaurante cuando pedirá que le sea preparada la cuenta. El maître hará uso de sus facultades para compensar en justa medida una desafortunada peca que pudiera enturbiar el correcto desarrollo del resto del servicio.

Sobre la idea de comer en compañía recuerdo una añeja historia que me contaba mi padre —quien siempre ha comido *a buen paso* y con la mano derecha— en la que cada vez que invitaba a cenar a mi madre en los tiempos de cortejo y estando acostumbrada a comer pausadamente, se obligaba a sí mismo a comer con la mano izquierda, con la que no posee habilidad alguna en el uso del tenedor, para de esa manera conservar el ritmo marcado por mi madre y así poder acompañarla durante la cena; esta era su solución de cortesía. La explicación es muy sencilla: intentando conservar ambos comensales el mismo ritmo moderado[107], mientras se degustan los platos se comerá lentamente masticando de manera prolongada y se beberá con pequeños sorbos porque la persona que aun disfruta de su pitanza puede experimentar cierta vergüenza al ser observada por la otra que ya terminó, y esta a su vez puede encontrar incómoda la situación de tener delante un plato vacío mientras la otra persona no ha terminado. Por otro lado, y siguiendo la misma coherencia de pensamientos, si has concluido de degustar tu plato, mientras tu acompañante aun disfruta del suyo, por favor, no pidas nunca al camarero del rango que retire tu plato, constituye una ciclópea falta de delicadeza que no encuentra justificación alguna.

---

107 Un estudio realizado por médicos japoneses publicado el 21 de octubre de 2008 en la British Medical Journal demostró que las personas que comen rápidamente son tres veces más proclives al sobrepeso que los que comen despacio. Además, la velocidad de la alimentación se asoció positivamente con la evaluación del modelo de homeostasis de la resistencia a la insulina para hombres y mujeres de mediana edad sin diabetes, especialmente para aquellos que no eran obesos. (Artículo: «The joint impact on being overweight of self reported behaviours of eating quickly and eating until full: cross sectional survey». https://doi.org/10.1136/bmj.a2002)

Si debes ausentarse de la mesa por cualquier motivo, por favor, cerciórate antes con el camarero del rango que tu plato no estará listo durante tu ausencia debido a que, en caso contrario, no podrá ser llevado a la mesa hasta tu regreso y su permanencia en cocina después de emplatado puede cambiar la temperatura y textura del alimento, lo que obligará al cocinero a rehacerlo después de una espontánea explosión de improperios propios del mundo de los sartenes y fogones.

Por favor, evita fumar, especialmente si la otra persona no comparte el gusto por la nicotina y en ningún momento utilizarás, antes y después de la cena, goma de mascar; si en un olvido lo has hecho, te ruego, trágala o retira la goma con la ayuda de una servilleta y pide gentilmente al camarero que te ayude a deshacerte de esta pero nunca dejes la goma en un extremo del plato o pegada debajo de la mesa, es un gesto irrespetuoso y nada higiénico. Evita hablar con el cigarro entre los labios y si en verdad te resultan insoportables las ganas de fumar, pide excusas y auséntate el menor tiempo posible para hacerlo asumiendo con entera responsabilidad las consecuencias de dejar sola a la dama a la mesa, si fuese el caso; recuerda que en los restaurantes solo se fuma en espacios abiertos, pero aun en estos casos, pregunta siempre al cliente sentado en la mesa contigua si puedes fumar sin causarle molestias, especialmente si eres fumador de puros[108].

Nunca seas áspero con el camarero ni lo trates con protervia o exceso de confianza, esto significa que serás cordial y muy respetuoso tratándolo siempre de «usted». Recuerda además que es cercano a lo mezquino colocarlo intencionadamente en apuros haciéndole preguntas que escapan a su competencia y conocimientos. Tampoco cometas el error de considerarlo de inferior categoría social solo por el rol laboral que desempeña. En una ocasión Theodore

---

108 Es correcto reconocer que, de manera creciente, existen restaurantes en los que el Cigar-Sumiller ofrece un servicio de maridaje entre tabaco y destilados. A través de una tradicional ceremonia se enciende el puro y luego se corta la parte trasera de la perilla atendiendo a la vitola y al tipo de tiro que desea el cliente. Particular, sin embargo, resulta el ritual reservado al legendario Cohiba.

Roosevelt expresó que «*la cortesía es un gesto de dignidad, no de sumisión*», y así debemos ver la actitud servicial de quien bien nos atiende. Por mi parte, he tenido el honor de haber conocido varios camareros que ostentaban largos estudios o un título universitario, dominaban cómodamente varios idiomas y poseían una envidiable educación. A ti pido que recuerdes que todos somos mucho más de aquello que hacemos para ganarnos el pan.

En ocasiones nos dejamos llevar por el entusiasmo del momento y sin desearlo creamos situaciones un tanto incómodas tanto para el camarero del rango como para los demás clientes, situaciones que pudieran ser fácilmente evitables. Dos ejemplos servirán para ilustrar esta idea. El primero sucede cuando el camarero nos es tan simpático y disfrutamos tanto de su arte y palabra que lo deseamos acaparar solo para nosotros, aun cuando resulta evidente que el ritmo del servicio no le permite detenerse en nuestra mesa más allá de lo que la cortesía aconseja. El segundo ejemplo se manifiesta cuando nos empeñamos en retenerlo y realizarle cualquier petición en el preciso instante en el que está portando un plato a una mesa determinada. Si lo haces, el primer instinto del camarero será detenerse para darte una rápida respuesta no sabiendo que esos diez segundos que ha dedicado a atenderte, por muy pocos que te parezcan, constituyen un retraso en el servicio a otra mesa, puede ocasionar algún inconveniente a sus colegas en sala y en cocina, aumentando el riesgo de que el plato no llegue a su destinatario con la temperatura y textura adecuadas[109]. Solo llama cortésmente la atención del camarero jefe del rango y en el menor tiempo posible deberías ser debidamente atendido.

En cuanto a la venta del vino debes prestar particular atención al momento en que el sumiller o el maître descorchan la botella en tu presencia y te vierten en la copa una cantidad ínfima pero suficiente para probarlo. Me refiero a lo que los antiguos romanos llamaron *degustatio*, es decir, la

---

109  Un plato caliente que no conserva la temperatura adecuada para su degustación no solo cambia en boca la sensación de consistencia, además las moléculas responsables de los aromas tendrán menos posibilidad de volatizar y por tanto causar una impresión en las células de la mucosa olfativa.

prueba destinada a establecer la calidad del vino a través de la cual se transmitía el riesgo del vendedor al comprador. Si el vino se te ha dado a degustar, si has comprobado la identidad de la botella, las correctas condiciones del tapón[110] y luego has demostrado tu conformidad, no te será después posible rechazarlo o criticarlo pues con tu consentimiento has entendido como adecuadas todas las condiciones inherentes al producto que acabas de comprar, independientemente de que el vino posea o no algún vicio oculto, especialmente enmascarado por la temperatura de servicio o por el maridaje propuesto.

Si han sido el maître o el sumiller quienes te han propuesto un vino que luego no resulta de tu agrado, te asistirá todo el derecho a pedir gentilmente que sea cambiado por otro caldo más cercano a tu gusto personal, sin ningún otro costo. Pero si has sido tú quien ha seleccionado el vino con entera propiedad y luego resulta que no es de tu agrado a pesar de que el vino no adolece de defecto alguno, por favor, recuerda que el restaurante no se hace responsable del costo de la botella una vez descorchada. Aceptar educadamente las consecuencias de tu elección es una elegante manifestación de buenos modales. Para evitar esta delicada situación, especialmente con vinos de cierto prestigio, dispondrás de todo el tiempo que necesites para estudiar la carta y podrás realizar al honrado sumiller las preguntas que estimes necesarias antes de realizar tu elección.

El servicio de escanciar con constancia el vino por parte de los miembros de la brigada de sala de un restaurante viene condicionado por la categoría del mismo, por lo que

---

110 El tapón de una botella ofrece información relevante sobre la calidad del vino y su estado de conservación, razón por la cual el cliente debe estar atento a las maniobras que sobre éste realiza el Sumiller y exigir, llegado el caso, que el tapón le sea presentado apropiadamente para que usted tenga la oportunidad de tocarlo y verificar su elasticidad, olerlo e incluso romperlo si lo estima conveniente en su saludable análisis. Su estudio le permitirá emitir un juicio sobre la habilidad del Sumiller atendiendo a si el tapón sufrió o no roturas o deformaciones en su perforación y posterior extracción. Asimismo, podrá comprobar la correspondencia entre la antigüedad del corcho y la botella, así como contrastar la información expuesta en ambos. Recuerde que los vinos reserva y gran reserva muestran un tapón largo y de la mejor calidad que refleja la profesionalidad y empeño mercantil de una bodega.

si vas a cenar a una taberna simple y tradicional, por citar el ejemplo más feliz, y el camarero realiza el primer servicio y luego se retira, no pretenderás que se acerque a tu mesa continuamente cada vez que desees que sea vertido vino en tu copa, no es coherente con el lugar donde estás cenando así que reservarás esas ínfulas para cuando visites un restaurante de superior categoría cuyos precios te permitirán exigir un servicio en el que no debas nunca que tocar las botellas del agua y del vino.

Compartirás un generoso vino, una cerveza o un destilado, pero beberás siempre con moderación y cultura. Los excesos no solo pueden anticipar malogradamente el fin de la velada, te negarán o limitarán la posibilidad de cambiar esta desventurada primera impresión. Y cuando de compartir se trata no debemos obviar que la intimidad no puede conducirnos hacia la ignorancia pues si deseamos compartir nuestro plato con la otra persona resulta inadecuado alzarlo de la mesa dirigiéndolo hacia el de nuestro/a acompañante y luego con el tenedor o el cuchillo «descargar» el alimento. No solo es un gesto chapucero, es además arriesgado pues en la «transportación» se corre el riesgo de provocar la caída de una copa con el consecuente derrame de su contenido, o ensuciar el mantel o la ropa de la otra persona, incluso se puede perder el dominio sobre el plato suspendido en tanto algunos pueden ser de un peso y tamaño considerables. Lo apropiado es pedirle al camarero un plato y un par de cubiertos adicionales que serán utilizados para fraccionar la parte del alimento que deseas compartir con tu acompañante.

## SABÍA QUE...

 La compañía norteamericana Technomic, que se ocupa de realizar estudios relacionados con la industria alimentaria, publicó en septiembre de 2017 un estudio sobre la conducta de los consumidores cuando salen a comer fuera de casa que básicamente concluye que los nuevos consumidores prefieren comer sin el acompañamiento de bebidas alcohólicas. Dicho esto, el estudio curiosamente refleja una creciente tendencia al consumo de bebidas no alcohólicas debido a que son más sanas, dietéticamente aconsejables y porque inconscientemente se come más al beber alcohol. Una segunda conclusión afirma que en la mentalidad del consumidor las bebidas dietéticas endulzadas con sustitutos de azúcar sin calorías ya no son percibidas como saludables. Y, por si fuera poco, el estudio también afirma que para los nuevos consumidores las grandes marcas están perdiendo protagonismo ante las bebidas «sanas» y «naturales».

Si la dama debe retocarse el maquillaje, por favor, no lo hagas delante de caballero (o en público), discúlpate educadamente y luego dirígete al baño donde encontrarás la intimidad que necesitas.

Por favor, no arruines la cena con actitudes o frases de constante crítica al servicio o a la comida, en otras palabras, no seas el profesor a la mesa (aún menos en una cita romántica). Y si debes criticar un plato, por ejemplo, evita hacerlo cuando has terminado de degustarlo parcial o totalmente y no en los primeros bocados, tal gesto pone de rodillas cualquier argumento en tu defensa. Tú pagas por un determinado servicio y ello te «autoriza» a protagonizar ciertas malcriadeces que forman parte de la experiencia culinaria en un restaurante, pero cuando hablamos de comportamientos extremos debes saber que, aunque seguirás conservando tu derecho a ser bien atendido —por favor, no confundamos el cliente difícil/exigente con el cliente malcriado— esto no hará de ti una persona más educada o de gustos más refinados. Haz gala de tu humanidad y sentido del humor más que de tu tarjeta de crédito, muéstrate siempre dispuesto a escuchar, relájate con los valores añadidos a tu comida, disfruta la experiencia creada para que sea memorable e involúcrate personalmente, diviértete haciendo divertir a tu acompañante pues nunca habrás de subestimar el poder de un ser humano que te hace sonreír.

En Italia, por ejemplo, los quesos junto con el jamón y los embutidos vienen considerados como *Hors d'oeuvre*, es decir, aperitivos. Sin embargo, en la cocina tradicional internacional los quesos vienen propuestos al final de la cena, antes del dulce y las frutas. Recordando este particular en tu visita al restaurante, después de consumido el plato principal, es posible que debido a la categoría de la casa esta posea una propuesta de selección de quesos condicionada por el tipo de servicio que le acompaña. Independientemente de que el restaurante se sirva de una mesa o un carro para quesos o de si estos ya salen emplatados de la cocina, la degustación de los mismos ha de iniciarse con los quesos de pastas blandas enmohecidos y lavados, para proseguir con aquellos más curados y finalmente terminar con los quesos azules y los de sabor añadido. Según los tipos de quesos a degustar estos podrán acompañarse con frutas frescas y deshidratadas, mermeladas, pan (baguette, pan de nuez, pan integral, pan de centeno negro, etc.), frutos secos y miel. Para el degustador amateur recomiendo oler el queso de manera delicada y profunda, luego le dará un mordisco y lo masticará lentamente al mismo tiempo que aspira aire por la boca dejándolo salir por la nariz. Una vez producida la deglución se detendrá unos instantes a disfrutar de las percepciones gustativas propias del retrogusto.

Aunque los camareros del rango hayan desbaratado previamente la mesa advertirás que dejarán la mantequilla —si fuese el caso— y te proporcionaran además el aceite virgen de oliva y el *petit ménage* (salero y pimentero). Si no eres un entendedor déjate aconsejar por el maître en la selección y orden en que deben ser degustados, haciéndote además recomendar un vino, un coctel o un aguardiente de cereales para completar el acuerdo.

Llegado el momento del postre debes recordar tres cosas. La coherente trayectoria de una cena comprende un recorrido que se inicia con los entrantes o aperitivos y concluye con el postre, un plato tan importante que requiere, como sus parientes salados, particular saber sobre la química de los alimentos, un exigente y educadísimo paladar, extraordinaria imaginación, el talento artístico de las hábiles manos y mentes creadoras e incesante persecución del dominio y placentera transformación de la materia. En un laboratorio repostero te puedes encontrar desde un sofisticado equipo para destilar, hasta pinzas de electricista y secadores de pelo, es un lugar increíblemente infantil donde se hacen cosas muy serias. Por supuesto, visto que está relacionado con el apetito y no con el hambre, no es una formal obligación el ordenar un postre, ni siquiera degustarlo en presencia de un menú fijo, pero no os engañéis, el postre no es el hermano menor de los platos precedentes, un postre bien logrado se nos presenta como un adulto entre sus pares para dar vida a la propuesta del chef repostero y puede ser el plato de mayor estructura, complejidad y reconocimiento. Por estas razones deberás entonces ordenar una cena equilibrada de manera que puedas disfrutar de la misma no habiendo satisfecho completamente tu apetito, aun cuando pienso que los postres se disfrutan siempre, independientemente de las respuestas endocrinas y neuronales de nuestro organismo ante el hambre y la saciedad —incluso en posición ventajosa en tanto pueden oportunamente diluir cualquier falta detectada en los platos que le precedieron— pues su función principal se relaciona con el apetito hedónico, edulcorar de la manera más exquisita posible tu último recuerdo culinario de la cena, para invocar un momento final de placentera felicidad. Luego, debes recordar que existen los vinos dulces o de meditación, ya de cosecha tardía o vinos fortificados, que constituyen el acuerdo perfecto con los postres y que te brindarán un maridaje difícil de olvidar. Y, por último, si bien en las casas de reconocida categoría el saber comer comportaba evitar ordenar un postre para dividir, la tendencia moderna ve con buenos ojos que este último servicio sea compartido, por ejemplo, por dos comensales. Yo estoy chapado a la antigua, prefiero pedir un postre diverso de aquel ordenado por mi acompañante y así degusto ambos: dos pájaros de un tiro.

Existen innumerables bebidas que han sido creadas para su degustación después de la cena, ya sean cócteles, destilados, licores, etc. Te recuerdo entonces que ordenar lo que se conoce en el argot como un *after dinner* concluye dignamente tu experiencia en el restaurante, por lo tanto, si se te apetece, no dudes en ordenar un Calvados, un Gin Fizz, un

Apotheke, un Stinger o un Brandy Alexander, por solo citar regios y archiconocidos ejemplos.

Si la cena ha terminado y el horario es cercano al del final del servicio por el restaurante, te ruego, no olvides que las personas que allí trabajan deben cerrar la facturación y poner en orden el local antes de retirarse a sus casas, que también poseen una vida social, una familia y el derecho a un merecido descanso, por lo tanto, no insistirás en permanecer en el restaurante más allá de un horario razonable porque hacerlo resulta extremadamente irrespetuoso y desconsiderado, independientemente del gasto que hayas realizado. Ordenarás finalmente un café o un té, si es de tu gusto, y seguido o al unísono pedirás cortésmente al maître o al camarero del jefe del rango que te preparen la cuenta. El servicio de café generalmente cierra todo el recorrido gastronómico por lo que al ordenarlo estás transmitiendo el mensaje que solo te resta pagar y, evidentemente, retirarte.

Para pedir que le preparen la cuenta el caballero se inclinará hacia atrás hasta tocar el espaldar de la silla y mirará al camarero «siempre atento», no alzará la voz ni las manos, ni hará el archiconocido gesto de escribir en el aire. Cuando la cuenta llega a la mesa y el caballero advierte algo irregular en la misma, deberá llamar al maître o al camarero jefe del rango y discretamente le hará notar lo que atrajo su atención. Ante un probado error la competente dirección de un restaurante siempre encuentra una solución conveniente, rápida y, sobre todo, satisfactoria para el cliente. Si así no ocurriese, repito, en el caso en el que efectivamente le asista la razón, un caballero no discute, especialmente si se encuentra acompañado, pagará la cuenta y decidirá si en el futuro querrá o no volver al restaurante, pudiendo además hacer público su descontento con los amigos y familiares, en las redes sociales y en las páginas web de crítica gastronómica. Hoy es un hecho indiscutible que el cliente antes de salir a cenar no solo consulta los grandes soportes digitales de intercambio de información gastronómica, sino además reconoce que se siente influenciado por la información que recibe. En la actualidad nada causa más daño que perder el prestigio digital debido a una pésima publicidad.

Una cosa más. La cuenta solo se requiere cuando has culminado la cena, ni antes ni durante la misma, demuestra pobre educación y escasa sensibilidad hacia la propuesta gastronómica de la casa. Además, pedir la cuenta envía el mensaje al servicio de que has terminado de degustar tus platos y que deben ser retirados antes de llevar el porta cuenta a tu mesa, no resulta extraño entonces que si pides la cuenta mientras aun comes corres el riesgo de que los camareros del rango intenten retirarlos: si envías un mensaje inadecuado el personal de sala responderá en consecuencia.

Para pagar lo debido el caballero tomará el porta cuenta, colocará en su interior el dinero o la tarjeta de crédito[111] —el manejo directo con las manos de los medios de pago desluce el servicio— y lo alejará de sí mismo, de manera que el camarero entiende que puede venir a la mesa a recogerlo. Si el servicio y la comida lo ameritan, el caballero siempre dejará de manera cauta una correcta compensación adicional pero nunca dirá al camarero: *«esto es para usted»*, es innecesario, inapropiado y un tanto embarazoso porque la propina es un premio de reconocimiento y no un acto de caridad. [Ver (…) Propina, Capítulo Todos a la mesa (…)]

## SABÍA QUE...

 En China existe un restaurante de comida rápida llamado Kpro, perteneciente a la supranacional KFC, en el que los comensales realizan su pedido en un terminal digital que luego escanea sus caras y si la imagen coincide con la almacenada en el sistema el cliente solo debe digitalizar su número de teléfono para confirmar el pago, todo esto posible gracias a la tecnología llamada «Smile to Pay» que utiliza un software que analiza más de seiscientos rasgos faciales en la búsqueda de la coincidencia. Esta revolucio-

---

111 Atendiendo a la categoría del restaurante resulta prudente preguntar, antes de la toma de la comanda, si se aceptan las tarjetas de crédito como medio de pago, y si la respuesta es positiva, recomiendo además precisar qué tipo de tarjeta aceptan pues es posible que el Banco con el que opera el restaurante no prevea el uso de una determinada carta de crédito, lo mismo debemos tener en consideración si deseamos pagar con nuestro Smartphone.

naria forma de pago «con el rostro» es solo el inicio de un ambicioso proyecto futurista que mediante el escáner de la cara de los clientes busca anticipar su pedido atendiendo a factores como el sexo, la edad o el estado de ánimo.

«*A dos llocs menjareu bè, a casa vostra i acì també*» (En dos lugares comeréis bien, en vuestra casa y aquí también), rezan las presagiadoras palabras que exhibe una de las paredes de *La Bota del Racó*, un estupendo y antiguo restaurante barcelonés del que recuerdo mis mejores experiencias con la tradicional cocina catalana. Cuando las leí por primera vez comprendí que ese debía ser el gran propósito de cualquier restaurante en el mundo. Una meta que cuando se alcanza es porque se ha demostrado una cierta maestría en el difícil arte de cocinar, uno que debemos siempre agradecer. En muchas ocasiones, a pesar de que la comida ha sido de nuestro agrado cumpliendo las cada vez más crecientes expectativas, nos descuidamos de hacer llegar al chef y a sus cocineros nuestras palabras de agradecimiento y reconocimiento. En la búsqueda de otorgarle el mayor de los placeres, detrás de cada plato bien logrado y éticamente sostenible que sale de la cocina hay una dura tormenta de sacrificio, siglos de tradición culinaria heredada y enriquecida con la creatividad, largo y constante estudio para dominar el producto y la técnica, fructífera experimentación, disciplinada selección de ingredientes y cuidadosa elaboración que merecen nuestro más sincero respeto, toda una vida de dedicación incondicional a una intransigente profesión que se resume en lo que te ha tomado pocos minutos en degustar y eso lo hace aún más valioso, por favor, no lo olvides.

Cuando nos alzamos de la mesa debemos colocar las sillas en correcto orden, justo como si estuviésemos en casa propia. No resulta adecuado pensar que el hecho de encontrarnos en un restaurante nos concede la licencia para realizar todo aquello que educadamente evitamos en ambientes mucho más íntimos solo porque, a fin de cuentas, detrás viene el camarero a responsabilizarse con el caos que dejas junto con un desagradable recuerdo sobre tu visita.

Despídete con una sonrisa ofrecida al personal de sala a sabiendas que una palabra o un gesto de agradecimiento es sinónimo de que se ha cumplido bien el deber de brindarte otra hermosa experiencia de vida.

Una vez que hayan abandonado el restaurante un caballero no debe prejuzgar a su acompañante y, en consecuencia, siempre propondrá acompañar a la dama hasta su casa (a menos que existan otros planes compartidos para continuar la velada), si ella declina la proposición la acompañarás hasta su auto o esperarás a que tome un taxi antes de despedirse. Si por el contrario la dama acepta tu iniciativa, al llegar al ingreso de su casa deberás ser extremadamente cuidadoso con tus palabras y gestos: invitar a una señora a cenar, independientemente del gasto satisfecho o de la categoría del restaurante visitado, no concede ningún derecho o privilegio adicional, por tanto jamás pretenderemos que la noche termine con algo más que un beso en la mejilla, esta decisión es voluntad soberana de toda mujer, toca a ellas decidir cuándo, cómo y con quién intimar. Luego, es de grande cortesía retirarse solo cuando la dama ha cerrado la puerta quedando protegida dentro de su hogar.

¡Un momento! ¡Casi lo olvido! En nuestra primera cita al restaurante paga siempre el hombre, sin discusión ni alternativas. Si ocurre que él propone pagar la cuenta «a la romana», es decir, dividir el costo del servicio y la cena, ella lo hará sin titubear, serenamente, impasible, sin perder la sonrisa ni la elegancia, lo que si no debería hacer es aceptar una segunda invitación de este aprendiz de caballero.

# BIBLIOGRAFÍA

AGUINAGA SÁINZ, José Luis. *Manual del buen comensal.* Editorial Arcopress S. L. España, 2016. ISBN: 978-84-16002-57-3.

ARISTA-SALADO, Maikel. *Compendio legislativo de Protocolo y Ceremonial de Estado en Cuba.* Arista Publishing Co. USA, 2016. ISBN: -13: 978-0692649886.

BAGUENA, Nuria y otros. *La alimentación y la nutrición a través de la historia.* Capítulo «*La alimentación en la antigua Roma*». Editorial Glossa y Novartis (Barcelona). España, 2005. ISBN: 978-84-74292-57-2.

BELLINZAGHI, Roberta, MASCHERONI, Roberta. *Galateo a tavola.* Editorial Giunti. Italia, 2011. ISBN: 978-88-4120-384-2.

BRIDGES, John. T. *Il perfetto gentleman.* Grupo Editorial Armenia. Italia, 2008. ISBN: 978-88-344-2124-6.

BRIDGES, John. T, CURTIS Bryan. *50 Things Every Young Gentleman Should Know Revised and Expanded: What to Do, When to Do It, and Why.* Editorial Thomas Nelson. USA, 2011. ISBN: 978-14-0160-465-3.

BRUNI, Luigi. *Il manuale dell´ abbinamento cibo-vino.* Editorial Hoelpi. Italia, 2016. ISBN: 978-88-203-6753-4.

CABERO SOTO, Cristina. *Protocolo en Hostelería y Restauración.* Editorial Paraninfo. España, 2013. ISBN: 978-84-283-9930-2.

CAPPELLI, Patrizia y VANNA, Vannucchi. *Chimica degli alimenti. Conservazione e trasformazioni.* Editoriae Zanichelli. Italia, 2004. ISBN: 978-88-080-3177-8.

CARREÑO, Manuel Antonio. *Manual de urbanidad y buenas maneras para uso de la juventud de ambos sexos.* Editorial Herrero. México, 1920.

CASTELLARI M., PAIELLI C. *Bianco o rosso. Enciclopedia degli abinamenti tra cibo e vino.* Editorial Edagricole. Italia, 2001. ISBN: 978-88-2064-660-8.

CENTELLES Ferrán. *¿Qué vino con este pato? Una aproximación a la esencia de los maridajes.* Editorial Planeta. (Barcelona), España, 2016. ISBN: 978-84-08-15955-1.

CORNERI, Rosella, *Il nuovo galateo. Una guida imperdibile per relazionarsi agli altri con successo.* Editorial Liberamente. Italia, 2008. ISBN: 978-88-6311-246-7.

COLECTIVO de Autores. *Manual de Educación Formal.* Editorial del Ministerio de Educación. Cuba, 1983.

COLECTIVO de Autores. *Il mondo del Sommelier.* Didattica di Associazione Italiana Sommelier. Editorial Bertani & C. Industria gráfica. Edición 2017, Italia. ISBN: 978-88-9960-002-0.

COLECTIVO de Autores. *Il vino nel mondo.* Didattica di Associazione Italiana Sommelier. Editorial Bertani & C. Industria gráfica. Edición 2015, Italia.

COLECTIVO de Autores. *Il cibo e il vino.* Didattica di Associazione Italiana Sommelier. Editorial Bertani & C. Industria gráfica. Edición 2016, Italia. ISBN: 978-88-9960-005-1.

COMINI, Dario. *Mix & drink. Come preparare cocktail con le tecniche del Barchef.* 2ª ed. Editorial Universale Economica Feltrinelli. Italia, 2014. ISBN: 978-88-0788-126-8.

CUADRADO, Carmen. *Las buenas maneras contadas con sencillez.* Editorial Maeva. España, 2009. ISBN: 978-84-9674-878-1.

CUEVAS INSUA, Victoria de las. *APPCC Básico. Funcionamiento de un Sistema de Peligros y Puntos de Control Críticos en un*

*Empresa Alimentaria.* Editorial Ideaspropias, España, 2007. ISBN: 978-84-9839-010-0.

DE Nicola, GAROFOLIN, Antonio, LARENTIS, Marco, PILZER, Bruno, VACARINI, Giuseppe. *Il manual del sommelier. Principi di viticultura ed enologia, degustazione, abbinamenti, legislazione, altre bebande.* Editorial Hoelpi. Italia, 2014. ISBN: 978-88-2036-481-6.

DELLA CASA, Giovanni. *Il Galateo.* Editorial Gherardo Casini. Italia, 2010. EAN: 978-88-6410-018-0.

DELLA RAGIONE, Achille. *Storia del bacio dalla preistoria ai nostri posteri.* Editorial Napoli Arte. Italia, 2012.
Fuente: http://www.guidecampania.com/dellaragione/articolo65/articolo.htm

DONNA, Letizia. *Il saper vivere.* 4ª ed. Editorial Rizoli. Italia, 2015. ISBN: 978-88-1701-876-0.

ELIAS, Norbert. *El proceso de civilización.* Editorial S.L. Fondo de Cultura Económica de España, 2011. ISBN: 978-84-3750-652-4.

FERRARI, Lorenzo. *Brucia il tuo Menú.* Editoriale RistoratoreTop. Italia, 2017
ISBN: 9788894257601.

FERNANDA LANDER, María. Ensayo: *El Manual de urbanidad y buenas maneras de Manuel Antonio Carreño: reglas para la construcción del ciudadano ideal.* Arizona Journal of Hispanic Cultural Studies. Número 6, (2002). Editorial Universidad de Arizona. USA. ISSN: 1096-2492.

FLUSSER, Alan. *Dressing the man. Mastering the art of permanent fashion.* HarperCollins Publishers Inc. New York, 2002. ISBN: 0060191449.

GALEAZZI, Oscar. *Salabar.it. Laboratorio dei servizi di sala e bar.* Vol. I y II. Editorial Hoelpi. Italia, 2016. ISBN: 978-88-2034-681-2.

GALLEGO, Jesús Felipe. *Manual práctico de Restaurante.* Ediciones Paraninfo. 8ª reimpresión. Madrid, 2014. ISBN: 978-84-283-2512-7.

GAMBERA, Armando. *L'assaggio dei formaggi. Corso per Assaggiatori.* Edizione Aggiornata, ONAF, Italia, 2017. ISBN: 978-88-907485-0-9.

GASPERINI, Brunella. *Il Galateo. La più famosa e divertente guida ai misteri del savoir faire.* 5ª ed. Grupo Editorial Baldini & Castoldi. Italia, 2015. ISBN 978-88-6852-236-0.

GRASSIA, Lucio, VILBOUX, Frank. *Ostriche. Passione divine.* Editorial SAGEP. Italia, 2008. ISBN: 978-88-6373-023-4.

HOLDFORTH, Lucinda. *Le buone vecchie maniere. La nostalgia per un comportamento civile in un mondo cafone.* Editorial Orme. Italia, 2007. ISBN: 978-17-4166-870-4.

LANZA, Elda. *Il tovagliolo va a sinistra.* Editorial Vallardi. Italia, 2016. ISBN: 978-88-6987-054-5.

MAEZTU, Almudena de. *Amor en la mesa.* Vol. I, II y III. Editorial Paquito Rosevil. Madrid, 2014. ISSN: 2341-2232.

MARURI VILLANUEVA, Ramón. Artículo: *Protocolo y civilidad en la Edad Moderna.* IV Encuentro de responsables de protocolo y relaciones institucionales de las universidades españolas. Editor Universidad de Cantabria, España, 2006.

MARTIN, MARTINEZ, Joan C. *Pasión por el vino.* Editorial Los libros del Lince, S. L. Barcelona, España, 2017. ISBN: 978-84-15070-88-7.

MONTANARI, Massimo. *Il cibo come cultura.* Editorial Laterza. Italia, 2016. ISBN: 978-88-4207-966-8.

MUÑOS MORENO, Agustín. *Geología y vinos de España.* Ilustre Colegio Oficial de Geólogos. Editorial Gráficas Arias Montano. España. ISBN: 978-84-920097-5-6.

OJUGO, Clement. *Control de costes en Restauración.* Ediciones Paraninfo, S.A. España, reimpresión 2017. ISBN. 978-84-9732-018-4.

PACORI, Marco. *I segreti del linguaggio del corpo.* Editoriale PICKWICK. Italia, 2018. ISBN: 978-88-6836-064-1.

PARDOS, Arturo. *Cómo quiero que me sirvan el vino.* Alianza Editorial, S.A., Madrid, 2011. ISBN: 978-84-206-6467-5.

POLLAN, Michael. *Cocinar. Una historia natural de la transformación.* Editorial Debate. España, 2014. ISBN: 978-84-9992-365-9.

PRANZETTI LOMBARDINI, Laura y D´ANDREA, Michele. *Uomo e gentiluomo. Ovvero il Manuale Pratico del perfetto gentleman.* Editoriale Gribaudo. Italia. 2016. ISBN: 978-88-5801-428-8.

RAYNER Jan. *The Ten (Food) Commamdments.* Penguin Books. United Kingdom, 2016. ISBN: 978-02-4197-669-2.

RASPINI, Giovanni, MARIA ROSSI, Francesco. *L'eleganza del rospo. Manuale postmoderno di buona educazione e cattivi pensieri.* Editorial Cairo. Italia, 2014. ISBN: 978-88-6052-567-3.

RIQUELME LIDÓN, Fernando. *Delicatessen. Guía gastronómica de los alimentos gourmet de los cinco continentes.* Editorial Almuzara. España, 2018.
ISBN: 978-84-17044-73-2.

ROMERO MARTINEZ, Enrique. *Maitre.* Publicaciones Vértice S.L. España, 2008. ISBN: 978-84-92556-32-8.

RONCHI DE LA ROCCA, Barbara. *Si fa non si fa. Le regole del galateo 2.0.* Editoriale Vallardi. Italia, 2013. ISBN: 978-88-6731-129-3.

RONCHI DE LA ROCCA, Barbara. *Il galateo dei fiori.* Editorial Zem. Italia, 2016. EAN: 978-88-9847-716-6.

ROSSINI, Luca. *El gran libro de la cocina italiana. Recetas, consejos y secretos de la buena mesa.* E-Book. Editorial De Vecchi, S.A, 2016. ISBN: 978-84-3152-947-5.

SANCHES RODRÍGUEZ, Ángel. *La literatura en el Egipto Antiguo. Breve antología.* Ediciones Egiptomanía, S.L. Sevilla, 2003. ISBN: 978-84-9618-100-7.

SAVARIN, Brillant. *Fisiología del Gusto.* Impreso por el Editor Juan R. Navarro. Méjico, 1952.

SHEPERD, Gordon M. *All´origine del gusto. La nuova scienza della neurogastronomia.* Codice Edizioni. Torino, 2014.

SCHIRA, Roberta. *Il nuovo bon ton a tavola e l´arte di conoscere agli altri.* Editoriale Salani. Italia, 2012. ISBN: 978-88-6256-718-3.

SOTO, Díez Carmen. *Las buenas maneras. Usos y costumbres sociales. El protocolo.* Ediciones Palabra. España, 2006. ISBN. 978-84-8239-807-5

SOTIS, Lina. *Il nuovo Bon Ton.* 5ª ed. Editorial Rizzoli. Italia. 2005. ISBN: 88-17-00776-5.

VALVERDE, Abel. *HOST. La importancia de un buen servicio de sala.* Editorial Planeta. (Barcelona), España, 2016. ISBN: 978-84-08160-36-6.

VERONELLI, Luigi. *Matrimonio d´amore. Gli accostamenti ideali cibo vino.* Editorial Seminario Luigi Veronelli. Italia, 2005. ISBN: 978-88-7250-082-8.

VILLEGAS BECERRIL, Almudena. *Saber del Sabor. Manual de Cultura Gastronómica.* Editorial Almuzara. España, 2008. ISBN: 978-84-96968-76-9.

YEPES STORK, Ricardo. *La persona y su intimidad.* Edición a cargo de Javier Aranguren. Cuadernos de Anuario Filosófico. Serie Universitaria, No. 48 (1997). Universidad de Navarra, España. Enlace permanente: http://hdl. handle.net/10171/6360.

# OTROS TÍTULOS

MANUAL PARA

# ORGANIZAR TU CASA

«Las casas son nuestro reflejo.
La vida es más fácil y se disfruta mejor
en un entorno ordenado».

*Pía Nieto*

**ORGANIZADORA PROFESIONAL DE LA CASA**
25 AÑOS DE EXPERIENCIA

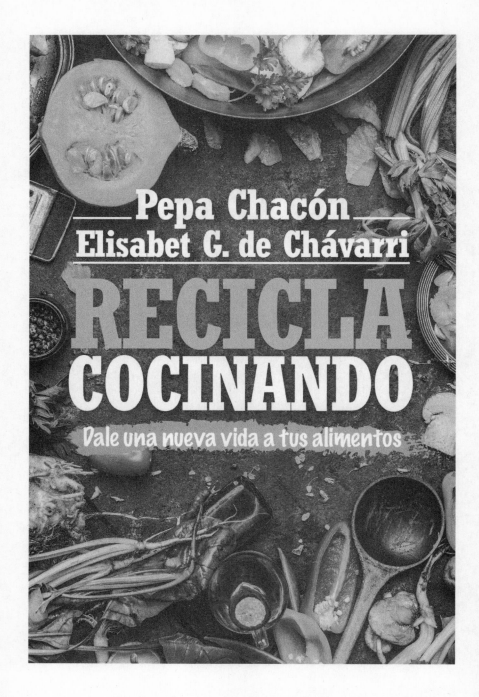

**Pepa Chacón**
**Elisabet G. de Chávarri**

# RECICLA
# COCINANDO

Dale una nueva vida a tus alimentos

GRISELDA HERRERO      CRISTINA ANDRADES

# PSICONUTRICIÓN

## APRENDE A TENER UNA RELACIÓN SALUDABLE CON LA COMIDA

Juan J. Samper

# GUÍA DEFINITIVA PARA
# INTERPRETAR
# ETIQUETAS
# ALIMENTARIAS
~Conoce bien lo que comes~

«AUNQUE LO MEJOR ES INGERIR ALIMENTOS QUE NO LLEVEN ETIQUETAS, EN ESTE GRAN TRABAJO DE DIVULGACIÓN ENCONTRARÁS TODA LA INFORMACIÓN QUE NECESITES CUANDO DECIDAS COMPRAR PRODUCTOS QUE SÍ LAS LLEVAN».

CARLOS CASABONA, PEDIATRA Y AUTOR DEL LIBRO *Tú eliges lo que comes*

Germán
Pérez
Muñoz

# PRIMEROS AUXILIOS
## *para* GATOS

### CÓMO DETECTAR LA ENFERMEDAD EN TU GATO
### Y QUÉ HACER EN SITUACIONES DE URGENCIA

*Manual de etiqueta y protocolo en la mesa* se terminó de imprimir, en su primera edición, por encargo de la editorial Arcopress, el 17 de junio de 2019. Tal día del 1885, la Estatua de la Libertad llega al puerto de Nueva York.